Robert T. Kiyosaki
Sharon L. Lechter

Reichtum kann man lernen

Widmung

Dieses Buch ist allen Eltern
auf dieser Welt gewidmet,
den wichtigsten Lehrern
der Kinder

Robert T. Kiyosaki/
Sharon L. Lechter

Reichtum kann man lernen

Was Millionäre schon als Kinder wussten

Aus dem Amerikanischen übersetzt von
Dr. Marina Marinescu und Dr. Walter Kiefl

mvg

Die Deutsche Bibliothek – CIP-Einheitsaufnahme

Kiyosaki, Robert T./Lechter, Sharon L.:
Reichtum kann man lernen / Robert T. Kiyosaki/Sharon L. Lechter. –
Landsberg am Lech : mvg., 2001
(Small business)
ISBN 3-478-85310-9

First published by TechPress, Inc., Scottsdale, Arizona 85261

Titel der amerikanischen Originalausgabe: „Rich Dad Poor Dad: what the rich teach their kids about money – that the poor and middle class do not!“
Aus dem Amerikanischen übersetzt von Dr. Marina Marinescu und Dr. Walter Kiefl

Umschlaggestaltung: Vierthaler & Braun, München
Satz: Wolfgang Appun, München
Druck und Bindearbeiten: Himmer GmbH, Augsburg
Printed in Germany 73232/3013502
ISBN 3-478-73232-8

Inhalt

Danksagung

Ohne die vielen Menschen, die mich unterstützten, wäre dieses Buch nie entstanden. Vor allem danke ich meinen beiden Vätern, die überzeugende Rollenmuster verkörperten, sowie meiner Mutter, die mir Liebe und Freundlichkeit beibrachte.

Zu den Menschen, die auf unmittelbarste Weise an der Entstehung dieses Buches beteiligt waren, gehört meine Frau Kim, die mein Leben vollkommen macht. Kim ist meine Ehe-, Geschäfts- und Lebenspartnerin. Ohne sie wäre ich verloren. Den Eltern von Kim, Winnie und Bill Meyer, Dank dafür, dass sie so eine wunderbare Tochter großgezogen haben.

Ich danke Sharon Lechter für die Auswahl der Teile dieses Buchs aus meinem Computer und deren Zusammenstellung. Sharons Mann Dank dafür, dass er ein bedeutender Rechtsanwalt für geistiges Eigentum ist, und deren Kindern Phillip, Shelly und Rick für ihre Teilnahme und Zusammenarbeit. Ich danke Keith Cunningham für finanzielle Weisheit und Inspiration; Larry und Lisa Clark für das Geschenk ihrer Freundschaft und Ermunterung; Rolf Parta für sein technisches Genie; Anne Nevin, Bobbi De Porter und Joe Chapon für Einsichten in den Lernprozess; DC und John Harrison, Jannie Tay, Sandy Khoo, Richard und Veronica Tan, Peter Johnston und Suzi Dafnis, Jacqueline Seow, Nyhl Henson, Michael und Monette Hamlin, Edwin und Camilla Khoo, K. C. See und Jessica See für fachliche Unterstützung; Kevin und Sara von der InSync für ihre brillanten Grafiken; John und Shari Burley, Bill und Cindy Shopoff, Van Tharp, Diane Kennedy, C. W. Allen, Marilu deignan, Kim Arries und Tom Weisenborn für ihre finanzielle Intelligenz. Sam Georges, Anthony Robins, Enid Vien, Lawrence und Jayne Taylor-West, Alan Wright und Zig Ziglar für geistige Klarheit; J. W. Wilson, Marty Weber, Randy Craft, Don Mueller, Brad Walker, Blair und Eileen Singer, Wayne und Lynn Morgan, Mimi Brennan, Jerome Summers, Dr. Peter Powers, Will Hepburn, Dr. Enrique Teuscher, Dr. Robert Marin, Betty Oyster, Julie Belden, Jamie Danforth, Cherie Clark, Rick Merica, Joia Jitahide, Jeff Bassett, Dr. Tom Burns und Bill Galvin als wunderbaren Freunden und Projektförderern; den Managern des Zentrums und den Zehntausenden von Absolventen von „Money and You“ sowie der „Business School for Entrepreneurs“ und Frank Crerie, Clint Miller, Thomas Allen und Norman Long dafür, dass sie großartige Geschäftspartner sind.

Robert Kiyosaki

Einführung
Es besteht dringender Nachholbedarf!

Bereitet die Schule die Kinder auf das wirkliche Leben vor? „Lerne fleißig und bemühe dich um gute Noten, dann wirst du eine gut bezahlte Arbeit mit großzügigen Sachleistungen finden“, sagten meine Eltern immer wieder zu mir. Ihr Lebensziel war, meiner älteren Schwester und mir eine gute College-Ausbildung zu ermöglichen, damit wir die besten Erfolgschancen im Leben haben sollten. Als ich schließlich 1976 mein Diplom mit Magna cum laude als eine der Klassenbesten an der State University of Florida bekam, hatten meine Eltern das krönende Ziel ihres Lebens erreicht. Eine der größten Steuerberatungsfirmen wurde mein Arbeitgeber, und ich erhoffte mir eine lange Karriere sowie die Chance, mich schon ziemlich früh zur Ruhe setzen zu können.

Mein Mann Michael hatte einen ähnlichen Weg gemacht. Beide kamen wir aus schwer arbeitenden Familien mit bescheidenen wirtschaftlichen Mitteln, jedoch mit einem ausgeprägten Arbeitsethos. Michael schloss auch, und das sogar zweifach, mit Magna cum laude ab: als Ingenieur und als Jurist. Er bekam rasch eine Anstellung in einer berühmten, auf Patentrecht spezialisierten Rechtsanwaltskanzlei in Washington D.C. Seine Zukunft sah brilliant aus, mit klar vorgezeichneter Karriere und garantierter frühzeitiger Pensionierung.

So erfolgreich wir in unseren Karrieren waren, so haben sich diese doch nicht wie erwartet entwickelt. Wir haben beide unsere Arbeitsplätze – aus wirklich guten Gründen – mehrmals gewechselt, aber es gibt z. B keinerlei Betriebsrenten für uns. Unsere Rentenfonds wachsen nur auf Grund unserer eigenen Beiträge.

Michael und ich haben eine wunderbare Ehe und drei große Kinder. Während ich das schreibe, gehen zwei aufs College und eines fängt gerade mit der Highschool an. Wir haben ein Vermögen für die bestmögliche Ausbildung unserer Kinder ausgegeben.

Eines Tages, es war 1996, ist eines der Kinder enttäuscht von der Schule nach Hause gekommen. Es fühlte sich vom Lernen gelangweilt und müde. „Warum soll ich Zeit mit dem Lernen von Dingen verbringen, die ich im wirklichen Leben nie brauchen werde?“, protestierte unser Sohn.

Ohne weiter nachzudenken, antwortete ich: „Wenn du keine gute Noten bekommst, kannst du nicht aufs College gehen.“

„Unabhängig davon, ob ich aufs College gehe“, antwortete er, „werde ich reich sein.“

„Wenn du keinen College-Abschluss hast, wirst du keine gute Arbeit bekommen“, antwortete ich mit einem Hauch von Panik und mütterlicher Sorge. „Wenn du keine gute Arbeit hast, wie willst du dann reich werden?“

Mein Sohn grinste und schüttelte milde gelangweilt den Kopf. Dieses Gespräch hatten wir früher schon oft geführt. Er senkte den Kopf und rollte mit den Augen. Meine Worte mütterlicher Weisheit stießen wieder mal auf taube Ohren.

Obwohl wendig und mit einem starken Willen, war er immer ein höflicher und respektvoller junger Mann.

„Mutter“, begann er. Nun war es an mir, Unterricht zu erhalten. „Geh mit der Zeit! Schau dich um. Die reichsten Leute sind nicht wegen ihrer Ausbildung reich geworden. Sieh dir Michael Jordan oder Madonna an. Auch Bill Gates, der Harvard verlassen hat und Gründer von Microsoft wurde; er ist jetzt der reichste Mann in Amerika und er ist erst um die 30. Es gibt einen Basketballwerfer, der mehr als 4 Millionen Dollar im Jahr verdient, obwohl er sogar als ‚geistig überfordert’ abgestempelt wurde.“

Es kam zu einem langen Schweigen zwischen uns. Es kam mir in den Sinn, dass ich meinem Sohn denselben Rat gegeben habe, den ich ihn von meinen Eltern bekommen hatte. Die Welt um uns herum hatte sich verändert, aber der Rat nicht.

Eine gute Ausbildung sowie gute Noten garantieren nicht mehr den Erfolg und niemand außer unseren Kindern scheint dies bemerkt zu haben.

„Mutter“, fuhr er fort, „ich will nicht so viel arbeiten wie du und Vater. Du verdienst eine Menge Geld und wir leben in einem riesigen Haus mit einem Haufen Spielzeug. Wenn ich deinem Rat folge, werde ich wie du strampeln; ich werde mehr und mehr arbeiten, nur um mehr Steuern zu zahlen und in Schulden zu enden. Es gibt keine Arbeitsplatzsicherheit mehr; ich weiß alles über Abbauen und Größenanpassung. Ich weiß auch, dass College-Absolventen heute weniger verdienen als zu deiner Zeit. Schau dir die Ärzte an. Sie verdienen kaum mehr so viel Geld wie früher. Ich weiß, dass ich mich nicht auf die betriebliche und die staatliche Altersversorgung verlassen kann. Ich brauche neue Lösungen!“

Er hatte Recht. Er brauchte neue Lösungen und ich auch. Die Ratschläge meiner Eltern haben vielleicht für Leute, die vor 1945 geboren wurden, gegolten, aber sie können katastrophal sein für diejenigen von uns, die in eine sich rasch verändernde Welt hineingeboren wurden. Ich kann meinen Kindern nicht länger sagen: „Geh zur Schule, bekomme gute Noten und such dir eine feste, sichere Stelle.“

Ich erkannte, dass ich nach neuen Wegen suchen musste, um meinen Kindern optimale Grundlagen fürs Leben zu verschaffen.

Als Mutter und als Buchhaltungsspezialistin war ich besorgt über das Defizit einer Ausbildung in finanziellen Dingen an den Schulen unserer Kinder. Viele der heutigen Jugendlichen haben Kreditkarten, bevor sie die Highschool verlassen, – aber es gibt für sie keinerlei Unterricht über den Umgang mit Geld oder die einfachsten Grundlagen der Finanzmärkte.

Oder anders ausgedrückt: Unsere Kinder werden nach der Schulausbildung in eine Welt entlassen, in der Ausgeben mehr gilt als Sparen, und haben doch keinerlei Kenntnisse darüber erworben.

Als sich mein ältester Sohn als College-Neuling mit seinen Kreditkarten tief verschuldete, habe ich ihm nicht nur geholfen, die Kreditkarten zu vernichten, sondern mich auch auf die Suche nach einem Programm gemacht, das mir helfen konnte, meine Kinder in Finanzangelegenheiten auszubilden.

Eines Tages hat mich mein Mann vom Büro aus angerufen. „Ich habe jemanden, den du kennen lernen solltest“, sagte er. „Sein Name ist Robert Kiyosaki. Er ist Geschäftsmann und Kapitalanleger und ist hier, um ein Patent für ein Ausbildungsprodukt zu beantragen. Ich glaube, das ist das, was du gesucht hast.“

Genau das, was ich gesucht habe!

Mein Mann Mike war von „Kapitalfluss“, dem neuen Ausbildungsprodukt von Robert Kiyosaki, so beeindruckt, dass er dafür sorgte, dass wir beide an einem Test für den Prototyp teilnehmen konnten. Da es ein Ausbildungsspiel war, habe ich auch meine 19-jährige Tochter gefragt, ob sie mitmachen wollte, und sie sagte zu. Wir waren schließlich etwa 15 Personen, aufgeteilt in drei Gruppen.

Mike hatte Recht. Es war das Ausbildungsprodukt, das ich gesucht hatte. Seine Besonderheit: Es sah wie ein farbiges Monopoly-Brett aus, mit einer riesigen gut gekleideten Ratte in der Mitte. Anders als bei Monopoly gab es jedoch zwei Spuren, eine innere und eine äußere. Das Ziel des Spiels bestand darin, aus der inneren Spur – die Robert als „Laufrad“ bezeichnete – auszubrechen und in die äußere Spur, die „Schnellspur“, zu gelangen. Nach Robert verdeutlicht die Schnellspur, wie die reichen Leute im wirklichen Leben spielen.

Dann definierte Robert das „Laufrad“ für uns: „Wenn Sie sich das Leben einer durchschnittlich ausgebildeten und schwer arbeitenden Person ansehen, gibt es einen ähnlichen Weg. Das Kind wird geboren und geht zur Schule. Die stolzen Eltern sind begeistert, weil es dem Kind ausgezeichnet geht, es bekommt mittlere bis gute Noten und wird von einem College aufgenommen. Der Nachwuchs macht seinen Abschluss, kommt vielleicht weiter, absolviert noch eine Schule und tut gerade das, was geplant wurde: Er sucht sich eine feste, sichere Stelle oder Karriere.

In der Regel folgen dem Geldverdienen unzählige Kreditkarten, und das Geldverschwenden geht los. Man trifft Leute, die auch ihr selbstverdientes Geld gerne ausgeben wollen, und da sich die jungen Leute gegenseitig beweisen wollen, wie toll sie sind und wie viel sie jetzt in den Taschen haben, wird das Leben plötzlich ziemlich teuer. Dank Kreditkarte ist das alles aber sehr einfach …

Und wenn dann ein Lebenspartner gefunden ist, wird das Leben wunderbar, weil meistens beide, Mann und Frau, arbeiten.

Zwei Einkommen sind ein Glück. Die Jungverheirateten fühlen sich erfolgreich, ihre Zukunft ist strahlend und sie entscheiden sich, ein Haus zu kaufen, ein Auto, einen Fernseher, machen Urlaub und haben Kinder. Die Nachfrage nach Geld ist enorm. Beide Partner sind sich einig, dass ihre Karrieren lebenswichtig sind und sie fangen an, noch mehr zu arbeiten, sie streben nach Beförderungen und Gehaltserhöhungen, danach doch noch ein weiteres Kind und – logischerweise – das Bedürfnis nach einem größeren Haus. Sie arbeiten noch mehr, bilden sich weiter, um sich noch mehr zu spezialisieren, damit sie noch mehr Geld verdienen können. Vielleicht nehmen sie eine Nebenbeschäftigung an.

Ihr Einkommen wächst, aber auch die Steuerprogression, die Grundsteuer für ihr neues Haus, ihre Beiträge für die Sozialversicherung und alle anderen Steuern. Sie bekommen ihren Gehaltsstreifen, auf dem ein hoher Betrag steht, und wundern sich, wohin das ganze Geld geflossen ist. Sie erwerben offene Investmentfonds und kaufen ihre Lebensmittel mit Kreditkarte. Die Kinder werden langsam älter, und die Notwendigkeit, Geld fürs College oder die private Altersversorgung zurückzulegen, wird größer.

Dieses vor 35 Jahren geborene glückliche Paar ist jetzt für den Rest seines Arbeitslebens im „Laufrad“ gefangen. Sie arbeiten für die Eigentümer ihrer Firmen, für den Staat, indem sie Steuern zahlen, und für die Banken, bei denen sie die Hypothek und ihre Kreditkarten bezahlen.

Dann raten sie ihren eigenen Kindern, fleißig zu studieren, gute Noten zu bekommen und eine feste Stelle oder Karriere zu finden. Sie lernen nichts über Geld, außer von denjenigen, die von ihrer Naivität profitieren, und sie arbeiten ihr ganzes Leben lang schwer. Der Prozess setzt sich in einer anderen schwer arbeitenden Generation fort. Das ist das „Laufrad“.

Der einzige Weg, dem „Laufrad“ zu entkommen, besteht nun darin, sich sowohl in Buchhaltung als auch im Investieren zu qualifizieren, zugegebenermaßen zwei der am schwierigsten zu beherrschenden Gebiete. Als Wirtschaftsprüferin war ich überrascht, dass Robert das Erlernen dieser zwei Gebiete sowohl amüsant als auch spannend gestaltet hatte. Der Lernprozess war so gut verborgen, dass wir, während wir fleißig arbeiteten, um dem „Laufrad“ zu entkommen, schnell vergaßen, dass wir lernten.

Bald wurde der Produkttest zu einem amüsanten Nachmittag mit meiner Tochter, an dem wir über Dinge redeten, die wir nie zuvor angesprochen hatten. Es war einfach, als Buchhalterin ein Spiel zu spielen, das eine Erfolgsrechnung und eine Bilanzaufstellung erforderte. So hatte ich Zeit, meiner Tochter und den anderen Spielern an meinem Tisch bei Begriffen zu helfen, die sie nicht verstanden. An diesem Tag war ich die erste Person – und die einzige in der ganzen Testgruppe – die dem „Laufrad“ entkam. Ich war innerhalb von 50 Minuten draußen, obwohl das Spiel fast drei Stunden dauerte.

An meinem Tisch saßen ein Bankkaufmann, ein Geschäftsmann und ein Computerprogrammierer. Nachdem ich aus dem „Laufrad“ ausgeschieden war, beobachtete ich meine Tochter und diese gebildeten, wohlhabenden Erwachsenen, wie sie würfelten und die Spielsteine bewegten. Was mich sehr wunderte war, wie wenig diese Leute über Buchhaltung oder Investieren wussten, Themen, die in ihrem Leben so wichtig waren. Ich fragte mich, wie sie ihre eigenen finanziellen Angelegenheiten im wirklichen Leben meisterten.

Ich konnte begreifen, warum meine 19-jährige Tochter dies nicht verstehen konnte, doch waren diese Personen mindestens doppelt so alt. Sie hatten Schwierigkeiten, das Verhältnis zwischen ihrer Erfolgsrechnung und ihrer Bilanzaufstellung zu verstehen. Als sie Vermögenswerte kauften und verkauften, fiel es ihnen schwer, daran zu denken, dass sich jede Transaktion auf ihren monatlichen Kapitalfluss auswirken konnte. Ich dachte, wie viele Millionen Menschen sich draußen in der wirklichen Welt nur deshalb in finanziellen Schwierigkeiten befinden, weil ihnen in diesen Bereichen nichts beigebracht wurde. Gott sei Dank, sagte ich mir, amüsieren sie sich und werden von dem Wunsch abgelenkt, das Spiel zu gewinnen.

Nachdem Robert den Wettkampf beendet hatte, gab er uns 15 Minuten, um „Kapitalfluss“ unter uns zu diskutieren und zu kritisieren.

Der Geschäftsmann an meinem Tisch war nicht glücklich. Ihm gefiel das Spiel nicht. „Ich brauche das nicht zu wissen“, sagte er. „Ich stelle Buchhaltungsfachkräfte, Bankkaufleute und Rechtsanwälte ein, die mir über diesen Kram Bescheid sagen.“

Dazu antwortete Robert: „Haben Sie je bemerkt, dass es eine Menge Buchhalter gibt, die nicht reich sind? Und Bankberater, Rechtsanwälte, Börsenbroker und Immobilienmakler. Sie wissen eine Menge und zum großen Teil sind es clevere Leute, aber die meisten von ihnen sind nicht reich. Da unsere Schulen die Leute nicht das unterrichten, was die reichen Leute wissen, lassen wir uns von diesen Leuten beraten. Aber eines Tages bleiben Sie auf der Autobahn, auf dem Weg zur Arbeit, im Stau stecken und Sie schauen nach rechts und sehen ihren Buchhalter im selben Stau stecken. Sie schauen nach links und sehen ihren Bankberater. Das sollte Ihnen zu denken geben."

Der Computerprogrammierer war vom Spiel ebenfalls nicht beeindruckt. „Ich kann doch die Software kaufen, die mir das beibringt."

Der Bankkaufmann war jedoch beeindruckt. „Ich habe das in der Schule studiert – d. h. den Teil über Buchhaltung –, aber ich weiß nicht, wie ich das im wirklichen Leben anwenden kann. Jetzt weiß ich es. Ich muss selbst dem ‚Laufrad' entkommen."

Aber am meisten hat mich der Kommentar meiner Tochter berührt. „Es hat mir Spaß gemacht zu lernen", sagte sie. „Ich habe eine Menge darüber erfahren, wie das Geld eigentlich arbeitet und wie ich es anlegen muss."

Dann fügte sie hinzu: „Jetzt weiß ich, dass ich einen Beruf wählen kann wegen der Arbeit, die ich leisten will, und nicht wegen der Arbeitsplatzsicherheit, der Sachleistungen oder der Bezahlung. Wenn ich lerne, was dieses Spiel lehrt, bin ich frei zu zu tun und zu studieren, was mein Herz begehrt – anstatt etwas zu studieren, weil Firmen bestimmte Qualifikationen suchen. Wenn ich das lerne, werde ich nicht gezwungen sein, mir den Kopf über die Arbeitsplatzsicherheit und über soziale Sicherheit zu zerbrechen, wie es die meisten meiner Mitschüler schon tun."

Nach dem Spiel konnte ich nicht bleiben und mit Robert reden, aber wir vereinbarten, uns später zu treffen, um uns weiter über sein Projekt zu unterhalten. Ich wusste, dass das Spiel dazu diente, anderen zu helfen, finanzielle Kenntnisse zu erwerben, und ich konnte es kaum erwarten, mehr über seine Pläne zu hören.

Mein Mann und ich hatten für die folgende Woche ein Abendessen mit Robert und seiner Frau organisiert. Obwohl es unser erstes gesellschaftliches Treffen war, hatten wir das Gefühl, dass wir uns schon seit Jahren kannten.

Wir fanden heraus, dass wir viel Gemeinsames hatten. Wir behandelten die ganze Skala, von Sport und Spiel über Restaurants bis zu sozioökonomischen Themen. Wir sprachen über die sich verändernde Welt. Wir verbrachten sehr viel Zeit damit, darüber zu sprechen, dass die meisten Amerikaner wenig oder nichts für ihr Alter sparen, sowie über den fast bankrotten Zustand der Sozialversicherung und der medizinischen Versorgung. Werden meine Kinder herangezogen, um für die Rente der 75 Millionen Amerikaner aufzukommen, die in den Jahren des Baby-Booms geboren wurden? Wir fragten uns, ob die Leute begreifen, wie riskant es ist, sich z. B. auf die staatliche Altersversorgung zu verlassen.

Roberts erste Sorge war die wachsende Kluft zwischen denjenigen, die etwas hatten, und denjenigen, die nichts hatten, sowohl in Amerika als auch weltweit. Als Autodidakt und Selfmade-Unternehmer, der die ganze Welt bereist hatte, um Kapitalanlagen zusammenzufügen, konnte sich Robert im Alter von 47 Jahren zur Ruhe setzen. Er begann aus derselben Sorge, die ich um meine Kinder habe, wieder zu arbeiten. Er weiß, dass sich die Welt verändert hat, aber die Ausbildung hat sich nicht diesen neuen Anforderungen angepasst. Nach Roberts Meinung verbringen die Kinder Jahre in einem antiquierten Bildungssystem, in dem sie Bereiche studieren, die sie nie brauchen werden, und sich für eine Welt vorbereiten, die nicht mehr existiert.

„Heutzutage ist ‚Geh zur Schule, bekomme gute Noten und such dir eine sichere Stelle' der gefährlichste Ratschlag, den Sie einem Kind geben können", sagt Robert immer wieder. „Das ist ein alter und ein schlechter Rat. Wenn Sie sehen könnten, was in Asien, Europa und Südamerika geschieht, würden Sie genauso besorgt sein wie ich."

Es ist seiner Meinung nach ein schlechter Rat, „weil Sie nicht nach den alten Regeln spielen können, wenn Sie eine sichere finanzielle Zukunft für ihr Kind wollen. Es ist einfach zu riskant."

Ich fragte ihn, was er mit „den alten Regeln" meinte."

„Leute wie ich spielen nach einem anderen Satz von Regeln als Sie", sagte er. „Was geschieht, wenn eine Firma einen Personalabbau ankündigt?"

„Die Leute werden entlassen", sagte ich. „Familien sind betroffen. Die Arbeitslosigkeit steigt."

„Ja, aber was passiert mit der Firma, vor allem, wenn es sich um eine Aktiengesellschaft an der Börse handelt?"

„Der Aktienkurs steigt normalerweise, wenn der Personalabbau angekündigt wird", sagte ich. Der Markt reagiert positiv, wenn eine Firma ihre Lohnkosten senkt, sei es durch Automatisierung oder durch Rationalisierung generell.

„Das stimmt", sagte er. „Wenn die Aktienkurse steigen, werden Leute wie ich, die Aktionäre, reicher. Das ist, was ich unter einem anderen Satz von Regeln verstehe. Arbeitnehmer verlieren; Besitzer und Kapitalanleger gewinnen."

Robert beschrieb nicht nur den Unterschied zwischen Arbeitnehmer und Arbeitgeber, sondern auch den, das eigene Schicksal zu kontrollieren oder diese Kontrolle einem anderen zu überlassen.

„Aber es ist für die meisten Leute schwer zu verstehen, warum das passiert", sagte ich. „Sie denken einfach, dass es nicht fair ist."

„Deshalb ist es verrückt, einem Kind zu sagen: ‚Mach eine gute Ausbildung'“, entgegnete er. „Es ist verrückt anzunehmen, dass die Ausbildung, die das Schulsystem anbietet, ihre Kinder für die Welt vorbereitet, in der sie nach dem Abschluss Erfolg haben sollen. Jedes Kind braucht mehr Ausbildung. Eine andere Art Ausbildung. Und ganz wichtig ist es, die Regeln zu kennen. Den anderen Satz von Regeln. Es gibt Regeln über Geld, nach denen die Reichen spielen – und es gibt die Regeln, nach denen sich die anderen 95 Prozent der Bevölkerung richten. Und diese große Mehrheit lernt diese falschen Regeln zu Hause und in der Schule. Deshalb ist es heute riskant, einem Kind einfach zu sagen: ‚Studiere fleißig und such dir eine Stelle.' Heute ist eine viel komplexere Ausbildung nötig, und das gegenwärtige System liefert sie nicht. Es ist mir egal, wie viele Computer ins Klassenzimmer gestellt werden oder wie viel Geld die Schule ausgibt. Wie kann das Bildungssystem ein Fach unterrichten, das es nicht kennt?“

Und wie können Eltern ihrem Kind etwas beibringen, was es nicht als Schulfach gibt? Wird z. B. Buchhaltung nicht langweilig für sie? Oder wie lehren Eltern das Investieren, wenn sie selbst risikoscheu sind? Anstatt meinen Kindern einfach beizubringen, auf Nummer Sicher zu gehen, habe ich mich entschieden, dass es das Beste ist, ihnen zu zeigen, wie man flexibel spielt.

„Wie würden Sie einem Kind etwas über Geld und all die Dinge erklären, über die wir geredet haben?“, fragte ich Robert. „Wie können wir das für die Eltern einfach machen, besonders wenn sie es selber nicht verstehen?“

„Ich habe ein Buch über dieses Thema geschrieben“, sagte er.

„Wo ist es?“

„In meinem Computer. Dort ist es seit Jahren, in Einzelteilen, ungeordnet. Gelegentlich gebe ich etwas dazu ein, aber ich habe es nie geschafft, alles zusammenzubringen. Ich habe angefangen, das Buch zu schreiben, nachdem mein anderes ein Bestseller wurde, aber ich habe das Neue nie beendet. Es ist Stückwerk.“

In der Tat! Nach dem Durchlesen der Einzelteile habe ich beschlossen, dass dieses wertvolle Buch gerade in unseren sich so schnell ändernden Zeiten verbreitet werden sollte. Wir vereinbarten, es zusammen herauszugeben.

Ich fragte Robert, wie viele finanzielle Kenntnisse ein Kind benötigte. Er antwortete, dass das von der Persönlichkeit abhinge. Schon in jungen Jahren wusste er, dass er reich werden wollte, und hatte das Glück, einen Vater zu haben, der selber reich war und willig, ihn anzuleiten. Ausbildung ist die Grundlage des Erfolgs, sagte Robert.

Genauso lebenswichtig wie die schulischen Fähigkeiten sind auch finanzielles Geschick und Kommunikationsfähigkeit.

Was jetzt kommt, ist die Geschichte von Roberts beiden Vätern, dem reichen und dem armen. Sie erklärt die Fähigkeiten, die er im Verlauf seines Lebens entwickelt hatte. Der Kontrast zwischen den zwei Vätern liefert eine wichtige Perspektive. Für alle Buchhaltungsfachleute, die dieses Buch lesen: Vergessen Sie ihr akademisches Bücherwissen und öffnen Sie sich den Theorien, die Robert darlegt. Obwohl viele davon sogar die Grundlagen allgemein anerkannter Buchhaltungsprinzipien in Frage stellen, geben sie eine wertvolle Einsicht in die Art, in der echte Kapitalanleger ihre Investitionsentscheidungen treffen.

Wenn wir als Eltern unseren Kindern raten, „zur Schule zu gehen, ernsthaft zu studieren und eine gute Stelle zu bekommen", tun wir das häufig aus bloßer kultureller Gewohnheit. Es ist „halt immer schon" das Richtige gewesen. Als ich nun Robert traf, überraschten mich zunächst seine Ideen. Aufgezogen von zwei Vätern, wurde er darauf vorbereitet, nach zwei verschiedenen Zielen zu streben. Sein gebildeter Vater riet ihm, für eine Firma zu arbeiten. Sein reicher Vater riet ihm, eine Firma zu besitzen. Beide Lebenswege erforderten eine Ausbildung, aber die Studienfächer waren völlig verschieden. Sein gebildeter Vater ermunterte Robert, eine geistig flexible Person zu sein. Sein reicher Vater ermunterte Robert zu lernen, geistig flexible Leute einzustellen.

Zwei Väter zu haben, brachte viele Probleme mit sich. Roberts natürlicher Vater war der Beauftragte für Bildung im Bundesstaat Hawaii. Als Robert 16 wurde, hatte die Drohung „Wenn du keine guten Noten bekommst, wirst du keine gute Stelle erhalten" wenig Wirkung. Es wusste bereits, dass sein Karriereweg der war, eigene Firmen zu besitzen, und nicht für solche zu arbeiten. Er gibt durchaus zu, dass ihm die College-Ausbildung für seinen Lebensweg sehr nützlich war. Hätte er jedoch keinen klugen und strebsamen Berater in der Highschool gehabt, wäre Robert nicht aufs College gegangen. Er konnte es nämlich kaum erwarten, eigene Vermögenswerte zu bilden.

Offen gestanden empfinden vermutlich viele Leser die Ideen in diesem Buch als zu radikal. Einige Eltern haben genug Schwierigkeiten damit, ihre Kinder nur auf der Schule zu halten. Aber in Hinblick auf die sich ändernden Zeiten müssen wir uns als Eltern gegenüber neuen und kühnen Ideen öffnen. Die Kinder zu ermutigen, Arbeitnehmer zu werden, heißt, den Kindern zu raten, ihr Leben lang mehr als ihren angemessenen Anteil an Steuern zu zahlen, mit einer kleinen oder gar keiner Aussicht auf eine Rente. Es ist auch wahr, dass für einen Menschen die Steuern die größten Ausgaben sind. Eigentlich arbeiten die meisten Familien von Januar bis Mitte Mai für den Staat, nur um die Steuern zu zahlen. Man braucht neue Ideen, und dieses Buch liefert sie.

Robert behauptet, dass die Reichen ihre Kinder anders beraten – zu Hause, am Tisch, beim Abendessen. Diese Ideen sind vielleicht nicht gerade die Ideen, die Sie auswählen, um sie mit ihren Kindern zu besprechen, aber ich bin dankbar, wenn Sie sich sie anschauen. Ich rate Ihnen, weiter zu suchen. Meiner Meinung als Mutter und Wirtschaftsprüferin nach scheint mir das Konzept, gute Noten zu bekommen und eine gute Stelle zu finden, eine überholte Idee. Wir müssen heute unsere Kindern viel differenzierter beraten. Wir brauchen neue Ideen und eine andere Art Ausbildung. Vielleicht ist es keine so schlechte Idee, wenn wir unseren Kindern sagen, dass sie sich bemühen sollen, gute Arbeitnehmer zu sein, aber gleichzeitig auch, sich um ein eigenes Kapitalanlageunternehmen zu bemühen.

Als Mutter habe ich die Hoffnung, dass dieses Buch anderen Eltern hilft. Es ist Roberts Hoffnung, den Leuten zu zeigen, dass jeder Vermögen bilden kann, wenn er sich dafür entscheidet. Wenn Sie heute Gärtner sind oder Pförtner oder sogar arbeitslos, haben Sie die Fähigkeit, sich selbst auszubilden und auch denjenigen, die Sie lieben, beizubringen, wie sie sich finanziell um sich selbst kümmern können. Erinnern Sie sich, dass finanzielle Intelligenz ein geistiger Prozess ist, durch den wir unsere materiellen Probleme lösen.

Heute haben wir mit globalen und technologischen Veränderungen zu tun, die weitaus größer sind als je zuvor. Keiner hat eine Kristallkugel, aber eines ist sicher: Vor uns liegen Veränderungen, die über unsere Realität hinausgehen. Wer weiß, was die Zukunft bringt? Sie haben grundsätzlich zwei Wahlmöglichkeiten: Gehen Sie auf Nummer Sicher oder spielen Sie raffiniert, indem Sie ihr eigenes finanzielles Genie und das ihrer Kinder vorbereiten, ausbilden und wecken.

Sharon Lechter

Kapitel eins
Reicher Vater, armer Vater

Erzählt von Robert Kiyosaki

Ich hatte zwei Väter, einen reichen und einen armen. Der ärmere hatte eine ausgezeichnete Ausbildung und war intelligent; er hatte einen Doktortitel und erledigte die Arbeit von vier Studienjahren in weniger als 24 Monaten. Dann ging er zur Stanford University, zur University of Chicago und zur Northwestern University, um seine Fortgeschrittenenstudien – alle ausschließlich mit Stipendien – zu absolvieren. Der reiche Vater hatte nie die achte Klasse beendet.

Beide Männer waren erfolgreich in ihren Karrieren, arbeiteten ihr ganzes Leben schwer und erzielten ein beträchtliches Einkommen. Einer von ihnen hatte jedoch sein ganzes Leben lang finanzielle Probleme. Der andere wurde zu einem der reichsten Männer von Hawaii. Als er starb, hinterließ er seiner Familie, Wohltätigkeitseinrichtungen und seiner Kirche mehrere zehn Millionen Dollar. Der andere hinterließ unbezahlte Rechnungen.

Beide Männer waren stark, charismatisch und einflussreich. Beide gaben mir Ratschläge, aber sie rieten nicht dasselbe. Beide glaubten fest an Ausbildung, aber sie empfahlen nicht denselben Studienweg.

Hätte ich nur einen Vater gehabt, hätte ich seine Ratschläge annehmen oder ablehnen müssen. Da ich zwei Väter hatte, die mich berieten, hatte ich die Wahl zwischen widersprüchlichen Ansichten, und zwar denen eines reichen und denen eines armen Mannes.

Anstatt die eine oder die andere Ansicht einfach anzunehmen oder abzulehnen, fand ich mich in der Lage, über die unterschiedlichen Aspekte nachzudenken, sie abzuwägen und dann für mich die richtige Strategie auszuwählen.

Das Problem war, dass der reiche Mann damals noch nicht reich war und der arme Mann noch nicht arm. Beide begannen gerade ihre Karrieren und mühten sich mit ihrem Einkommen und ihrer Familie ab. Aber sie hatten sehr unterschiedliche Ansichten zum Thema Geld.

Beispielsweise sagte der eine Vater immer: „Die Liebe zum Geld ist die Wurzel alles Bösen.“ Der andere war der Auffassung: „Mangel an Geld ist die Wurzel alles Bösen.“

Als kleiner Junge war es für mich schwierig, zwei starke Väter zu haben, die mich beide beeinflussten. Ich wollte ein guter Sohn sein und auf sie hören, aber die zwei Väter sagten nicht dasselbe. Der Unterschied in ihren Ansichten, besonders soweit es sich um Geld handelte, war so extrem, dass ich neugierig und interessiert wurde. Ich begann, lange über das nachzudenken, was jeder von ihnen sagte.

Viel von meiner Freizeit war z. B. mit Fragen wie „Warum sagt er das?" ausgefüllt. Es wäre viel leichter gewesen, einfach zu sagen: „Ja, er hat Recht. Ich bin damit einverstanden." Oder ich hätte einfach die unterschiedlichen Ansichten ablehnen können: „Der alte Mann weiß nicht, was er redet." Stattdessen hat mich der Umstand, dass ich zwei Väter hatte, die ich liebte, dazu gezwungen, selbst nachzudenken und schließlich eine eigene Denkweise zu finden. Im Laufe der Zeit erwies es sich als viel wertvoller, für mich selbst zu entscheiden, als nur einfach einen Gesichtspunkt anzunehmen oder abzulehnen.

Einer der Gründe dafür, dass die Reichen reicher und die Armen ärmer werden und dass die Mittelschichtler mit Schulden kämpfen, ist, dass das Thema Geld zu Hause und nicht in der Schule behandelt wird. Die meisten von uns lernen von den Eltern deren eigenen Umgang mit Geld. Was können arme Eltern ihren Kindern erzählen? Sie sagen einfach: „Bleib in der Schule und lerne fleißig." Das Kind kann mit ausgezeichneten Noten abschließen, jedoch mit der finanziellen Programmierung und Denkweise eines armen Menschen. Diese Verhaltensweisen wurden in der frühen und frühesten Kindheit vom elterlichen Vorbild übernommen.

Das Thema Geld gibt es in den offiziellen Unterrichtsplänen der Schule nicht. Es werden ausschließlich fachliche Fähigkeiten vermittelt. Das erklärt, warum Bankberater, Ärzte und Buchhaltungsfachleute, die in der Schule ausgezeichnete Noten hatten, trotzdem ihr ganzes Leben lang in finanziellen Schwierigkeiten stecken können. Unsere erstaunliche Staatsverschuldung geht zum großen Teil auf unsere hoch gebildeten Politiker und Staatsbeamten zurück, die mit wenig oder überhaupt keinem Training in Gelddingen Finanzentscheidungen treffen.

Ich denke oft über die Zukunft nach und frage mich, was geschehen wird, wenn wir Millionen Leute haben, die finanzielle und medizinische Hilfe benötigen. Sie werden von der finanziellen Unterstützung ihrer Familien oder vom Staat abhängig sein. Was wird geschehen, wenn die Kranken- und Sozialversicherung kein Geld mehr hat? Wie wird eine Nation überleben, wenn das, was den Kindern über Geld beigebracht wird, weiterhin den Eltern überlassen bleibt – von denen viele arm sein werden oder schon sind?

Weil ich zwei einflussreiche Väter hatte, habe ich von beiden gelernt. Ich musste über den Rat jedes Vaters nachdenken, und indem ich das tat, habe ich wertvolle Einsichten in die Macht und die Wirkung der Gedanken eines Menschen über sein Leben gewonnen. Zum Beispiel sagte der eine Vater immer wieder: „Ich kann es mir nicht leisten." Der andere Vater verbot, solche Worte zu verwenden. Er bestand darauf, zu sagen: „Wie kann ich mir das leisten?" Das eine ist eine Aussage, das andere eine Frage. Das eine wirft einen aus dem Sattel, das andere zwingt einen zu denken.

Mein bald reich werdender Vater erklärte immer wieder, dass das Gehirn eines Menschen zu denken aufhört, wenn man immer nur die Worte „Ich kann es mir nicht leisten" sagt. Stellt man hingegen die Frage „Wie kann ich es mir leisten?", wird das Gehirn aktiviert. Er meinte damit nicht, dass man sich alles kaufen sollte, was man sich wünscht. Er war davon besessen, das Gehirn, den stärksten Computer der Welt, zu trainieren. „Mein Gehirn wird mit jedem Tag besser, weil ich es trainiere. Je besser es wird, desto mehr Geld kann ich machen." Seiner Meinung nach ist es ein Zeichen geistiger Trägheit, wenn man nur sagt: „Ich kann es mir nicht leisten."

Obwohl beide Väter schwer arbeiteten, bemerkte ich, dass der eine die Angewohnheit hatte, sein Gehirn schlafen zu lassen, wenn es um Geldangelegenheiten ging, und der andere regelmäßig sein Gehirn trainierte. Das langfristige Ergebnis war: Der eine Vater wurde finanziell stärker und der andere schwächer! Es ist dasselbe wie mit zwei Personen, von denen eine regelmäßig zum Turnen geht und die andere nur auf dem Sofa sitzt und fernsieht. Das richtige physische Training erhöht ihre gesundheitlichen Chancen und das richtige geistige Training erhöht ihre Chancen zum Reichtum. Faulheit verringert beides, Gesundheit und Reichtum.

Meine beiden Väter hatten in ihrem Denken entgegengesetzte Einstellungen. Der eine dachte, dass die Reichen mehr Steuern zugunsten der weniger Glücklichen zahlen sollten. Der andere sagte: „Die Steuern bestrafen diejenigen, die produzieren, und belohnen diejenigen, die nicht produzieren." Der eine empfahl: „Studiere fleißig, um eine gute Firma zu finden, in der du arbeiten kannst." Der andere legte mir nahe: „Studiere fleißig, um eine gute Firma zu finden, die du kaufen kannst."

Der eine behauptete: „Ihr Kinder seid der Grund für meine Armut." Der andere sagte: „Ihr Kinder seid für mich der Ansporn, reich zu werden." Er ermunterte auch das Gespräch über Geld und Geschäft beim Abendessen – der ärmere hingegen verbot das Reden über das Thema Geld und meinte: „Wenn es um Geld geht, bleibe auf Nummer Sicher, gehe keine Risiken ein." Der reiche hingegen sagte: „Lerne mit Risiken umzugehen."

Der ärmere glaubte: „Unser Heim ist unsere größte Investition und unser größtes Vermögen", der andere: „Mein Haus ist ein Passivposten und wenn dein Haus deine größte Investition ist, hast du Probleme."

Beide Väter beglichen ihre Rechnungen rechtzeitig, doch der eine zahlte seine Rechnungen sofort, während der andere seine zum letztmöglichen Termin bezahlte.

Der eine Vater glaubte, dass die Firma oder der Staat sich um einen Menschen und seine Bedürfnisse kümmern müsste. Er machte sich ständig Sorgen um Gehaltserhöhungen, Pensionspläne, Zusatzleistungen in der medizinischen Versorgung, Krankschreibungen, Urlaub und andere Vorteile. Er war von zwei seiner Onkeln beeindruckt, die zur Armee gegangen waren und nach zwanzig aktiven Dienstjahren eine Rente und ein Aktienpaket fürs Leben erhalten hatten. Die Idee der Privilegien in der medizinischen Versorgung und der Kaufprivilegien in eigenen Geschäften, die das Militär seinen Veteranen sicherte, gefiel ihm. Er liebte auch das System der Anstellungen an der Universität. Lebenslängliche Arbeitsplatzsicherheit und Arbeitsvergünstigungen schienen ihm manchmal wichtiger zu sein als die Arbeit selbst. Er sagte oft: „Ich habe schwer für den Staat gearbeitet und ich habe ein Recht auf diese Privilegien."

Der andere glaubte an die totale finanzielle Selbstständigkeit. Er wandte sich gegen die Mentalität des „Ich habe ein Recht darauf" und wie diese schwache und finanziell bedürftige Menschen hervorbrachte. Er bestand auf finanzieller Kompetenz.

Der eine Vater bemühte sich, ein paar Dollar zu sparen. Der andere investierte einfach.

Der eine brachte mir bei, einen eindrucksvollen Lebenslauf zu schreiben, um eine gute Stelle zu finden. Der andere zeigte mir, wie man überzeugende Geschäfts- und Finanzierungspläne schreibt, um Arbeitsplätze zu schaffen.

Dass ich das Produkt von zwei starken Vätern bin, hat mir den Luxus ermöglicht, die Auswirkungen, die verschiedene Denkweisen auf das Leben eines Menschen haben, beobachten zu können. Ich habe bemerkt, dass Menschen in der Tat ihr Leben durch ihre Gedanken gestalten.

Beispielsweise sagte mein armer Vater immer wieder: „Ich werde nie reich sein." Und diese Prophezeiung wurde wahr. Mein reicher Vater andererseits bezeichnete sich selbst immer als reich. Er sagte Dinge wie: „Ich bin ein reicher Mann und reiche Leute tun so etwas nicht." Auch als er nach einem ernsten finanziellen Rückschlag total pleite war, bezeichnete er sich weiterhin als einen reichen Mann. Er schützte sich, indem er sagte: „Es gibt einen Unterschied zwischen arm sein und pleite sein. Pleite ist kurzfristig, arm ist ewig."

Mein armer Vater sagte auch: „Ich habe kein Interesse an Geld" oder: „Geld ist nicht wichtig". Mein reicher Vater sagte immer: „Geld ist Macht."

Obwohl die Macht unserer Gedanken nie gemessen oder geschätzt werden kann, wurde es für mich als kleinen Jungen klar, mir meiner Denk- und Ausdrucksweise bewusst zu werden. Ich bemerkte, dass mein armer Vater nicht arm war wegen des durchaus bemerkenswerten Geldbetrags, den er verdiente, sondern wegen seiner Einstellung und seiner Handlungen. Als kleiner Junge mit zwei Vätern wurde mir klar, dass ich darauf achten musste, welche der angebotenen Ideen ich als meine aufnahm. Auf wen sollte ich hören – auf meinen reichen oder auf meinen armen Vater?

Obwohl beide Männer enormen Respekt vor Ausbildung und Lernen hatten, stimmten sie nicht darin überein, was wichtig sei zu lernen. Der eine wollte, dass ich fleißig lernte, einen Abschluss erzielte und als Fachmann eine gute Stelle bekäme, um für Geld zu arbeiten. Der andere ermunterte mich zu studieren, um reich zu werden, um zu verstehen, wie Geld arbeitet und um zu lernen, wie ich es dazu bringen kann, für mich zu arbeiten. „Ich arbeite nicht für Geld!" waren seine Worte, die er regelmäßig wiederholte. „Das Geld arbeitet für mich!"

Im Alter von neun Jahren habe ich mich entschlossen, darauf zu hören, was mein reicher Vater über Geld sagte. Damit entschied ich gleichzeitig, dass mein armer Vater trotz aller College-Abschlüsse kein Experte für den Umgang mit Geld war.

Die Lektion in einem Gedicht

Robert Frost ist mein Lieblingslyriker. Von seinen vielen Gedichten mag ich am liebsten „Der unbegangene Weg“ (The Road not taken). Ich wende die darin versteckte Lehre fast täglich an:

Der unbegangene Weg

In einem gelben Wald, da lief die Straße auseinander,
und ich, betrübt, dass ich, ein Wanderer bleibend, nicht
die beiden Wege gehen konnte, stand
und sah dem einen nach so weit es ging:
bis dorthin, wo er sich im Unterholz verlor.

Und schlug den anderen ein, nicht minder schön als jener,
und schritt damit auf dem vielleicht, der höher galt, denn er
war grasig und er wollt begangen sein,
obgleich, was dies betraf, die dort zu gehen pflegten,
sie beide, den und jenen, gleich begangen hatten.

Und beide lagen sie an jenem Morgen gleicherweise
voll Laubes, das kein Schritt noch schwarzgetreten hatte.
Oh für ein andermal hob ich mir jenen ersten auf!
Doch wissend, wie´s mit Wegen ist, wie Weg zu Weg führt,
erschien mir zweifelhaft, dass ich je wiederkommen würde.

Dies alles sage ich, mit einem Ach darin, dereinst
und irgendwo nach Jahr und Jahr und Jahr:
Im Wald, da war ein Weg, der Weg lief auseinander,
und ich – ich schlug den einen ein, den weniger begang´nen,
und dieses war der ganze Unterschied.

Robert Frost (1916)

(dt. Übersetzung in Eva Hesse, Hrsg.: Robert Frost: Gedichte. Ebenhausen 1963)

Im Laufe der Jahre habe ich oft über Robert Frosts Gedicht nachgedacht. Dem Rat und der Einstellung meines hoch gebildeten Vaters über Geld nicht zu folgen, war eine schmerzhafte Entscheidung, die den Rest meines Lebens prägte.

Mit diesem Entschluss begann meine Ausbildung über Geld. Mein reicher Vater lehrte mich über einen Zeitraum von 30 Jahren, bis ich 39 war. Er hörte damit auf, als er erkannte, dass ich Bescheid wusste und völlig verstanden hatte, was er in meinen oft dicken Schädel hineinzuklopfen versucht hatte.

Geld ist eine Form von Macht. Noch mächtiger ist finanzielle Bildung. Geld kommt und geht, aber wenn Sie gelernt haben, wie Geld arbeitet, gewinnen Sie Macht darüber und können mit der Vermögensbildung beginnen. Warum funktioniert positives Denken alleine nicht? Die meisten Menschen sind zwar in die Schule gegangen, haben aber nie gelernt, wie die Finanzwelt funktioniert, und so verbringen sie ihr Leben damit, für Geld zu arbeiten.

Da ich erst neun war, als ich mit der Ausbildung begann, waren die Lektionen meines reichen Vaters einfach. Und als alles gesagt und getan war, gab es nur sechs über 30 Jahre lang wiederholte grundlegende Lektionen. Dieses Buch behandelt diese sechs Lektionen, möglichst einfach formuliert, so wie sie mir mein reicher Vater weitergegeben hat. Diese Lektionen sind nicht als Antworten gedacht, sondern als Orientierungshilfen – die Ihnen und ihren Kindern helfen, reicher zu werden, egal was in einer Welt wachsender Veränderung und Unsicherheit geschieht.

Die Lektionen

Lektion 1: Die Reichen arbeiten nicht für Geld

Lektion 2: Warum finanzielle Kenntnisse lehren?

Lektion 3: Kümmern Sie sich um ihre eigenen Geschäfte

Lektion 4: Die Geschichte der Steuern und die Macht der Unternehmen

Lektion 5: Die Reichen erfinden das Geld

Lektion 6: Arbeiten Sie, um zu lernen – arbeiten Sie nicht für Geld

Kapitel zwei

Lektion eins: Die Reichen arbeiten nicht für Geld

Wie werde ich reich?

„Vati, kannst du mir sagen, wie ich reich werde?"

Mein Vater legte die Abendzeitung nieder. „Warum willst du reich werden, mein Sohn?"

„Weil heute Jimmys Mutter in ihrem neuen Cadillac kam und sie übers Wochenende in ihr Strandhaus gefahren sind. Er hat drei Freunde mitgenommen, aber Mike und ich waren nicht eingeladen. Sie sagten uns, dass wir nicht eingeladen wären, weil wir arme Kinder seien."

„Haben sie das gesagt?", fragte mein Vater ungläubig.

„Ja, das haben sie", antwortete ich verletzt.

Mein Vater schüttelte schweigend den Kopf, schob die Brille auf den Nasenrücken und widmete sich wieder dem Zeitungslesen. Ich stand da und wartete auf eine Antwort. Das war 1956. Ich war neun Jahre alt. Da wir auf der einen Straßenseite wohnten, gehörten wir zu dem Einzugsgebiet derselben öffentlichen Schule, in die die reichen Leute ihre Kinder schickten. Unsere Stadt lebte hauptsächlich von Zuckerplantagen. Die Plantagenverwalter und andere wohlhabende Leute der Stadt wie Ärzte, Geschäftsleute und Bankiers schickten ihre Kinder von der ersten bis zur sechsten Klasse in diese Schule. Danach besuchten sie normalerweise private Schulen. Hätte ich auf der anderen Straßenseite gewohnt, wäre ich, zusammen mit Kindern aus Familien, die meiner mehr ähnelten, auf eine andere Schule gegangen. Nach der sechsten Klasse würden diese Kinder und ich weiterhin staatliche Schule besuchen. Die teuren privaten Schulen kamen für sie oder für mich nicht infrage.

Schließlich legte mein Vater die Zeitung hin. Ich merkte, dass er überlegte.

„Nun, mein Sohn", fing er langsam an, „wenn du reich werden willst, musst du lernen, Geld zu machen."

„Wie mache ich Geld?", fragte ich.

„Tja, benutze deinen Kopf, mein Sohn“, sagte er lächelnd. Was eigentlich bedeutete: „Das ist alles, was ich dir sagen kann“ oder: „Ich kenne die Antwort nicht, also bringe mich nicht in Verlegenheit“.

Eine Partnerschaft entsteht

Am nächsten Morgen erzählte ich meinem besten Freund Mike, was mein Vater mir gesagt hatte. So viel ich weiß, waren wir beide die einzigen „ärmeren“ Kinder in dieser Schule. Mike wohnte, wie ich, durch eine Laune des Schicksals im Sprengel dieser Schule. Unsere Eltern waren nicht wirklich arm, aber wir fühlten uns so, weil andere Jungen neue Baseballhandschuhe, neue Fahrräder und alles andere immer neu hatten.

Meine Mutter und mein Vater versorgten uns mit dem Notwendigen wie Essen, Wohnung und Kleidung. Aber das war alles. Mein Vater sagte immer: „Wenn du etwas willst, arbeite dafür.“ Wir wollten vieles, aber es gab nicht viel Arbeit für neunjährige Jungen.

„Was können wir tun, um Geld zu verdienen?“, fragte Mike.

„Ich weiß es nicht“, sagte ich. „Aber willst du mein Partner werden?“

Und so wurde Mike an jenem Samstagmorgen mein erster Geschäftspartner. Wir verbrachten den ganzen Morgen damit, auf Ideen zu kommen, wie wir Geld verdienen konnten. Gelegentlich sprachen wir auch von den „coolen Typen“, die sich an Jimmys Strandhaus vergnügten. Es tat ein bisschen weh, aber der Schmerz war gut, weil er uns dazu inspirierte, weiter darüber nachzudenken, wie wir zu Geld kommen konnten. Schließlich kam uns an jenem Nachmittag ein guter Gedanke, eine Idee, die inspiriert war durch ein wissenschaftliches Buch, das Mike gelesen hatte. Aufgeregt schüttelten wir uns die Hände, und die Partnerschaft hatte jetzt ein konkretes Ziel.

Die nächsten paar Wochen liefen Mike und ich durch die Nachbarschaft, klopften an die Türen und fragten unsere Nachbarn, ob sie für uns ihre Zahnpastatuben aufheben würden. Mit erstaunten Blicken sagten die meisten Erwachsenen lächelnd zu. Manche fragten uns, was wir damit tun wollten. Dann antworteten wir: „Wir können es Ihnen nicht sagen. Es ist ein Geschäftsgeheimnis.“

Meine Mutter wurde im Laufe der nächsten Wochen immer verzweifelter. Als Sammelplatz für unsere Rohstoffe hatten wir einen Platz neben der Waschmaschine gewählt. In einem braunen Karton begann jetzt unser kleiner Stapel verbrauchter Zahnpastatuben zu wachsen.

Schließlich verlor meine Mutter die Geduld. Der Anblick der dreckigen, zerdrückten und benutzten Zahnpastatuben ihrer Nachbarn reichte ihr. „Was tut ihr da, Jungs?“, fragte sie. „Ich will nicht wieder hören, dass es ein Geschäftsgeheimnis ist. Tut etwas mit diesem Dreck, oder ich werfe ihn weg.“

Mike und ich baten sie und bettelten, indem wir erklärten, dass wir bald genug haben und dann mit der Produktion anfangen würden. Wir sagten ihr, dass wir auf ein paar Nachbarn warteten, die ihre Zahnpasta noch aufbrauchen wollten, sodass wir ihre Tuben haben konnten. Mutter gewährte uns eine Woche Verlängerung.

Der Tag, an dem wir mit der Produktion anfangen sollten, wurde vorgezogen. Wir standen unter Druck. Meine erste Geschäftspartnerschaft war von der Räumung unseres Lagers seitens meiner eigenen Mutter bedroht. Mike bekam die Aufgabe, den Nachbarn zu sagen, dass sie schnell ihre Zahnpasta aufbrauchen sollten, indem er ihnen erzählte, dass ihr Zahnarzt ihnen häufigeres Zähneputzen empfahl. Ich fing an, die Fertigungsstraße zusammenzustellen.

Die Produktion begann planmäßig. Mein Vater fuhr eines Tages mit einem Freund vor, um zwei neunjährige Jungen in der Ausfahrt zu sehen, mit einem auf Höchsttouren laufenden Fließband. Überall war weißer Staub. Auf einem langen Tisch gab es kleine Milchkartons von der Schule, und unser Grill glühte mit roten heißen Kohlen bei höchster Hitze.

Mein Vater näherte sich langsam, nachdem er das Auto am Ende der Ausfahrt geparken hatte, da die Fertigungsstraße den Stellplatz blockierte. Er und sein Freund sahen auf den Kohlen einen Stahltopf mit den schmelzenden Bleituben – damals gab es noch keine Plastiktuben. Sobald die Farbe abgebrannt war, wurden die Tuben in den kleinen Stahltopf auf den Kohlen geworfen, geschmolzen, bis sie flüssig waren, und anschließend gossen wir das Blei mithilfe Mutters Topflappen durch ein kleines Loch in Milchkartons.

Die Milchkartons waren auf bestimmte Weise mit Gips gefüllt und dienten uns so als Gießformen. Der weiße Staub überall war Gips. Bevor wir ihn mit Wasser gemischt hatten, hatte ich in meiner Eile die Tüte umgeworfen und die ganze Umgebung sah aus, als ob ein Schneegestöber stattgefunden hätte.

Mein Vater und sein Freund schauten zu, als wir das geschmolzene Blei vorsichtig durch ein kleines Loch im oberen Teil der Gipswürfel gossen.

„Seid vorsichtig“, meinte mein Vater.

Ich nickte, ohne ihn anzuschauen.

Endlich stellte ich den Stahltopf ab und lächelte meinen Vater an.

„Was tut ihr Jungs da?“, fragte er mit einem zaghaften Lächeln.

„Wir tun, was du mir gesagt hast. Wir sind dabei, reich zu werden“, sagte ich.

„Ja“, sagte Mike grinsend und nickte mit dem Kopf, „wir sind Partner.“

„Und was ist in diesen Plastikformen?“, fragte mein Vater.

„Pass auf“, sagte ich. „Ich werde jetzt die Form lösen.“ Mit einem kleinen Hammer klopfte ich auf die Versiegelung, die die Würfelhälften verband. Vorsichtig zog ich die obere Hälfte hoch und – ein bleiernes Fünfcentstück fiel heraus.

„Oh, mein Gott“, sagte mein Vater. „Ihr gießt Fünfcentstücke aus Blei!“

„So ist es“, sagte Mike. „Wir tun, was Sie uns empfohlen haben. Wir machen Geld.“

Der Freund meines Vaters drehte sich um und brach in Gelächter aus. Mein Vater schmunzelte und schüttelte den Kopf. Vor ihm, bei einem Feuer und neben einem Karton mit benutzten Zahnpastatuben, standen zwei mit weißem Staub bedeckten kleine Jungen, die von einem Ohr zum anderen grinsten.

Er bat uns, alles hinzulegen und uns mit ihm auf die Vordertreppe unseres Hauses zu setzen. Mit einem Lächeln erklärte er uns, was das Wort „Fälschen“ bedeutete.

Unsere Träume schwanden. „Sie meinen, dass das verboten ist?“, fragte Mike mit zitternder Stimme.

„Lass sie weitermachen“, sagte der Freund meines Vaters. „Vielleicht entwickeln sie ein natürliches Talent dafür.“

Mein Vater starrte ihn an.

„Ja, das ist verboten“, sagte mein Vater mild. „Aber ihr habt große Kreativität und Originalität bewiesen. Weiter so. Ich bin wirklich sehr stolz auf euch!“

Enttäuscht saßen Mike und ich etwa zwanzig Minuten schweigend da, bevor wir anfingen, das Durcheinander zu beseitigen. Das Geschäft endete am selben Tag, an dem es begonnen hatte. Als ich den Staub wegwischte, schaute ich Mike an und sagte: „Ich glaube, dass Jimmy und seine Freunde Recht haben. Wir sind arm.“

Mein Vater ging gerade vorbei, als ich das sagte. „Jungs“, sagte er, „Ihr seid nur dann arm, wenn ihr aufgebt. Das wichtigste ist, dass ihr etwas getan habt. Die meisten Leute reden und träumen nur davon, reich zu werden. Ihr habt etwas getan. Ich bin sehr stolz auf euch. Ich sage es noch mal. Weiter so. Gebt nicht auf.“

Mike und ich standen schweigend da. Es waren nette Worte, aber wir wussten immer noch nicht, was wir tun konnten.

„Wieso bist du dann nicht reich, Vati?“, fragte ich.

„Weil ich mich dafür entschieden habe, Schullehrer zu werden. Schullehrer machen sich eigentlich keine Gedanken darüber, reich zu werden. Wir wollen nur unterrichten. Ich wünschte, ich könnte euch helfen, aber ich weiß wirklich nicht, wie man zu Geld kommt.“

Mike und ich drehten uns um und putzten weiter.

„Ich hab´s“, sagte mein Vater, „wenn ihr lernen wollt, reich zu werden, fragt nicht mich, fragt deinen Vater, Mike.“

„Meinen Vater?“, fragte Mike mit zerknirschtem Gesicht.

„Ja. Deinen Vater“, wiederholte mein Vater mit einem Lächeln. „Dein Vater und ich haben denselben Bankberater und er schwärmt von deinem Vater. Er hat mir mehrmals gesagt, dass dein Vater brillant ist, wenn es darum geht, zu Geld zu kommen.“

„Mein Vater?“, fragte Mike nochmals ungläubig. „Warum haben wir dann kein schönes Auto und kein schönes Haus wie die reichen Kinder in der Schule?“

„Ein schönes Auto und ein schönes Haus bedeuten nicht unbedingt, dass du reich bist oder dass du weißt, wie man zu Geld kommt“, erwiderte mein Vater. „Jimmys Vater arbeitet für die Zuckerplantage. Er unterscheidet sich nicht sehr von mir. Er arbeitet für eine Firma, und ich arbeite für den Staat. Die Firma kauft das Auto für ihn. Die Zuckerfirma steckt in finanziellen Schwierigkeiten und es kann sein, dass Jimmys Vater bald nichts mehr haben wird. Dein Vater ist anders, Mike. Es scheint, dass er dabei ist, sich ein Imperium aufzubauen, und ich vermute, dass er in wenigen Jahren ein sehr reicher Mann sein wird.“

Damit kam die Begeisterung bei Mike und mir wieder. Mit neuer Kraft fingen wir an, den von unserem ersten Unternehmen verursachten Dreck wegzuputzen. Dabei machten wir Pläne, wann und wie wir mit Mikes Vater reden würden. Das Problem war, dass Mikes Vater lange arbeitete und oft erst spät in der Nacht nach Hause kam. Er besaß Lagerhäuser, eine Baufirma, eine Ladenkette und drei Restaurants. Es waren die Restaurants, die ihn so lange aufhielten.

Nachdem wir alles sauber gemacht hatten, nahm Mike den Bus nach Hause. Wenn sein Vater am Abend heimkäme, wollte er mit ihm reden und ihn bitten, uns beizubringen, wie man reich wird. Mike versprach mir, sofort anzurufen, egal wie spät es würde.

Das Telefon klingelte um halb neun abends.

„OK“, sagte ich. „Nächsten Samstag.“ Und legte den Hörer auf. Mikes Vater war mit einem Treffen mit Mike und mir einverstanden.

Samstag früh um halb acht nahm ich den Bus zum armen Stadtviertel.

Die Lektionen beginnen

Michael und ich trafen seinen Vater an diesem Morgen um acht Uhr. Er war bereits an der Arbeit und hatte schon mehr als eine Stunde hinter sich. Sein Bauleiter fuhr gerade in seinem Kleintransporter weg, als ich auf sein einfaches, kleines und ordentliches Haus zuging. Mike begrüßte mich an der Tür.

„Mein Vater hat gesagt, dass wir hinten auf der Veranda warten sollen", sagte Mike, als er die Tür öffnete. Der alte Holzboden knarrte, als wir über die Türschwelle dieses älteren Hauses liefen. Drinnen, direkt an der Tür, gab es eine billige Fußmatte. Die Matte war da, um die jahrelange Abnutzung durch unzählige Schritte, die der Fußboden ertragen hatte, zu verbergen.

Ich fühlte mich sehr beengt, als ich in das kleine Wohnzimmer gelangte, das mit alten, muffigen Polstermöbeln vollgestellt war, die heutzutage Sammlerstücke wären. Auf dem Sofa saßen zwei Frauen, ein wenig älter als meine Mutter. Ihnen gegenüber saß ein Mann in Arbeitskleidung.

Er trug eine Khakihose und ein Khakihemd, ordentlich gebügelt, aber nicht gestärkt, und abgeschabte Arbeitshefte. Er war etwa zehn Jahre älter als mein Vater, ich würde sagen, so um die 45. Alle drei lächelten, als Mike und ich in Richtung Küche zur Veranda mit Aussicht auf den Hinterhof vorbeigingen. Ich lächelte scheu zurück.

„Wer sind diese Leute?", fragte ich.

„Ah, sie arbeiten für meinen Vater. Der ältere Mann führt seine Lager und die Frauen sind die Restaurantmanagerinnen. Und vorhin hast du den Bauleiter gesehen, der für ein Straßenprojekt, etwa 50 Meilen von hier, arbeitet. Sein anderer Bauleiter, der eine Reihe von Häusern baut, ist gerade gegangen, bevor du hereingekommen bist."

„So geht es die ganze Zeit?", fragte ich.

„Nicht immer, aber ziemlich oft,", sagte Mike, als er einen Stuhl holte, um sich neben mich zu setzen. „Ich habe meinen Vater gefragt, ob er uns beibringen will, zu Geld zu kommen."

„Oh, und was hat er dazu gesagt?", fragte ich mit unverhohlener Neugierde.

„Tja, zunächst hat er mich merkwürdig angeschaut und dann gesagt, dass er uns ein Angebot machen würde."

„Aha", sagte ich und schaukelte mit meinem Stuhl gegen die Wand zurück; ich saß da und hockte auf den beiden Hinterfüßen des Stuhls.

Mike tat dasselbe.

„Weißt Du, um welches Angebot es geht?", fragte ich.

„Nein, aber wir werden es bald herausfinden."

Plötzlich stürzte Mikes Vater durch die wacklige Außentür auf die Veranda. Mike und ich sprangen auf die Füße, nicht aus Respekt, sondern weil wir erschrocken waren.

„Seid ihr bereit, Jungs?“, fragte Mikes Vater, als er einen Stuhl heranzog, um sich zu uns zu setzen. Wir nickten. Er war ein großer Mann, etwa 1 Meter 80 und 100 Kilo schwer. Mein Vater war größer, wog ungefähr dasselbe und war fünf Jahre älter als Mikes Vater. Sie hatten einiges gemeinsam, wenn auch nicht dieselben ethnischen Züge. Vielleicht war ihre Energie ähnlich.

„Mike sagt, ihr wollt lernen, wie man zu Geld kommt? Stimmt das, Robert?“

Ich nickte schnell, aber etwas eingeschüchtert. Hinter seinen Worten und dem Lächeln steckte eine Menge Kraft.

„OK, das ist mein Angebot: Ich werde es euch beibringen, aber nicht wie in der Schule. Ihr arbeitet für mich und ich werde euch unterrichten. Wenn ihr nicht für mich arbeitet, werde ich es euch nicht beibringen. Es geht für mich schneller, wenn ihr dabei arbeitet, und ich verschwende meine Zeit, wenn ihr bloß dasitzen und zuhören wollt wie in der Schule. Das ist mein Angebot. Nehmt es an oder lasst es bleiben.“

„Äh … kann ich erst etwas fragen?“, warf ich ein.

„Nein. Nimm es an oder lass es bleiben. Ich habe zu viel Arbeit, um meine Zeit zu verschwenden. Wenn du dich nicht schnell entscheiden kannst, wirst du es sowieso nie lernen, zu Geld zu kommen. Gelegenheiten kommen und gehen. Zu wissen, wann man schnell entscheiden muss, ist eine wichtige Fähigkeit. Du hast eine Gelegenheit, die du gesucht hast. Die Schule beginnt oder es ist in zehn Sekunden vorbei“, sagte Mikes Vater mit einem neckischen Lächeln.

„Ich nehme an“, sagte ich.

„Ich nehme an“, sagte Mike.

„Gut“, sagte Mikes Vater. „Frau Martin wird in zehn Minuten hier sein. Wenn ich mit ihr fertig bin, fahrt ihr mit ihr zu meinem Gemischtwarenladen und könnt mit der Arbeit anfangen. Ich zahle euch 10 Cents die Stunde und ihr arbeitet drei Stunden jeden Samstag.“

„Aber heute habe ich ein Baseballspiel!“, sagte ich.

Mikes Vater senkte die Stimme zu einem strengen Ton: „Nimm an oder lass es bleiben.“

„Ich nehme an“, erwiderte ich und entschied mich zu arbeiten und zu lernen, anstatt Baseball zu spielen.

10 Cents die Stunde! Sogar nach den Standards von 1956 waren 10 Cents die Stunde sehr wenig!

30 Cents später

Um 9 Uhr an einem schönen Samstagmorgen arbeiteten Mike und ich für Frau Martin. Sie war eine nette und geduldige Frau. Sie sagte immer, dass Mike und ich sie an ihre beiden Söhne erinnerten, die schon erwachsen und von zu Hause fort gezogen waren. Obwohl sie nett war, hielt sie viel von harter Arbeit und gab uns jede Menge zu tun. Sie war eine Meisterin darin, Aufgaben zu finden. Wir haben drei Stunden damit verbracht, Konserven aus den Regalen herunterzuholen, sie eine nach der anderen mit einem Staubwedel abzuwischen und dann wieder ordentlich in die Regale zu stellen. Es war eine schrecklich langweilige Arbeit.

Mikes Vater, den ich meinen reichen Vater nenne, besaß neun von diesen kleinen Läden mit Waren des täglichen Bedarfs, kleine Lebensmittelgeschäfte in der Nachbarschaft, wo die Leute tagtäglich Notwendiges wie Milch, Brot, Butter und Zigaretten kauften. An der Rückseite gab es Parkplätze. Das Problem war nun, dass es damals auf Hawaii noch keine Klimaanlagen gab und die Läden zur Abkühlung ihre Türen offen stehen ließen. Auf den gegenüberliegenden Seiten des Ladens mussten die Türen – zur Straße und zum Parkplatz – weit offen bleiben. Jedes Mal, wenn ein Auto vorbeifuhr oder einparkte, wurde Staub aufgewirbelt und setzte sich im Laden fest.

Damit hatten wir eine Arbeit, solange es dort keine Klimaanlage gab.

Drei Wochen lang arbeiteten Mike und ich samstags bei Frau Martin unsere festgesetzten drei Stunden. Gegen Mittag war unsere Arbeit zu Ende und sie ließ jeweils drei kleine Münzen in unsere Hände fallen. Sogar für einen Neunjährigen Mitte der 50er Jahre waren 30 Cents nicht sehr aufregend. Comics kosteten damals 10 Cents, sodass ich normalerweise mein Geld für Comics ausgab und dann nach Hause ging.

Am Mittwoch der vierten Woche war ich bereit zu kündigen. Ich hatte mich ja nur deshalb zum Arbeiten bereiterklärt, weil ich von Mikes Vater lernen wollte, wie man Geld verdient, und jetzt war ich ein Sklave für 10 Cents in der Stunde! Vor allem aber hatte ich Mikes Vater seit jenem ersten Samstag überhaupt nicht mehr gesehen.

„Ich kündige“, sagte ich mittags zu Mike. Das Mittagessen in der Schule war schlecht, die Schule war langweilig und jetzt hatte ich nicht einmal mehr meine Samstage, auf die ich mich freuen konnte. Aber es waren die 30 Cents, die mich aufregten.

Diesmal lächelte Mike.

„Warum lachst Du?“, fragte ich verärgert und frustriert.

„Vater hat gesagt, dass das passieren wird. Er sagte, dass du dich mit ihm treffen solltest, wenn du kündigen willst."

„Was?", sagte ich empört. „Er hat gewartet, bis ich die Nase voll habe?"

„So ungefähr", sagte Mike. „Vater ist irgendwie anders. Er bringt einem auf andere Art etwas bei als dein Vater. Deine Mutter und dein Vater erklären viel. Mein Vater ist ruhig und ein Mann weniger Worte. Warte einfach noch bis Samstag. Ich werde ihm sagen, dass du soweit bist."

„Du meinst, es war eine abgekartete Sache?"

„Nein, nicht wirklich, aber vielleicht. Vater wird es dir am Samstag erklären."

Schlangestehen am Samstag

Ich war bereit – ich war vorbereitet. Sogar mein eigener Vater war ihm deshalb böse – mein eigener Vater, derjenige, den ich als arm bezeichne, dachte, dass mein reicher Vater die Gesetze über Kinderarbeit verletzte und dass man gegen ihm ermitteln sollte.

Mein gebildeter armer Vater sagte mir, dass ich verlangen sollte, was mir zustünde. Mindestens 25 Cents die Stunde. Mein armer Vater sagte, dass ich sofort kündigen sollte, wenn ich die Erhöhung nicht bekäme.

„Du brauchst diese verdammte Arbeit sowieso nicht", sagte mein armer Vater entrüstet.

Um 8 Uhr am Samstagmorgen stürmte ich durch die wacklige Tür in Mikes Haus.

„Nimm dir einen Stuhl und warte in der Schlange", sagte Mikes Vater, als ich hereinkam. Er drehte sich um und verschwand im kleinen Arbeitsraum neben einem Schlafzimmer.

Ich sah mich im Zimmer um und sah nirgends Mike. Verlegen setzte ich mich vorsichtig neben dieselben zwei Frauen, die auch vor vier Wochen da waren. Sie lächelten und rutschten auf dem Sofa etwas weiter, um mir Platz zu machen.

45 Minuten vergingen und ich kochte. Die zwei Frauen waren schon bei ihm gewesen und vor 30 Minuten gegangen. Der ältere Herr war 20 Minuten drinnen geblieben und auch schon weg.

Das Haus war leer und ich saß an einem schönen sonnigen hawaiischen Tag da in diesem muffigen dunklen Wohnzimmer und wartete, um mit einem Knauser zu reden, der Kinder ausbeutete. Ich hörte, wie er im Zimmer herumraschelte, telefonierte und mich ignorierte. Ich war im Begriff zu gehen, aber aus irgendeinem Grund blieb ich.

Endlich, 15 Minuten später, genau um 9 Uhr, kam mein reicher Vater aus seinem Arbeitszimmer, sagte nichts und bedeutete mir mit einer Handbewegung, in sein schmuddeliges Arbeitszimmer einzutreten.

„Ich höre, dass du eine Gehaltserhöhung willst – oder kündigen möchtest“, begann mein reicher Vater, als er sich in seinem Bürostuhl drehte.

„Ja, Sie halten sich nicht an ihren Teil der Abmachung“, platzte ich fast unter Tränen heraus. Für einen neunjährigen Jungen war es wirklich fürchterlich, sich mit einem Erwachsenen auseinander setzen zu müssen. „Sie haben gesagt, dass Sie mir einiges beibringen werden, wenn ich für Sie arbeite. Gut, ich habe für Sie gearbeitet. Ich habe schwer gearbeitet. Ich habe meine Baseballspiele aufgegeben, um für Sie zu arbeiten. Und Sie halten ihr Wort nicht. Sie haben mir nichts beigebracht. Sie sind ein Gauner, wie es jeder in der Stadt über Sie denkt. Sie sind gierig. Sie wollen nur das Geld und kümmern sich nicht um ihre Angestellten. Sie lassen mich warten und zeigen mir keine Achtung. Ich bin nur ein kleiner Junge, aber ich verdiene es, besser behandelt zu werden.“

Mein reicher Vater schaukelte in seinem Drehstuhl zurück, die Hände am Kinn, und starrte mich an. Es war, als ob er mich studieren würde.

„Nicht schlecht“, meinte er. „In weniger als einem Monat hörst du dich an wie die meisten meiner Angestellten.“

„Was?“, fragte ich. Ohne zu verstehen, was er sagte, fuhr ich mit meiner Beschwerde fort. „Ich dachte, dass Sie ihren Teil der Abmachung einhalten und mir etwas beibringen würden. Stattdessen wollen Sie mich quälen? Das ist grausam. Das ist wirklich grausam.“

„Ich bringe dir gerade etwas bei“, sagte mein reicher Vater ruhig.

„Was haben Sie mir beigebracht? Nichts!“, stieß ich verärgert hervor. „Sie haben nicht einmal mit mir geredet seit dem Tag, an dem ich einverstanden war für nichts und wieder nichts zu arbeiten. 10 Cents die Stunde. Ha! Ich sollte dem Staat über Sie berichten. Wir haben Gesetze über Kinderarbeit. Mein Vater arbeitet für den Staat, wie Sie wissen.“

„Oh!“, meinte mein reicher Vater. „Jetzt hörst du dich an wie die meisten Leute, die für mich gearbeitet haben. Leute, die ich entweder gefeuert habe oder die gekündigt haben.“

„So, und was haben Sie zu sagen?“, insistierte ich und fühlte mich dabei ziemlich mutig für einen kleinen Jungen. „Sie haben mich angelogen. Ich habe für Sie gearbeitet und Sie haben ihr Wort nicht gehalten. Sie haben mir nichts beigebracht.“

„Woher weißt du, dass ich dir nichts beigebracht habe?“ fragte mein reicher Vater ruhig.

„Tja, Sie haben nie mit mir geredet. Ich habe drei Wochen gearbeitet und Sie haben mir nichts beigebracht“, sagte ich mit einem Schmollmund.

„Bedeutet Unterrichten denn reden oder einen Vortrag halten?“, wollte mein reicher Vater wissen.

„Ja, doch“, erwiderte ich.

„So unterrichtet man in der Schule“, sagte er schmunzelnd. „Aber das ist nicht die Art, wie dich das Leben lehrt, und ich würde sagen, dass das Leben der beste Lehrer ist. Meist spricht das Leben nicht mit dir. Es schubst dich irgendwie herum. Jeder Schubs ist, als ob das Leben sagen würde: Wach auf. Es gibt etwas, was du lernen sollst.“

Worüber spricht dieser Mann?, fragte ich mich. Wenn das Leben mich umherschubst, heißt das, dass das Leben mit mir redet? Jetzt war ich mir sicher, dass ich meine Arbeit kündigen sollte. Ich redete mit jemandem, der eingesperrt gehörte.

„Wenn du die Lektionen des Lebens lernst, wird es dir gut gehen. Wenn nicht, wird dich das Leben weiter umherschubsen. Die Menschen reagieren auf unterschiedliche Weise: Manche lassen es zu, dass sie das Leben umherschubst; andere ärgern sich und halten dagegen – aber sie halten gegen ihren Chef oder ihre Arbeitsstelle oder den Ehemann oder die Ehefrau. Sie wissen nicht, dass es das Leben ist, das sie herumschubst.“

Ich hatte keine Ahnung, worüber er redete.

„Das Leben schubst uns alle herum. Manche geben auf. Andere kämpfen. Manche lernen ihre Lektion und bewegen sich voran. Sie begrüßen es, wenn ihnen das Leben zeigt, was Sache ist. Für diese wenigen Menschen heißt das, dass sie etwas lernen sollen und wollen. Auf diese Weise gehen sie voran. Die meisten aber geben auf und nur wenige, so wie du, kämpfen.“

Mein reicher Vater stand auf und schloss das knarrende alte, reparaturbedürftige Holzfenster.

„Wenn du diese Lektion lernst, wirst du ein kluger, reicher und glücklicher junger Mann. Wenn nicht, wirst du dein Leben damit zubringen, deine Arbeit, einen geringen Lohn, deinen Chef oder andere für deine Probleme verantwortlich zu machen. Du wirst dein Leben in der Hoffnung auf jenen großen Durchbruch leben, der alle deine Geldprobleme lösen soll.“

Mein reicher Vater sah zu mir herüber, um zu sehen, ob ich noch zuhörte. Seine Blicke trafen meine. Wir starrten einander an, wobei wahre Kommunikationsströme zwischen uns durch unsere Augen hin- und herflossen. Endlich wandte ich mich ab, nachdem ich seine letzte Botschaft empfangen hatte. Ich wusste, dass er Recht hatte. Ich hatte ihn beschuldigt und hatte verlangt zu lernen. Ich kämpfte.

Mein reicher Vater fuhr fort: „Oder gibst du jedes Mal auf, wenn dich das Leben schubst – dann gehörst du zu der Art von Menschen, die keine Substanz haben. Dann wirst du immer auf Sicherheit spielen, das so genannte Richtige tun und dich für ein Ereignis aufbewahren, das nie kommt. Und du stirbst als langweiliger alter Mann. Du wirst eine Menge Freunde haben, die dich wirklich mögen, weil du so ein netter, fleißiger Kerl warst. Aber die Wahrheit ist, dass du es dem Leben gestattet hast, dich zu unterwerfen. Tief in deinem Inneren fürchtetest du dich, Risiken einzugehen. Du wolltest eigentlich gewinnen, aber die Angst zu verlieren war größer als die Freude über mögliche Gewinne. Tief in deinem Inneren weißt du und nur du, dass du es nicht angepackt hast. Du hattest dich entschieden, auf Nummer Sicher zu gehen."

Wieder trafen sich unsere Augen, bis ich die Botschaft empfangen hatte.

„Sie haben mich umhergeschubst?", fragte ich.

„Manche Leute würden es so nennen", lächelte mein reicher Vater. „Ich würde sagen, dass ich dir gerade den Geschmack des Lebens zu kosten gegeben habe."

„Was für einen Geschmack des Lebens?", fragte ich, immer noch verärgert, aber jetzt auch neugierig, sogar lernbereit.

„Jungs, ihr seid die ersten Menschen, die mich je gebeten haben, ihnen beizubringen, wie man zu Geld kommt. Ich habe mehr als 150 Angestellte und kein einziger davon hat mich gefragt, was ich über Geld weiß. Sie verlangen von mir eine Stelle und einen Gehaltsstreifen, aber sie bitten mich nie, ihnen etwas über Geld beizubringen. So verbringen die meisten die besten Jahre ihres Lebens, indem sie für Geld arbeiten, ohne eigentlich zu verstehen, was das ist."

Ich saß da und hörte konzentriert zu.

„Als Mike mir über euch erzählte, dass ihr lernen wollt, wie man zu Geld kommt, habe ich mich entschlossen, einen lebensnahen Kurs zusammenzustellen. Ich könnte reden bis ich schwarz werde, aber ihr würdet kein Wort verstehen. So habe ich entschieden, dass euch das Leben ein bisschen umherschubsen sollte, damit ihr mich hört. Darum habe ich euch nur 10 Cents bezahlt."

„Welche Lektion habe ich gelernt, wenn ich für nur 10 Cents die Stunde gearbeitet habe?", fragte ich. „Dass Sie wenig zahlen und ihre Arbeiter ausbeuten?"

Mein reicher Vater lehnte sich zurück und lachte aus ganzem Herzen. Endlich, nachdem er aufgehört hatte zu lachen, sagte er: „Du solltest am besten deinen Standpunkt ändern. Hör auf damit, mich verantwortlich zu machen und zu denken, dass ich das Problem bin. Wenn du mich für das Problem hältst, musst du mich ändern. Wenn du erkennst, dass du das Problem bist, dann kannst du dich selbst ändern, etwas lernen und klüger werden. Die meisten Leute wollen alles andere auf der Welt ändern außer sich selbst. Lass dir sagen: Es ist einfacher, dich selbst zu ändern als alle anderen."

„Ich verstehe nicht", sagte ich.

„Mach nicht mich für deine Probleme verantwortlich", sagte mein reicher Vater, der ungeduldig wurde.

„Aber Sie zahlen mir nur 10 Cents."

„Also, was lernst du daraus?", fragte mein reicher Vater lächelnd.

„Dass Sie schlecht zahlen", meinte ich.

„Siehst du, du glaubst, dass ich das Problem bin."

„Aber Sie sind es doch!"

„Na gut, bleib bei dieser Einstellung und du lernst nichts. Bleib bei dieser Einstellung, dass ich das Problem bin und welche Wahl hast du?"

„Hm, wenn Sie mir nicht mehr zahlen oder mir mehr Achtung erweisen und mir etwas beibringen, kündige ich."

„Gut gesagt", erwiderte mein reicher Vater. „Und das tun die meisten Leute. Sie kündigen und suchen nach einer anderen Arbeit, nach einer besseren Chance und nach höherer Bezahlung, wobei sie denken, dass eine neue Stelle oder eine höhere Bezahlung ihre Probleme löst. Meist ist dies aber nicht der Fall."

„Also, was würde das Problem lösen?", fragte ich. „Einfach diese miesen 10 Cents nehmen und lächeln?"

Mein reicher Vater grinste breit. „Das tun die anderen. Sie akzeptieren einfach einen Gehaltsstreifen, wobei ihnen klar ist, dass sie und ihre Familien sich damit finanziell schwer tun. Aber das ist auch alles, was sie tun – auf eine Erhöhung warten und glauben, dass mehr Geld das Problem lösen würde. Die meisten akzeptieren das einfach, und einige nehmen sogar eine zweite Arbeit an und arbeiten noch mehr, aber wieder sind sie mit einem kleinen Gehalt zufrieden."

Ich saß da, starrte auf den Boden und begann die Lektion meines reichen Vaters zu verstehen. Ich konnte spüren, dass es der Geschmack des Lebens war. Schließlich sah ich auf und wiederholte die Frage: „Was ist dann die Lösung?"

„Das", sagte er und klopfte sanft auf meinen Kopf. „Dieses Ding zwischen deinen Ohren."

In diesem Augenblick sprach mein reicher Vater den entscheidenden Gesichtspunkt an, der ihn von seinen Angestellten und von meinem armen Vater unterschied – und der aus ihm einen der reichsten Menschen auf Hawaii machte, während mein hoch gebildeter, aber armer Vater sein ganzes Leben lang in finanziellen Schwierigkeiten steckte.

Es war ein einziger Gesichtspunkt, der für das ganze Leben den großen Unterschied ausmachte!

Mein reicher Vater wies immer wieder auf diesen Gesichtspunkt hin, den ich als Lektion Nr. 1 bezeichne:

Die Armen und die Mittelschichtler arbeiten für Geld. Die Reichen lassen das Geld für sich arbeiten.

An jenem strahlenden Samstagmorgen lernte ich eine Ansicht, die sich grundlegend von der unterschied, die mir mein armer Vater beigebracht hatte. Im Alter von neun Jahren wurde mir bewusst, dass meine beiden Väter wollten, dass ich lerne. Beide Väter ermunterten mich, zu studieren, aber es waren nicht dieselben Dinge.

Mein hoch gebildeter Vater empfahl mir, das zu tun, was er tat. „Mein Sohn, ich will, dass du fleißig studierst und gute Noten bekommst, damit du eine feste, sichere Stelle bei einer großen Firma bekommst. Vergewissere dich, dass sie ausgezeichnete Sachleistungen bietet." Mein reicher Vater wollte, dass ich lerne, wie Geld arbeitet, damit ich es für mich arbeiten lassen konnte. Diese Lektionen würde ich unter seiner Anleitung durch das Leben lernen, nicht im Klassenzimmer.

Mein reicher Vater fuhr damals mit meiner ersten Lektion fort: „Ich bin froh, dass du dich darüber geärgert hast, für 10 Cents die Stunde zu arbeiten. Wenn du dich nicht geärgert, sondern den geringen Lohn stattdessen freudig akzeptiert hättest, müsste ich dir jetzt sagen, dass ich dir nichts beibringen kann. Wie du siehst, bringt das wirkliche Lernen Energie, Leidenschaft und einen glühenden Wunsch mit sich. Ärger ist ein großer Teil dieses Rezepts, denn Leidenschaft ist eine Kombination aus Ärger und Liebe. Wenn es um Geld geht, wollen die meisten Leute auf der sicheren Seite bleiben und dabei ein beruhigendes Gefühl haben. Das heißt, dass sie nicht die Leidenschaft leitet, sondern die Angst."

„Ist das der Grund, warum sie eine schlecht bezahlte Arbeit annehmen?", fragte ich.

„Ja", sagte mein reicher Vater. „Manche Leute behaupten, dass ich die Menschen ausbeute, weil ich ihnen nicht so viel zahle wie die Zuckerplantage oder der Staat. Ich sage, dass die Menschen sich selbst ausbeuten. Es ist ihre Angst, nicht meine."

„Aber haben Sie nicht das Gefühl, dass Sie ihnen mehr zahlen sollten?", fragte ich.

„Ich muss ihnen nicht mehr zahlen. Und außerdem würde mehr Geld ihre Probleme nicht lösen. Schau dir deinen Vater an. Er verdient eine Menge Geld und kann doch seine Rechnungen nicht bezahlen. Die meisten Leute machen nur noch mehr Schulden, wenn man ihnen mehr Geld gibt."

„Darum also die 10 Cents die Stunde", meinte ich. „Das ist ein Teil der Lektion."

„Richtig", lächelte mein reicher Vater. „Siehst du, dein Vater ist in die Schule gegangen und hat eine ausgezeichnete Ausbildung bekommen, um eine gut bezahlte Stelle zu erhalten. Die hat er jetzt auch. Aber es drücken ihn immer noch Geldprobleme, weil er in der Schule nie etwas über Geld gelernt hat. Und dann glaubt er auch noch, dass er für Geld arbeitet."

„Und Sie nicht?", fragte ich.

„Nein, eigentlich nicht", antwortete mein reicher Vater. „Wenn du lernen willst, für Geld zu arbeiten, bleib in der Schule. Das ist der beste Ort, um das zu lernen. Aber wenn du lernen willst, wie du dein Geld dazu bringst, für dich zu arbeiten, werde ich es dir beibringen. Aber nur, wenn du es wirklich lernen willst."

„Würde sich nicht jeder wünschen, das zu wissen?", fragte ich.

„Nein", erwiderte er. „Weil es einfach leichter ist zu lernen, wie man für Geld arbeitet, besonders wenn Angst dein vordringliches Gefühl beim Thema Geld ist."

„Das verstehe ich nicht", sagte ich stirnrunzelnd.

„Kümmere dich zunächst nicht darum. Begreife einfach, dass es die Angst ist, die die meisten Leute an einer Arbeitsstelle hält. Die Angst, ihre Rechnungen nicht zahlen zu können. Die Angst, dass ihnen gekündigt wird. Die Angst, nicht genug Geld zu haben. Die Angst, neu beginnen zu müssen. Das ist der Preis dafür, dass man studiert hat, um einen Beruf oder ein Gewerbe zu lernen und dann für Geld zu arbeiten. Die meisten Leute werden Sklaven des Geldes – und dann ärgern sie sich über ihren Chef."

„Lernen, wie man das Geld dazu bringt, für einen zu arbeiten, ist ein völlig anderes Studienfach?", fragte ich.

„Aber sicher", sagte mein reicher Vater, „ganz bestimmt."

Wir saßen schweigend da an diesem schönen hawaiischen Samstagmorgen. Meine Freunde haben vermutlich gerade ihr Baseballspiel in der Kleinen Liga begonnen. Aber aus irgendeinem Grund war ich jetzt dankbar, dass ich mich entschieden hatte, für 10 Cents die Stunde zu arbeiten. Ich fühlte, dass ich dabei war, etwas zu lernen, das meine Freunde in der Schule nie erfahren würden.

„Bist du bereit zu lernen?", fragte mein reicher Vater.

„Ja", antwortete ich.

„Ich habe mein Versprechen gehalten. Ich habe dir von Anfang an etwas beigebracht“, sagte er. „Mit neun bist du auf den Geschmack gekommen, was es bedeutet, für Geld zu arbeiten. Multipliziere einfach deinen letzten Monat mit 50 Jahren und du wirst eine Vorstellung davon haben, womit die meisten Menschen ihr Leben verbringen.“

„Das verstehe ich nicht“, erwiderte ich.

„Wie hast du dich gefühlt, als du in der Schlange gewartet hast, um mit mir zu sprechen? Einmal, um eingestellt zu werden und dann, um mehr Geld zu verlangen?“

„Grässlich“, sagte ich.

„Wenn du es dir aussuchst, für Geld zu arbeiten, ist es das, was das Leben für viele Leute ist“, meinte mein reicher Vater. „Und wie hast du dich gefühlt, als Frau Martin für drei Stunden Arbeit drei kleine Münzen in deine Hand fallen ließ?“

„Ich hatte das Gefühl, dass es nicht genug war. Es erschien mir wie nichts. Ich war enttäuscht“, antwortete ich.

„Und so fühlen sich die meisten Arbeitnehmer, wenn sie ihren Gehaltsstreifen sehen. Besonders, nachdem alle Steuern und die anderen Abzüge weg sind. Du hast ja 100 Prozent bekommen.“

„Sie wollen sagen, dass die meisten Arbeiter nicht alles ausbezahlt erhalten?“, wollte ich verwundert wissen.

„Aber natürlich nicht!“, rief mein reicher Vater. „Der Staat nimmt immer zuerst seinen Anteil.“

„Wie macht er das?“

„Steuern“, sagte er. „Du wirst besteuert, wenn du verdienst. Du wirst besteuert, wenn du Geld ausgibst. Du wirst besteuert, wenn du sparst. Du wirst besteuert, wenn du stirbst.“

„Warum lassen die Leute zu, dass ihnen der Staat das antut?“

„„Die Armen und die Mittelschichtler schon“, sagte mein reicher Vater. „Die Reichen wehren sich dagegen. Ich wette, dass ich mehr verdiene als dein Vater, und doch zahlt er mehr Steuern als ich.“

„Wie kann das sein?“, fragte ich. Für einen neunjährigen Jungen machte das keinen Sinn. „Warum sollten die Leute dem Staat erlauben, ihnen das anzutun?“

Mein reicher Vater saß schweigend da. Ich vermute, er wollte dass ich zuhörte, anstatt zu plappern.

Schließlich beruhigte ich mich. Was ich gehört hatte, gefiel mir nicht. Ich wusste, dass sich mein Vater immer wieder beklagte, dass er zu viele Steuern zahlte, aber in Wirklichkeit unternahm er nichts dagegen. Bedeutete das, dass ihn das Leben umherschubste?

Mein reicher Vater schaukelte langsam in seinem Stuhl und sah mich nur schweigend an.

„Bist du bereit zu lernen?“, fragte er zum wiederholten Male.

Ich nickte langsam.

„Wie ich dir gesagt habe, gibt es eine Menge zu lernen – wie man das Geld dazu bringt, für einen zu arbeiten, ist ein lebenslängliches Studium. Die meisten Leute gehen viele Jahre lang aufs College, und damit endet ihre Ausbildung. Ich weiß bereits, dass mein Geldstudium mein Leben lang dauern wird, einfach deshalb, weil ich, je mehr ich herausfinde, desto mehr wissen muss. Die meisten Leute studieren dieses Thema nicht. Sie gehen zur Arbeit, bekommen ihren Gehaltsstreifen, gleichen ihr Konto aus, und das war‘s. Und dann wundern sie sich, dass sie Geldprobleme haben. Dann glauben sie, dass mehr Geld ihre Probleme lösen würde. Wenige erkennen, dass ihr Mangel an finanzieller Ausbildung das eigentliche Problem ist.“

„Das heißt, dass mein Vater zu viele Steuern zahlt, weil er sich mit Geld nicht auskennt?“, fragte ich verwirrt.

„Schau“, sagte mein reicher Vater. „Die Steuern sind nur ein kleiner Teil von dem, was man lernen muss, wenn man Geld für sich arbeiten lassen möchte. Heute wollte ich nur herausfinden, ob du noch immer die Begeisterung hast, alles über Geld zu lernen. Die meisten Leute haben sie nicht. Sie wollen in die Schule gehen, einen Beruf erlernen, Spaß an ihrer Arbeit haben und viel Geld verdienen. Eines Tages wachen sie mit großen Geldsorgen auf und dann können sie nicht mehr aufhören zu arbeiten. Das ist der Preis dafür, dass man nur weiß, wie man für Geld arbeitet, anstatt zu studieren, wie man das Geld für sich arbeiten lässt. Also, hast du noch die Begeisterung zu lernen?“ fragte mein reicher Vater wieder.

Ich nickte.

„Gut“, sagte er. „Jetzt gehen wir zurück an die Arbeit. Diesmal zahle ich euch nichts.“

„Was?“, fragte ich erstaunt.

„Du hast mich gehört. Nichts. Ihr werdet dieselben drei Stunden jeden Samstag arbeiten, aber diesmal werdet ihr nicht mit 10 Cents die Stunde bezahlt. Du hast gesagt, dass du lernen willst, nicht für Geld zu arbeiten, so dass ich euch nichts zahlen werde.“

Ich konnte nicht glauben, was ich gerade hörte.

„Ich habe dieses Gespräch schon mit Mike gehabt. Er arbeitet schon, wischt den Staub und stellt die Dosen auf die Regale – für nichts. Beeile dich besser und geh zurück."

„Das ist nicht fair", schrie ich. „Sie müssen etwas zahlen!"

„Du sagtest, dass du lernen wolltest. Wenn du das jetzt nicht lernst, wirst du als Erwachsener, wie diese zwei Frauen und der ältere Mann, in meinem Wohnzimmer sitzen, für Geld arbeiten und hoffen, dass ich dir nicht kündige. Oder so wie dein Vater viel Geld verdienen, nur um bis zum Hals in Schulden zu stecken und zu denken, dass mehr Geld das Problem löst. Wenn du das willst, gehe ich auf unsere ursprüngliche Abmachung über 10 Cents die Stunde zurück. Oder du kannst das tun, mit dem die meisten Leute aufwachsen: Dich über die schlechte Bezahlung beklagen, kündigen und dich nach einer anderen Stelle umsehen."

„Aber was soll ich tun?", fragte ich.

Mein reicher Vater klopfte mir auf den Kopf. „Du hast Grips zum Denken", sagte er. „Wenn du ihn richtig benutzt, wirst du mir bald dafür danken, dass ich dir eine Gelegenheit gegeben habe, und du wirst ein reicher Mann."

Ich stand da und konnte immer noch nicht glauben, was für einen schlechten Handel ich abgeschlossen hatte. Ich war gekommen, um um eine Erhöhung zu bitten, und nun wurde mir gesagt, dass ich für nichts weiterarbeiten sollte.

Mein reicher Vater klopfte mir nochmals auf den Kopf und sagte: „Benutze ihn. Geh jetzt an die Arbeit."

Ich erzählte meinem armen Vater nicht, dass ich nicht bezahlt wurde. Er hätte es nicht verstanden, und ich wollte ihm nichts erklären, was ich selber noch nicht verstanden hatte.

Drei weitere Wochen arbeiteten Mike und ich jeden Samstag drei Stunden für nichts. Die Arbeit langweilte mich nicht und die Routine machte sie leichter. Es waren die verpassten Baseballspiele und dass ich mir nicht ein paar Comics kaufen konnte, was mich störte.

Am Mittag der dritten Woche schaute mein reicher Vater vorbei. Wir hörten seinen LKW auf dem Parkplatz anhalten und stottern, als der Motor abgestellt wurde. Er kam in den Laden und begrüßte Frau Martin mit einer Umarmung. Nachdem er erfahren hatte, wie die Dinge im Laden standen, ging er zur Kühltruhe für Eis, nahm zwei Stück heraus, zahlte und machte Mike und mir ein Zeichen.

„Lasst uns spazieren gehen, Jungs."

Wir gingen über die Straße, wichen ein paar Autos aus und liefen über eine große Wiese, auf der ein paar Erwachsene Baseball spielten. Er setzte sich an einen abseits gelegenen Picknicktisch und gab Mike und mir das Eis.

„Wie geht es, Jungs?"

„OK", sagte Mike.

Ich nickte zustimmend.

„Lernt ihr inzwischen etwas?", fragte mein reicher Vater.

Mike und ich sahen einander an, zuckten mit den Schultern und schüttelten übereinstimmend die Köpfe.

Vermeiden Sie eine der größten Fallen im Leben

„OK, Jungs, jetzt solltet ihr besser anfangen zu denken. Ihr steht vor einer der wichtigsten Lektionen im Leben. Wenn ihr sie lernt, werdet ihr bald ein Leben in großer Freiheit und Sicherheit führen. Wenn ihr die Lektion nicht lernt, endet ihr wie Frau Martin und die meisten Leute, die in diesem Park Baseball spielen. Sie arbeiten sehr fleißig für wenig Geld, halten an der Illusion fest, dass sie eine sichere Stelle haben und freuen sich auf ein bisschen Jahresurlaub sowie eine kärgliche Rente nach fünfundvierzig Arbeitsjahren. Wenn euch das reizt, gebe ich euch eine Gehaltserhöhung auf 25 Cents die Stunde."

„Aber das sind gute, schwer arbeitende Leute. Machen Sie sich über sie lustig?", wollte ich wissen.

Ein Lächeln ging über sein Gesicht.

„Frau Martin ist wie eine Mutter für mich. Ich würde nie so grausam zu ihr sein. Vielleicht höre ich mich unbarmherzig an, weil ich mein Bestes tue, um euch beide auf etwas aufmerksam zu machen. Ich will euren Standpunkt erweitern, damit ihr etwas seht. Etwas, was die meisten Leute nie sehen werden, weil ihr Horizont zu begrenzt ist. Die meisten Leute sehen nie die Falle, in der sie sich befinden."

Mike und ich saßen verunsichert wegen seiner Worte da. Er klang zwar grausam, doch wir konnten fühlen, dass er sich sehr wünschte, uns etwas verständlich zu machen.

Lächelnd sagte mein reicher Vater: „Klingen 25 Cents die Stunde nicht gut? Lässt das nicht euer Herz schneller schlagen?"

Ich schüttelte den Kopf, aber in Wirklichkeit schlug es schon schneller. 25 Cents die Stunde würde für mich ein großer Batzen sein.

„OK, ich zahle euch 1 Dollar die Stunde", sagte mein reicher Vater mit leichtem Grinsen.

Jetzt begann mein Herz zu galoppieren. Mein Gehirn schrie: „Greif zu! Greif zu!" Ich konnte nicht glauben, was ich hörte. Aber ich sagte nichts.

„OK, 2 Dollar die Stunde."

Mein kleines neunjähriges Gehirn und Herz explodierten fast. Schließlich war es 1956 und eine Bezahlung von 2 Dollar die Stunde hätte mich zum reichsten Kind der Welt gemacht. Ich konnte mir nicht vorstellen, dass ich eine solche Menge Geld verdienen würde. Ich wollte „Ja" sagen. Ich wollte den Handel. Ich konnte ein neues Fahrrad sehen, neue Baseballhandschuhe und die Bewunderung meiner Freunde, wenn ich mit ein bisschen Geld protzte. Vor allem aber hätten mich Jimmy und seine reichen Freunde nie wieder arm nennen können. Aber irgendwie blieb mein Mund stumm.

Vielleicht hatte sich mein Gehirn überhitzt und die Sicherung war durchgebrannt. Aber tief in mir wünschte ich mir sehr die 2 Dollar die Stunde.

Das Eis war geschmolzen und mir über die Hand gelaufen. Der Stiel war leer und unten lag eine klebrige Vanille-Schokolade-Masse, über die sich die Ameisen freuten. Mein reicher Vater sah auf zwei Jungen, die seinen Blick mit aufgerissenen Augen und leeren Köpfen erwiderten. Er wusste, dass er uns auf die Probe stellte, und er wusste, dass es einen Teil unserer Emotionen gab, der auf den Handel eingehen wollte. Er wusste, dass jedes menschliche Wesen einen schwachen und bedürftigen Teil seiner Seele hat, der käuflich ist. Und er wusste, dass jedes menschliche Wesen auch einen Teil seiner Seele hat, der stark und voll Entschlossenheit ist, der nie gekauft werden kann. Die Frage war nur, welcher Teil stärker war. Im Verlauf seines Lebens hatte er Tausende von Seelen geprüft. Bei jedem Bewerbungsgespräch prüfte er Seelen.

„OK, 5 Dollar die Stunde."

Plötzlich war in mir eine innere Ruhe. Etwas hatte sich geändert. Das Angebot war zu hoch und war lächerlich geworden. Nicht allzu viele Erwachsene verdienten 1956 mehr als 5 Dollar die Stunde. Die Versuchung verschwand und Ruhe erfüllte mich. Langsam wandte ich mich nach links zu Mike. Er erwiderte den Blick. Der Teil meiner Seele, der schwach und bedürftig war, war zum Schweigen gebracht. Der Teil von mir, der nicht käuflich war, hatte die Macht übernommen. Ruhe und Sicherheit bezüglich des Geldes erfüllten Verstand und Seele. Ich wusste, dass auch Mike soweit gekommen war.

„Gut", sagte mein reicher Vater sanft. „Die meisten Menschen haben einen Preis. Und sie haben diesen Preis infolge der menschlichen Emotionen, genannt Angst und Gier. Zunächst motiviert uns die Angst, kein Geld zu haben, dass wir fleißig arbeiten, und dann, wenn wir den Gehaltsstreifen bekommen, veranlassen uns Begierden und Wünsche, an all die wunderbaren Dinge zu denken, die man sich für Geld kaufen kann. Das Muster ist dann schon da."

„Welches Muster?", fragte ich.

„Aufstehen, zur Arbeit gehen, Rechnungen bezahlen, aufstehen, zur Arbeit gehen, Rechnungen bezahlen … ihr Leben ist ab diesem Zeitpunkt von zwei Gefühlen beherrscht, von Angst und Gier. Biete ihnen mehr Geld und sie werden den Kreislauf fortsetzen und dabei gleichzeitig ihre Aufwendungen steigern. Das ist das, was ich als Laufrad bezeichne."

„Gibt es einen Ausweg?", fragte Mike.

„Ja!", sagte mein reicher Vater langsam. „Aber nur wenige Leute finden ihn."

„Und was ist das für ein Weg?", wollte Mike wissen.

„Das ist der, von dem ich hoffe, dass ihr Jungs ihn entdecken werdet, wenn ihr mit mir arbeitet und lernt. Deshalb habe ich alle Arten von Bezahlung gestrichen."

„Gibst du uns keinen Hinweis?", fragte Mike. „Wir sind irgendwie müde vom schweren Arbeiten, besonders für nichts."

„Ja, der erste Schritt besteht darin, die Wahrheit zu sagen", sagte mein reicher Vater.

„Wir haben nicht gelogen", warf ich ein.

„Ich habe nicht gesagt, dass ihr gelogen habt. Ich habe gesagt, es geht darum, die Wahrheit zu sagen", erwiderte mein reicher Vater.

„Die Wahrheit über was?", fragte ich.

„Wie ihr euch fühlt", sagte mein reicher Vater. „Ihr braucht es keinem anderen zu sagen. Nur euch selbst."

„Sie meinen, dass die Leute in diesem Park, die Leute, die für Sie arbeiten oder Frau Martin nicht die Wahrheit sagen?", fragte ich.

„Ja, ich bezweifle das", war die Antwort. „Sie fühlen zwar die Angst, dass sie kein Geld haben. Aber anstatt sich mit dieser Angst auseinander zu setzen und darüber nachzudenken, reagieren sie lediglich gefühlsmäßig. Dabei sollten sie besser ihren Kopf benutzen." Er tätschelte unsere Köpfe. „Dann steckt man ihnen ein Paar Geldscheine in die Hand und wieder überwältigen sie Gefühle von Freude, Wünsche und Begierden, und wieder reagieren sie bloß, anstatt zu denken."

„Also bestimmen ihre Emotionen ihr Denken", meinte Mike.

„Das ist richtig", sagte mein reicher Vater. „Anstatt sich selbst die Wahrheit darüber zu sagen, wie sie sich fühlen, reagieren sie bloß darauf und schaffen es nicht, darüber nachzudenken. Sie fühlen die Angst, gehen zur Arbeit und hoffen, dass das Geld ihre Angst mildert, aber genau das passiert nicht. Die alte Furcht verfolgt sie weiter, sie gehen zurück an die Arbeit und hoffen wieder, dass das Geld ihre Ängste beruhigt und es geschieht wieder nicht. Die Angst hält sie in der Falle von Arbeiten, Geldverdienen, Arbeiten, Geldverdienen gefangen, in der Hoffnung, dass die Furcht vergeht. Aber jeden Tag, an dem sie aufwachen, wachen diese Gefühle mit ihnen auf. Millionen Menschen werden von Hektik und Sorgen die ganze Nacht über wachgehalten. Dann stehen sie auf und gehen in der Hoffnung zur Arbeit, dass ein Gehaltsstreifen diese an ihrer Seele nagende Angst verschwinden lässt. Das Geld beherrscht ihr Leben, aber sie weigern sich, diese Wahrheit sich selbst einzugestehen. Das Geld beherrscht ihre Gefühle und damit ihre Seelen."

Mein reicher Vater saß ruhig da und ließ seine Worte wirken. Mike und ich hörten, was er sagte, aber wir verstanden in Wirklichkeit nicht ganz, wovon er sprach. Ich wusste nur, dass ich mich oft gewundert hatte, warum es die Erwachsenen so eilig hatten, zur Arbeit zu kommen. Es schien nicht, dass sie viel Spaß daran hatten, und sie sahen nie sehr glücklich aus, aber etwas zwang sie, ganz schnell Geld zu verdienen.

Er erkannte, dass wir so viel wie möglich von dem Gesagten aufgenommen hatten und wurde nochmals deutlich: „Jungs, ich möchte, dass ihr diese Falle vermeidet. Das ist eigentlich das, was ich euch beibringen möchte. Es genügt nicht, einfach reich zu sein, weil reich sein das Problem nicht löst."

„Tut es das nicht?", fragte ich überrascht.

„Nein, das tut es nicht. Lasst mich auch über das andere Gefühl, d. h. das Verlangen, zu Ende reden. Manche nennen es Begierde, aber ich bevorzuge Verlangen. Es ist völlig normal, sich etwas Besseres oder Schöneres zu wünschen, etwas, das mehr Spaß macht oder das aufregend ist. Also arbeiten die Menschen auch wegen ihres Verlangens für Geld. Sie wünschen sich Geld für die Freude, die sie glauben, sich damit kaufen zu können. Aber die Freude, die das Geld bringt, ist oft nur kurzlebig, und sie brauchen bald mehr Geld für mehr Freude, mehr Vergnügen, mehr Bequemlichkeit, mehr Sicherheit. Und so arbeiten sie weiter und glauben, dass das Geld ihre von Ängsten und Wünschen gequälten Seelen erleichtert. Aber das Geld kann das nicht."

„Auch nicht bei reichen Leuten?", wollte Mike wissen.

„Auch nicht bei reichen Leuten", bekam er zur Antwort. „Viele reiche Leute sind nicht wegen ihrer Wünsche reich, sondern wegen ihrer Ängste. Sie glauben tatsächlich, dass Geld ihre Furcht, kein Geld zu haben und arm zu sein, beseitigen kann, sodass sie Tonnen davon anhäufen, nur um zu entdecken, dass die Angst schlimmer wird. Ich habe Freunde, die weiterarbeiten, obwohl sie eine Menge Geld haben. Ich kenne Leute, die Millionen haben und jetzt von mehr Ängsten gequält werden als damals, als sie noch arm waren. Sie fürchten nichts auf dieser Welt mehr, als all ihr Geld zu verlieren. Die Ängste, die sie dazu gebracht haben, reich zu werden, sind schlimmer geworden. Der schwache und bedürftige Teil ihrer Seele schreit jetzt lauter. Sie wollen das aufwändige gesellschaftliche Leben, ihre großen Häuser und ihre Autos nicht mehr missen. Sie sorgen sich, was ihre Freunde sagen würden, wenn sie alles verlieren würden. Viele sind emotional verzweifelt und neurotisch, obwohl sie prächtig aussehen und immer mehr besitzen."

„Dann ist ein armer Mensch glücklicher?", fragte ich.

„Nein, das glaube ich nicht", erwiderte mein reicher Vater. „Dem Geld aus dem Weg zu gehen ist genauso psychotisch, wie vom Geld abhängig zu sein."

Wie auf das Stichwort kam ein Stadtstreicher an unserem Tisch vorbei, hielt bei der großen Mülltonne an und begann, in ihr herumzuwühlen. Wir drei beobachteten ihn mit großem Interesse, während wir ihn früher vermutlich einfach ignoriert hätten.

Mein reicher Vater zog einen Dollar aus der Geldbörse und machte dem älteren Mann ein Zeichen. Als er das Geld sah, kam der Obdachlose sofort auf uns zu, nahm die Banknote, bedankte sich überschwänglich bei meinem reichen Vater und entfernte sich, verzückt vor Glück.

„Er ist nicht viel anders als die meisten meiner Angestellten", sagte mein reicher Vater. „Ich habe so viele Leute getroffen, die sagen: Oh, ich habe kein Interesse an Geld. Und doch stehen sie acht Stunden täglich am Arbeitsplatz. Das ist ein Verleugnen der Wahrheit. Warum arbeiten sie dann, wenn sie nicht an Geld interessiert sind? Diese Denkweise ist vermutlich noch psychotischer als die einer Person, die Geld hortet."

Als ich dasaß und meinem reichen Vater zuhörte, gingen meine Gedanken zu den unzähligen Malen zurück, als mein armer Vater sagte: „Ich bin an Geld nicht interessiert." Er sagte dies oft. Er schützte sich auch, indem er sagte: „Ich arbeite, weil ich meine Arbeit liebe."

„Also, was machen wir dann?", fragte ich. „Nicht für Geld arbeiten, bis alle Anzeichen von Angst und Begierde verschwunden sind?"

„Nein, das wäre Zeitverschwendung", sagte mein reicher Vater. „Gefühle machen uns menschlich. Sie machen uns echt. Das Wort Gefühl steht für bewegte Energie. Stehe zu deinen Emotionen und benutze dein Gehirn und deine Gefühle zu deinen Gunsten und nicht gegen dich."

„Oh Mann!", entfuhr es Mike.

„Zerbrich dir nicht den Kopf über das, was ich gesagt habe. Es wird in den kommenden Jahren mehr Sinn ergeben. Sei einfach mehr Beobachter deiner Emotionen und nicht nur jemand, der reagiert. Die meisten Leute wissen nicht, dass es die Emotionen sind, die das Denken antreiben. Deine Gefühle gehören dir, aber du musst lernen, selbst zu denken."

„Können Sie mir ein Beispiel nennen?", fragte ich.

„Sicher“, erwiderte mein reicher Vater. „Wenn jemand sagt: ‚Ich muss eine Stelle finden‘, ist es wahrscheinlich ein Gefühl, das sein Denken leitet. Die Angst, kein Geld zu haben, gibt ihm diesen Gedanken ein.“

„Aber die Leute brauchen doch Geld, wenn sie ihre Rechnungen zahlen müssen“, meinte ich.

„Selbstverständlich brauchen sie es“, lächelte mein reicher Vater. „Was ich sagen will, ist, dass viel zu häufig die Angst das Denken antreibt.“

„Das verstehe ich nicht“, sagte Mike.

„Ein Beispiel: Wenn die Angst, nicht genug Geld zu haben, hochkommt, können sie sich, anstatt sofort hinzulaufen, um gegen ihre Angst eine Stelle für ein paar Dollar zu finden, die Frage stellen, ob eine Arbeitsstelle auf lange Sicht die beste Lösung gegen diese Angst ist. Meiner Meinung nach lautet die Antwort: ‚nein‘. Besonders, wenn man die gesamte Lebenszeit einer Person betrachtet. Eine Stelle ist in eigentlich nur eine kurzfristige Lösung für ein langfristiges Problem.“

„Aber mein Vater sagt immer: Geh zur Schule und bekomme gute Noten, damit du eine feste, sichere Stelle findest“, sagte ich etwas verwirrt.

„Ja, ich verstehe, dass er das sagt“, sagte mein reicher Vater lächelnd. „Die meisten Leute empfehlen das ihren Kindern, und für die meisten ist es eine gute Idee. Aber das wird vor allem aus Angst für das einzig Richtige gehalten.“

„Sie meinen, dass mein Vater das sagt, weil er Angst hat?“

„Ja,“ erwiderte mein reicher Vater. „Er fürchtet, dass du nicht in der Lage sein wirst, Geld zu verdienen, und damit keinen Weg in die Gesellschaft findest. Verstehe mich nicht falsch. Er liebt dich und will das Beste für dich. Und ich glaube, dass seine Angst berechtigt ist. Eine Ausbildung und eine Stelle sind wichtig. Aber es hilft nicht, mit der Furcht besser umzugehen. Siehst du, dieselbe Angst, die ihn zwingt, früh aufzustehen, um ein paar Dollar zu verdienen, ist die Angst, die ihn so fanatisch werden lässt, wenn es darum geht, dass du in die Schule gehst.“

„Was empfehlen Sie dann?“, fragte ich.

„Ich will dir beibringen, die Macht des Geldes zu beherrschen und vor ihr keine Angst haben. Sie bringen euch darüber nichts in der Schule bei. Wenn du das nicht lernst, wirst du ein Sklave des Geldes.“

Schließlich fing es an, Sinn zu bekommen. Er wollte, dass wir unseren Horizont erweiterten, dass wir sahen, was Frau Martin, seine Angestellten oder mein Vater in dieser Hinsicht nicht wahrnehmen konnten. Er gebrauchte Beispiele, die sich manchmal herzlos anhörten, aber ich habe sie nie vergessen. Meine Perspektive erweiterte sich an diesem Tag und ich fing an, die Falle zu erkennen, in der die meisten Leute gefangen waren.

„Siehst du, letztendlich sind wir alle Angestellte. Wir arbeiten nur auf verschiedenen Ebenen“, sagte mein reicher Vater. „Ich will nur, dass ihr eine Chance habt, diese Falle zu vermeiden. Sie beruht auf zwei Gefühlen, Angst und Gier. Verwendet sie zu euren Gunsten, nicht gegen euch. Das ist es, was ich euch beibringen möchte. Es geht mir nicht nur darum, wie man zu einer Menge Geld kommt. Das würde nicht helfen, mit der Angst oder der Gier zurechtzukommen. Wenn man reich wird, ohne seine Gefühle zu beherrschen, wird man nur ein gut bezahlter Sklave.“

„Wie vermeiden wir dann die Falle?“, wollte ich wissen.

„Die Hauptursache für Armut oder für finanzielle Schwierigkeiten ist Angst oder Unwissenheit, nicht die Wirtschaft, der Staat oder die Reichen. Es sind selbstauferlegte Angst und Unwissenheit, die die Menschen in der Falle gefangen halten. Also, Jungs, geht zur Schule und macht eure College-Abschlüsse. Ich werde euch zeigen, wie man außerhalb der Falle bleibt.“

Jetzt kamen die Teile des Puzzles zum Vorschein. Mein hoch gebildeter Vater hatte eine erstklassige Ausbildung und eine tolle Karriere. Aber die Schule hatte ihm nie beigebracht, mit Geld oder mit seinen Ängsten umzugehen. Es wurde deutlich, dass ich unterschiedliche, aber sehr wichtige Sachen von zwei Vätern lernen konnte.

„Du hast uns von der Angst, kein Geld zu haben, erzählt. Wie beeinflusst der Wunsch, Geld zu haben, unser Denken?“, fragte Mike.

„Wie habt ihr euch gefühlt, als ich euch mit einer Gehaltserhöhung in Versuchung geführt habe? Habt ihr gemerkt, wie eure Wünsche größer wurden?“

Wir nickten.

„Indem ihr nicht Opfer eurer Emotionen geworden seid, wart ihr in der Lage, eure Reaktionen aufzuschieben und zu denken. Das ist äußerst wichtig. Wir werden immer Gefühle wie Angst und Gier haben. Von jetzt an ist es sehr wichtig für euch, diese Gefühle zu euren Gunsten und auf lange Sicht zu gebrauchen und nicht einfach zuzulassen, dass die Emotionen euch leiten, indem sie euer Denken beherrschen. Die meisten Menschen gebrauchen Angst und Gier zu ihrem Nachteil. Das ist der Anfang der Unwissenheit. Sie sind dann wegen der Gefühle Verlangen und Angst ihr Leben lang auf der Jagd nach Gehaltsstreifen und Arbeitsplatzsicherheit, ohne jemals danach zu fragen, wohin sie diese emotional geleiteten Gedanken führen. Es ist wie das Bild eines Esels, der einen Wagen zieht, wobei sein Besitzer eine Karotte vor seiner Nase baumeln lässt. Der Besitzer des

Esels kann fahren, wohin er will, aber der Esel jagt einer Illusion nach. Morgen wird es nur eine andere Karotte für den Esel geben."

„Du meinst, als ich angefangen habe, mir neue Baseball-Handschuhe, Süßigkeiten und Spielsachen vorzustellen, war das wie eine Karotte für einen Esel?", fragte Mike.

„Jawohl. Und wenn ihr älter werdet, werden eure Spielsachen teurer. Ein neues Auto, ein Boot und ein großes Haus, um eure Freunde zu beeindrucken", antwortete mein reicher Vater lächelnd. „Die Angst treibt dich hinaus, das Verlangen ruft nach dir und beide locken dich auf die Felsen. Das ist die Falle."

„Was ist dann die Antwort?", fragte Mike.

„Was die Angst und das Verlangen verstärkt, ist die Unwissenheit. Darum haben oft sehr vermögende Leute umso mehr Angst, je reicher sie werden. Das Geld ist die Karotte, die Illusion. Wenn der Esel das ganze Bild sehen könnte, könnte er vielleicht seine Entscheidung, nach der Karotte zu jagen, überdenken."

Mein reicher Vater fuhr damit fort, das Leben eines Menschen als Kampf zwischen Unwissenheit und Erleuchtung zu erklären. Er führte aus, dass sich Unwissenheit einstellt, sobald man damit aufhört, nach Information und Selbsterkenntnis zu suchen. Dieser Kampf ist eine immer wieder zu treffende Entscheidung – zu lernen, seinen Verstand zu öffnen oder zu schließen.

„Schaut, die Schule ist sehr, sehr wichtig. Ihr geht in die Schule, um eine Fähigkeit oder einen Beruf zu lernen, damit ihr ein nützliches Mitglied der Gesellschaft werdet. Jede Kultur braucht Lehrer, Ärzte, Mechaniker, Künstler, Köche, Geschäftsleute, Polizeibeamte, Feuerwehrleute und Soldaten. Die Schule bildet sie aus, damit unsere Kultur gedeihen und blühen kann. Leider ist die Schule für viele Leute das Ende, nicht der Anfang."

Ein langes Schweigen folgte. Mein reicher Vater lächelte. Ich verstand nicht alles, was er an diesem Tag sagte. Aber wie bei den meisten großen Lehrern, deren Worte jahrelang weiterwirken, oft lange, nachdem sie gegangen sind, sind seine Worte immer noch in mir.

„Ich war etwas herzlos heute", sagte er. „Und das aus gutem Grund: Ich möchte, dass ihr euch immer an dieses Gespräch erinnert. Ich möchte, dass ihr immer an Frau Martin denkt. Ich möchte, dass ihr immer wieder den Esel vor Augen habt. Vergesst das nie, weil euch eure zwei Gefühle, Angst und Verlangen, in die größte Falle des Lebens führen können, wenn ihr euch nicht bewusst macht, dass sie euer Denken beherrschen. Euer Leben in Angst zu verbringen und nie eure Träume zu erforschen, ist grausam. Viel für Geld zu arbeiten und zu glauben, dass Geld euch Sachen kaufen wird, die euch glücklich machen, ist ebenfalls schrecklich. Mitten in der Nacht mit klopfendem Herzen wegen unbezahlter Rechnungen aufzuwachen, ist eine fürchterliche Art zu leben. Ein Leben, das von der Höhe des Gehalts diktiert wird, ist kein wirkliches Leben. Zu glauben, dass euch eine Arbeit das Gefühl von Sicherheit gibt, heißt, euch selbst zu belügen. Das ist unbarmherzig, und das ist die Falle, von der ich möchte, dass ihr sie möglichst umgeht. Ich habe gesehen, wie Geld das Leben von Menschen ruiniert. Lasst das nicht mit euch geschehen. Bitte, lasst euch davon nicht euer Leben ruinieren."

Ein Baseball rollte unter den Tisch. Mein reicher Vater hob ihn auf und warf ihn zurück.

„Was hat also Unwissenheit mit Gier und Angst zu tun?", fragte ich.

„Die Unwissenheit über Geld bewirkt so viel Gier und Angst", sagte er. „Lasst mich einige Beispiele nennen. Ein Arzt, der mehr Geld will, um seine Familie besser zu versorgen, erhöht sein Honorar. Indem er sein Honorar erhöht, macht er aber die medizinische Versorgung für jeden teurer. Das trifft die armen Leute am meisten, sodass der Gesundheitszustand der Armen schlechter ist als der der Reichen.

Weil die Ärzte ihr Honorar erhöhen, wollen auch die Rechtsanwälte mehr. Also wollen auch z. B. die Schullehrer mehr Gehalt, dann folgen im Laufe der Zeit alle anderen mit Forderungen nach Lohnerhöhungen, was dann unsere Steuern erhöht. Und so geht es immer weiter. Bald wird es eine entsetzliche Kluft zwischen Reich und Arm geben, die Folge wird unbeschreibliches Chaos sein. Große Zivilisationen sind zugrunde gegangen, als die Kluft zwischen den Besitzenden und den Nichtbesitzenden zu groß wurde. Amerika befindet sich auf demselben Weg und beweist wieder einmal, dass sich die Geschichte wiederholt, weil wir nicht aus der Geschichte lernen. Wir prägen uns nur historische Daten und Namen ein, nicht die Lektion."

„Werden die Preise nicht steigen?", fragte ich.

„Nicht in einer gebildeten Gesellschaft mit einem gut funktionierenden Staat. Die Preise sollten eigentlich nach unten gehen. Freilich stimmt das oft nur in der Theorie. Die Preise steigen wegen der auf Unwissenheit beruhenden Gier und Angst. Wenn die Schulen den Leuten etwas über Finanzen beibrächten, würde es mehr Geld und niedrigere Preise geben, aber die Schulen konzentrieren sich nur darauf zu lehren, wie man für Geld arbeitet, nicht wie man die Macht des Geldes für sich einspannt."

„Aber haben wir nicht Wirtschaftsschulen?", fragte Mike. „Ermutigst du mich nicht, fleißig zu lernen und auf eine solche zu gehen?"

„Ja. Aber nur zu oft bilden die Wirtschaftsschulen Angestellte aus, die gescheite Erbsenzähler sind. Gott bewahre, dass ein solcher ein Unternehmen übernimmt. Alles was sie tun, ist auf die Zahlen zu schauen, Leute zu entlassen und das Unternehmen kaputt zu machen. Ich weiß es, weil ich Erbsenzähler einstelle. Sie denken nur daran, Kosten zu senken und Preise zu erhöhen, was noch mehr Probleme verursacht. Erbsen zählen ist durchaus wichtig. Ich wünschte mir, dass das noch mehr Leute könnten, aber es gibt eben auch noch Wichtigeres", fügte er verärgert hinzu.

„Dann gibt es da eine Lösung?", wollte Mike wissen.

„Ja", sagte mein reicher Vater. „Lerne, deine Gefühle zum Denken zu benutzen, und nicht mit deinen Emotionen zu denken. Als ihr eure Gefühle beherrscht habt und einverstanden wart, ohne Entgelt zu arbeiten, wusste ich, dass Hoffnung besteht. Als ihr nochmals euren Gefühlen widerstanden habt, als ich euch mit mehr Geld in Versuchung geführt habe, wart ihr wieder dabei, denken zu lernen, obwohl ihr emotional geladen wart. Das ist der erste Schritt."

„Warum ist dieser Schritt so wichtig?", fragte ich.

„Nun, es ist eure Sache, das herauszufinden. Wenn ihr wirklich lernen wollt, nehme ich euch auf eine Reise unangenehmer Erfahrungen mit, drastisch ausgedrückt auf eine Reise in die Hölle. Ich bringe euch an einen Punkt, vor dem sich die meisten Leute fürchten. Wenn ihr mir folgt, werdet ihr euch von der Vorstellung verabschieden, für Geld zu arbeiten, und stattdessen lernen, Geld zu haben, das für euch arbeitet."

„Und was bekommen wir, wenn wir mit Ihnen gehen? Was, wenn wir einverstanden sind, von Ihnen zu lernen? Was bekommen wir?", fragte ich.

„Bildlich gesprochen: die Befreiung von der Angst vor der Hölle."

„Gibt es eine Hölle?", wollte ich wissen.

„Ja", sagte mein reicher Vater. „Sie ist nichts weiter als unsere Angst und unsere Gier. Wenn wir in unsere Angst hineingehen und uns mit unserer Gier auseinander setzen, sind unsere Schwächen und unsere Bedürftigkeit der Weg nach draußen. Und dieser Weg geht durch den Kopf, indem wir unsere Gedanken auswählen."

„Unsere Gedanken auswählen?", fragte Mike verblüfft.

„Ja. Indem wir auswählen, was wir denken – anstatt nur auf unsere Gefühle zu reagieren, indem wir uns etwa auf den Weg machen und zur Arbeit gehen, um unsere Finanzprobleme zu lösen. Das alles nur, weil uns die Angst gefangen hält, kein Geld für Rechnungen usw. zu haben. Denken würde bedeuten, sich Zeit für Fragen zu nehmen, z. B.: Ist mehr und mehr zu arbeiten die beste Lösung für mein Problem? Die meisten Menschen fürchten nichts mehr, als sich die Wahrheit einzugestehen – nämlich ihre Angst –, sodass sie nicht denken können und stattdessen einfach losrennen. Dagegen anzugehen – das ist es, was ich unter Gedanken auswählen verstehe."

„Und wie machen wir das?", fragte Mike.

„Genau das möchte ich euch beibringen. Es geht darum, über eine Auswahl von Gedanken zu verfügen und aktiv handeln zu können, anstatt nur gedankenlos zu reagieren. Erinnert euch, was ich vorher gesagt habe: Eine Stelle ist nur eine kurzfristige Lösung für ein langfristiges Problem. Die meisten Leute haben nur ein Problem im Kopf, und das ist ein kurzfristiges. Das sind die Rechnungen am Monatsende, gewissermaßen der schwarze Mann. Das Geld beherrscht daher ihr Leben – besser sollte ich sagen, dass es die Angst und die Unwissenheit bezüglich des Geldes sind. So tun sie dasselbe wie ihre Eltern, indem sie sich jeden Tag auf den Weg machen und für Geld arbeiten gehen. Ohne sich ein bisschen Zeit zu nehmen, um sich zu fragen: Gibt es vielleicht auch einen anderen Weg? ihre Gefühle und nicht ihre Köpfe beherrschen ihr Denken."

„Kannst du uns den Unterschied zwischen ‚durch Gefühle denken' und ‚mit dem Kopf denken' erklären?", fragte Mike.

„Oh, ja. Ich höre sowas die ganze Zeit, z. B.: Nun, jeder muss arbeiten, die Reichen sind Gauner, ich werde eine neue Stelle bekommen, ich verdiene diese Gehaltserhöhung, man kann mich nicht austricksen, oder: Mir gefällt diese Arbeit, weil sie sicher ist. Das ist nach den Gefühlen handeln. Die Frage ‚Gibt es hier etwas, was mir fehlt?' hingegen durchbricht das emotionale Reagieren und gibt dir Zeit, klar und ruhig deine Situation zu überdenken."

Ich muss zugeben, dass es eine großartige Lektion war, die wir bekamen: zu erkennen, wann jemand aus dem Gefühl heraus spricht oder aus klarem Verstand. Es war eine Lehre, die mir fürs ganze Leben nützlich war. Besonders wenn ich derjenige war, der aus dem Bauch heraus und nicht nach klarem Überlegen handelte.

Als wir zum Laden zurückliefen, erklärte mein reicher Vater, dass die Reichen wirklich „Geld machen". Sie arbeiten nicht dafür. Zu unserem Versuch, aus Blei Fünfcentmünzen zu gießen, meinte er, dass Mike und ich mit dem Gedanken, Geld zu machen, nahe daran waren, so wie die Reichen zu denken. Das Problem war nur, dass so etwas illegal war. Es war legal für den Staat, jedoch nicht für uns. Er erklärte uns, dass es erlaubte und verbotene Wege gibt, Geld zu machen.

Mein reicher Vater erzählte uns, dass die Reichen über die Illusion des Geldes Bescheid wissen, und erinnerte uns an die Karotte für den Esel. Es geschieht nur aus Angst und Gier, dass die Geldillusion von Milliarden von Menschen geteilt wird, die an die Realität des Geldes glauben. Eigentlich ist Geld jedoch nur etwas Erdachtes, etwas Virtuelles. Das Kartenhaus bleibt nur auf Grund der Illusion des Vertrauens und der Unwissenheit der Massen stehen. „In der Tat“, sagte er, „war die Karotte des Esels in vieler Hinsicht wertvoller als das Geld.“

Er sprach weiter über den amerikanischen „Goldstandard“ und dass jede Dollarnote eigentlich ein Silberzertifikat ist. Was ihn ständig beschäftigte, war die verbreitete Meinung, dass wir irgendwann den Goldstandard verlieren und unsere Dollars dann nicht mehr als Silberzertifikate gelten.

„Wenn das passiert, Jungs, ist die Hölle los. Die Armen, die Mittelschichtler und die Unwissendenden werden vor dem Ruin stehen, weil sie weiterhin glauben, dass Geld real ist und dass die Firma, für die sie arbeiten, oder der Staat sich um sie kümmern.“

Wir haben vieles nicht verstanden, was er an jenem Tag sagte, aber im Laufe der Jahre ergab alles immer mehr Sinn.

Sehen, was andere verpassen

Als er in seinen Kleintransporter kletterte, der vor dem kleinen Gemischtwarenladen stand, sagte er: „Arbeitet weiter, Jungs, aber je schneller ihr vergesst, dass ihr einen Gehaltsstreifen braucht, desto leichter wird euer Leben als Erwachsene sein. Benützt euer Gehirn, arbeitet ohne Entgelt, und euer Kopf wird euch bald Wege zeigen, wie man Geld machen kann, und zwar viel mehr, als ich euch je zahlen könnte. Ihr werdet Dinge wahrnehmen, die andere Leute nie erkennen, Gelegenheiten direkt vor eurer Nase. Die meisten Leute sehen nie diese Möglichkeiten, weil sie nur nach Geld und Sicherheit schauen, und so bekommen sie auch nur das. In dem Augenblick, in dem ihr eine Gelegenheit wahrnehmt, werdet ihr sie für den Rest eures Lebens sehen. Und danach werde ich euch etwas anderes beibringen. Lernt das, und ihr werdet eine der größten Fallen im Leben vermeiden: ihr werdet euch nie, aber auch nie von euren Ängsten beherrschen lassen.“

Mike und ich nahmen unsere Sachen aus dem Laden und winkten Frau Martin: „Auf Wiedersehen.“ Wir gingen in den Park zurück, zur selben Picknick-Bank, und verbrachten dort noch ein paar Stunden mit Nachdenken und Reden.

In der nächsten Woche in der Schule grübelten wir weiter, in den zwei folgenden Wochen arbeiteten wir ohne Entgelt und machten uns nebenbei weiterhin unsere Gedanken über das Gehörte.

Am Ende des nächsten Samstags sagte ich wieder „auf Wiedersehen“ zu Frau Martin und blickte sehnsüchtig auf das Regal mit Comics. Plötzlich, als sich Frau

Martin von Mike und mir verabschiedete, sah ich sie etwas tun, was ich nie zuvor beobachtet hatte. Ich meine, ich hatte schon gesehen, dass sie das tat, aber ich hatte es nie wirklich wahrgenommen.

Frau Martin schnitt den Einband des Comics in zwei Hälften. Sie behielt die obere Hälfte des Comics und warf den Rest des Buches in einen großen Karton. Als ich sie fragte, warum sie das mit dem Comics-Buch tat, sagte sie: „Ich werfe sie weg. Ich gebe die obere Hälfte des Einbands dem Großhändler der Comics als Beleg, wenn er die neuen Comics bringt. Er kommt in einer Stunde."

Mike und ich warteten eine Stunde. Bald kam der Großhändler und wir fragten, ob wir die Comics haben könnten. Er antwortete: „Ihr könnt sie haben, wenn ihr für diesen Laden arbeitet und sie nicht weiterverkauft."

Unsere Partnerschaft wurde wiederbelebt. Mikes Mutter hatte eine Abstellkammer im Keller, die niemand benutzte. Wir machten sie sauber und begannen, in diesem Raum Hunderte von Comics zu stapeln. Bald wurde unsere Comics-Bücherei der Öffentlichkeit zugänglich gemacht. Wir stellten Mikes jüngere Schwester, die gerne lernte, als Chefbibliothekarin ein. Sie verlangte von jedem Kind 10 Cents Eintritt. Die Bibliothek war jeden Tag nach der Schule von 14.30 bis 16.30 Uhr geöffnet. Die Besucher, Kinder aus der Nachbarschaft, durften in den zwei Stunden so viele Comics lesen wie sie wollten. Für sie war es ein Geschäft, da sie jeden Comic für 10 Cents hätten kaufen müssen, hier aber konnten sie für 10 Cents fünf oder sechs Comics in zwei Stunden lesen.

Mikes Schwester durchsuchte die Kinder, wenn sie nach Hause gingen, um sicher zu sein, dass sie keine Comics ausliehen. Sie führte auch ein Buch, in das sie eintrug, wie viele und welche Kinder jeden Tag kamen und eventuelle Kommentare. Mike und ich nahmen drei Monate lang durchschnittlich 9,50 Dollar pro Woche ein. Wir zahlten seiner Schwester 1 Dollar wöchentlich und erlaubten ihr, die Comics ohne Entgelt zu lesen, was sie selten tat, da sie immer lernte.

Mike und ich haben unsere Abmachung eingehalten, indem wir jeden Samstag im Laden arbeiteten und alle Comics von verschiedenen Läden einsammelten. Wir hielten unsere Vereinbarung mit dem Verteiler und verkauften keinen einzigen Comic. Wenn sie zu zerfleddert waren, verbrannten wir sie. Wir versuchten, eine Filiale zu eröffnen, aber wir konnten niemanden finden wie Mikes Schwester, die den Job wirklich gerne machte und der wir vertrauten. Schon in jungen Jahren entdeckten wir, wie schwer es ist, gutes Personal zu finden.

Drei Monate nach der Büchereieröffnung brach im Zimmer eine Rauferei aus. Ein paar Rabauken aus einer anderen Wohngegend verschafften sich Einlass und begannen den Streit. Mikes Vater schlug vor, das Geschäft einzustellen. So endete unser Unternehmen mit den Comics und wir hörten auf, Samstags im Gemischtwarenladen zu arbeiten.

Mein reicher Vater freute sich darauf, uns neue Sachen beizubringen. Er war vergnügt, weil wir unsere erste Lektion so gut gelernt hatten – nämlich Geld für uns arbeiten zu lassen. Dadurch, dass wir für unsere Arbeit im Laden nicht bezahlt wurden, waren wir gezwungen, unsere Phantasie einzusetzen, um eine Gelegenheit zu finden, zu Geld zu kommen.

Da wir unser eigenes Unternehmen, die Comics-Bücherei, gründeten, hatten wir unsere Finanzen selbst in der Hand und waren von keinem Arbeitgeber abhängig. Das Beste war, dass unser Unternehmen Geld für uns abwarf, auch wenn wir körperlich nicht anwesend waren. Unser Geld arbeitete für uns.

Anstatt uns Geld zu zahlen, hat uns mein reicher Vater viel mehr gegeben.

Kapitel drei

Lektion zwei: Warum finanzielle Kenntnisse lehren?

Im Jahr 1990 übernahm mein bester Freund Mike das Imperium seines Vaters und leistet seitdem fast bessere Arbeit als er. Wir sehen uns einmal oder zweimal jährlich auf dem Golfplatz. Er und seine Frau sind reicher, als man sich vorstellen kann. Das Erbe ist in ausgezeichneten Händen und Mike baut jetzt seinen Sohn auf, um seinen Platz zu übernehmen, so wie sein Vater uns aufgebaut hat.

1994 habe ich mich im Alter von 47 Jahren von der regelmäßigen Arbeit zurückgezogen, meine Frau Kim war damals 37. Zurückgezogen heißt nun nicht, dass wir gar nichts mehr tun. Meine Frau und ich arbeiten – abgesehen von unvorhersehbaren umwälzenden Wechselfällen – genau dann, wenn wir es wirklich wollen, und unser Reichtum wächst automatisch und schneller als die Inflation. Das bedeutet für mich Freiheit: Das Vermögen ist groß genug, um von selbst zu wachsen. Das ist, wie wenn Sie einen Baum pflanzen. Sie gießen ihn jahrelang, und dann braucht er Sie eines Tages nicht mehr. Seine Wurzeln sind weit genug in die Tiefe gewachsen. Dann werden Sie für ihre Mühen belohnt: Der Baum spendet Früchte und wohltuenden Schatten.

Mikes Wahl war, das Imperium zu führen, meine, mich zurückzuziehen.

Wenn ich zu Gruppen spreche, werde ich oft gefragt, was ich empfehlen würde oder was man tun könnte: „Wie fange ich an?“, „Gibt es ein gutes Buch, das Sie empfehlen würden?“, „Was sollten wir tun, um unsere Kinder vorzubereiten?“, „Was ist das Erfolgsgeheimnis?“, „Wie mache ich Millionen?“ Ich erinnere mich immer wieder an den folgenden Artikel, den ich einmal veröffentlicht habe. Er lautet folgendermaßen:

Die reichsten Geschäftsmänner

1923 hielt eine Gruppe unserer wichtigsten Regierungsvertreter und reichsten Geschäftsleute ein Treffen im Edgewater Beach Hotel in Chicago ab. Unter ihnen war Charles Schwab, Chef der größten unabhängigen Stahlfirma, Samuel Insull, Präsident der größten Dienstleistungsfirma der Welt, Howard Hopson, Chef der größten Gasgesellschaft, Ivar Kreuger, Präsident der International

Match Co., einer der größten internationalen Firmen damals, Leo Frazier, Präsident der Bank of International Settlements, Richard Whitney, Präsident der New Yorker Börse, Arthur Cotton und Jesse Livermore, zwei der größten Börsenspekulanten, und Albert Fall, Mitglied des Kabinetts von Präsident Harding. 25 Jahre später hatten neun der oben genannten wie folgt geendet: Schwab starb mittellos, nachdem er fünf Jahre lang von geliehenem Geld gelebt hatte. Insull starb abgebrannt in einem fremden Land. Kreuger und Cotton waren auch pleite, als sie starben. Hopson ist verrückt geworden. Whitney und Albert Fall waren gerade aus dem Gefängnis entlassen worden. Fraser und Livermore begingen Selbstmord.
Ich bezweifle, ob jemand sagen kann, was mit diesen Menschen eigentlich geschehen ist. Wenn man sich das Datum anschaut: 1923 – es war kurz vor dem wirtschaftlichen Zusammenbruch von 1929 und der Großen Depression, die vermutlich einen großen Einfluss auf diese Menschen und ihr Leben gehabt hat. Der Punkt ist: Heute leben wir in einer Zeit größerer und schnellerer Veränderungen als die, in der diese Menschen gelebt haben. Ich vermute, dass es in den nächsten 25 Jahren viele Booms und Pleiten geben wird, in ihren Höhen und Tiefen ähnlich denen, welchen diese Männer ausgesetzt waren. Ich mache mir Sorgen, dass sich zu viele Menschen zu sehr auf Geld konzentriert haben und nicht auf ihren größten Reichtum, ihre Bildung. Wenn Menschen darauf vorbereitet sind, flexibel und offen zu sein und zu lernen, werden sie durch alle Veränderungen hindurch immer reicher werden. Wenn sie glauben, dass Geld ihre Probleme löst, fürchte ich, dass diese Menschen einen schweren Weg haben werden. Intelligenz löst Probleme und schafft Geld. Geld ohne finanzielle Intelligenz bedeutet, dass das Geld bald weg ist.

Die meisten Leute verstehen nicht, dass es im Leben nicht wichtig ist, wie viel Geld jemand macht, sondern wie viel Geld er behält. Wir alle haben Geschichten über Lottogewinner gehört, die zuerst arm waren, plötzlich durch den Gewinn reich wurden und dann nach kurzer Zeit wieder arm waren. Sie gewinnen Millionen und sind doch bald wieder da, wo sie angefangen haben. Oder Geschichten über Berufssportler, die im Alter von 24 Jahren jährlich Millionen Dollar verdienen und mit 34 unter einer Brücke schlafen.

Während ich das schreibe, finde ich in der heutigen Zeitung eine Geschichte von einem erst 29-jährigen Basketballspieler, der vor einem Jahr Millionen auf dem Konto hatte. Heute behauptet er, dass seine Freunde, sein Anwalt und sein Buchhalter ihm das Geld abgenommen hätten. Bis vor kurzem arbeitete er in einer Autowaschanlage für den Mindestlohn. Er wurde entlassen, weil er sich weigerte, seinen Championring beim Abwischen der Autos abzulegen, sodass die Geschichte in der Zeitung erschien. Er jammert, dass er am Ende sei, beklagt sich über Härte und Diskriminierung und dass der Ring alles sei, was ihm geblieben ist. Er behauptet, er bräche zusammen, wenn man ihm ihn wegnähme.

Jetzt, im Jahre 1997, kenne ich so viele Leute, die plötzlich Millionäre werden. Es ist, als wiederholten sich die turbulenten Zwanziger noch einmal. Und obwohl ich froh bin, dass die Leute immer reicher geworden sind, muss ich doch warnen: Auf lange Sicht kommt es nicht darauf an, wie viel Geld Sie verdienen, sondern wie viel Sie behalten und wie viele Generationen lang Sie es behalten werden.

Wenn also die Leute fragen: „Wo fange ich an?“ oder: „Sagen Sie mir, wie ich schnell reich werde“, sind sie oft über meine Antwort sehr enttäuscht. Ich sage ihnen einfach, was mir mein reicher Vater geantwortet hat, als ich ein kleiner Junge war: „Wenn du reich werden willst, musst du dich in Sachen Finanzen auskennen.“

Diese Idee ging jedesmal in meinem Kopf um, wenn wir zusammen waren. Wie schon erwähnt: Mein gebildeter Vater betonte, wie wichtig es sei, Bücher zu lesen, während mein reicher Vater betonte, dass man in Sachen Finanzen gebildet sein müsse.

Wenn Sie das Empire State Building bauen wollen, müssen Sie als Erstes ein Loch graben und ein starkes Fundament gießen. Bauen Sie ein Haus in einem Vorort, brauchen Sie bloß eine 15 Zentimeter dicke Betonplatte zu gießen. Die meisten Menschen versuchen in ihrem Drang, reich zu werden, das Empire State Building auf einer 15 Zentimeter dicken Platte zu errichten.

Unser Schulsystem, das in der Agrarepoche begründet wurde, glaubt noch an Heime ohne Fundament. Erdböden sind immer noch der letzte Schrei.

So verlassen die Kinder die Schule praktisch ohne finanzielle Grundkenntnisse. Eines Tages entscheiden sie, schlaflos und tief verschuldet in ihrem Vorort, den Amerikanischen Traum lebend, dass die Antwort auf ihre finanziellen Probleme darin besteht, einen Weg zum schnellen Reichtum zu finden.

Sie fangen an, den Wolkenkratzer zu bauen. Es geht schnell in die Höhe und bald haben wir, anstatt des Empire State Buildings, den Schiefen Turm des Vororts. Die schlaflosen Nächte kommen wieder.

Für Mike und mich waren als Erwachsene beide Entscheidungen möglich, weil uns schon im Kindesalter beigebracht wurde, ein starkes finanzielles Fundament zu gießen.

Momentan ist Buchhaltung das vielleicht langweiligste Fach der Welt. Manchmal ist es auch das verwirrendste. Aber wenn man reich werden will, könnte es das auf lange Sicht wichtigste Fach sein. Die Frage ist, wie man den Kindern ein so langweiliges und verwirrendes Fach beibringt? Die Lösung: Man muss es einfach machen und durch einleuchtende Bilder erklären.

Mein reicher Vater hatte ein starkes Fundament für Mike und mich gegossen. Da wir noch Kinder waren, hatte er einen unkomplizierten Weg entwickelt, um uns zu unterrichten. Jahrelang zeichnete er nur klare Bilder und benutzte einfache Worte. Mike und ich verstanden die Zeichnungen, die Fachsprache, die Bewegung von Geld, und dann, in späteren Jahren, begann mein reicher Vater, Zahlen zu benutzen.

Heute ist Mike soweit, viel komplexere Buchhaltungsanalysen zu beherrschen, weil er dazu gezwungen war. Er muss ein Eine-Milliarde-Dollar-Imperium führen. Ich bin nicht so gewandt, weil mein Imperium kleiner ist, und doch gehen wir vom selben einfachen Fundament aus. Auf den folgenden Seiten benutze ich dieselben unkomplizierten Zeichnungen, die Mikes Vater für uns gemacht hat. Obwohl einfach, haben diese Zeichnungen zwei kleinen Jungen geholfen, große Vermögenssummen auf einem soliden Fundament aufzubauen.

Regel Nr. 1: Man muss den Unterschied zwischen Aktiva und Passiva kennen und Aktiva kaufen. Wenn man reich werden will, ist das alles, was man wissen muss. Es ist nicht nur die Regel Nr.1 – es ist die einzige Regel. Das klingt jetzt in ihren Ohren wahrscheinlich absurd, aber die meisten Leute haben in der Tat keine Ahnung, wie bedeutsam diese Regel ist. Sie befinden sich in finanziellen Schwierigkeiten, weil sie den Unterschied zwischen Aktiva und Passiva nicht kennen.

„Die reichen Leute kaufen Vermögenswerte. Die Armen und die Mittelklässler schaffen Verbindlichkeiten an, aber sie denken, dass es sich um Vermögenswerte handelt." Als mein reicher Vater Mike und mir das erklärte, dachten wir, dass er scherzte. Da waren wir fast schon Teenager und warteten auf das Geheimnis, reich zu werden, und das war seine Antwort. Es war so einfach, dass wir lange Zeit innehalten mussten, um darüber nachzudenken.

„Was ist ein Vermögenswert?", fragte Mike.

„Kümmere dich jetzt nicht darum", sagte mein reicher Vater. „Lass einfach die Idee sich setzen. Wenn du ihre Schlichtheit verstehst, hat dein Leben einen Plan und wird finanziell einfach. Es ist so herrlich unkompliziert, und deshalb kommt man nicht darauf."

„Sie meinen, es genügt zu wissen, was ein Vermögenswert ist, ihn zu kaufen und dann reich zu sein?", fragte ich.

Er nickte. „So einfach ist es."

„Wenn es so einfach ist, warum ist dann nicht jeder reich?“, wollte ich dann wissen.

Mein reicher Vater lächelte. „Weil die Leute den Unterschied zwischen einem Vermögenswert und einer Verbindlichkeit nicht kennen.“

Ich kann mich erinnern, dass ich fragte: „Wie können die Erwachsenen so dumm sein? Wenn es so einfach und so wichtig ist, warum würde es nicht jeder herausfinden wollen?“

Um zu erklären, was Vermögenswerte und Verbindlichkeiten sind, brauchte mein reicher Vater nur ein paar Minuten.

Als Erwachsener habe ich Schwierigkeiten, das anderen Erwachsenen zu erklären. Warum? Weil Erwachsene gescheiter sind. Es ist nicht einfach, unkomplizierte Ideen zu erklären, weil Erwachsene bereits auf eine bestimmte Weise ausgebildet wurden. Sie bekamen ihre Finanzkenntnisse von Leuten wie Bankberatern, Buchhaltungsfachleuten, Immobilienmaklern, Finanzplanern und so weiter. Die Schwierigkeit besteht darin, von Erwachsenen zu verlangen, das bereits Erlernte abzulegen. Ein intelligenter Erwachsener findet es oft erniedrigend, so einfache Definitionen zu lernen.

Mein reicher Vater glaubte an das KISS-Prinzip („Keep It Simple Stupid“ – „mache es einfach“), also erklärte er es für zwei kleine Jungen auf eine sehr einfache Art, und das machte das finanzielle Fundament stark.

Was verursacht also die Konfusion? Oder wie kann etwas so Einfaches so furchtbar kompliziert sein? Warum sollte jemand einen Vermögenswert kaufen, der eigentlich eine Verbindlichkeit ist? Die Antwort liegt in der Grundausbildung.

Wir konzentrieren uns auf das Wort „Bildung“ und nicht auf „finanzielle Bildung“. Was etwas zu einem Vermögenswert oder einer Verbindlichkeit macht, sind nicht Worte. Wenn Sie wirklich konfus werden wollen, sollten Sie sich die Worte „Vermögenswert“ und „Verbindlichkeit“ im Wörterbuch anschauen. Ich weiß, dass die Definition für einen trainierten Buchhalter gut klingt, aber für einen Durchschnittsmenschen gibt sie keinen Sinn. Aber wir Erwachsene sind oft zu stolz, um zuzugeben, dass etwas keinen Sinn macht.

Als wir kleine Jungs waren, sagte mein reicher Vater: „Was einen Vermögenswert ausmacht, sind nicht Worte, sondern Zahlen. Und wenn man keine Zahlen lesen kann, kann man einen Vermögenswert nicht von einem Loch im Boden unterscheiden. In der Buchhaltung kommt es nicht auf die Zahlen an, sondern darauf, was die Zahlen dir sagen. Es ist wie bei Worten. Es sind nicht die Wörter, sondern die Geschichte, die die Wörter dir erzählen.“

Die gelesenen Worte in das umzusetzen, was sie ausdrücken oder beschreiben sollen, heißt Textverständnis. Wir alle haben unterschiedliche Fähigkeiten, wenn es ums Verstehen von Texten geht. Ich habe zum Beispiel kürzlich einen neuen Videorecorder gekauft. Es war eine Gebrauchsanleitung dabei, in der stand, wie man den Videorecorder programmiert. Ich wollte lediglich meine Lieblings-Fernsehshow Freitag Nacht aufnehmen, aber beim Versuch, das Handbuch zu lesen, bin ich fast verrückt geworden. Nichts in meiner Welt ist komplexer zu lernen als die Programmierung meines Videorecorders. Ich konnte die Wörter lesen, aber ich verstand nichts – ich bekäme zwar eine Eins für das Erkennen der Wörter, aber eine Fünf für das Verstehen. Das Gleiche gilt für die meisten Leute beim Lesen von Bilanzen.

„Wenn ihr reich sein wollt, müsst ihr Zahlen lesen und verstehen können." Ich habe das nicht nur einmal, sondern tausendmal gehört. Und auch: „Die Reichen kaufen Vermögenswerte und die Armen und die Mittelschichtler Verbindlichkeiten."

Nun zum Unterschied eines Vermögenswertes zu einer Verbindlichkeit: Die meisten Buchhaltungs- und Finanzfachleute sind mit den Definitionen nicht einverstanden, aber diese einfachen Zeichnungen waren der Anfang mächtiger finanzieller Fundamente für zwei Jungs.

Um Kindern im Vor-Teenageralter etwas beizubringen, machte mein reicher Vater alles ganz einfach, wobei er so viele Bilder und so wenige Worte wie möglich benutzte und jahrelang keine Zahlen verwendete.

Das ist das Muster des Kapitalflusses eines Vermögenswertes

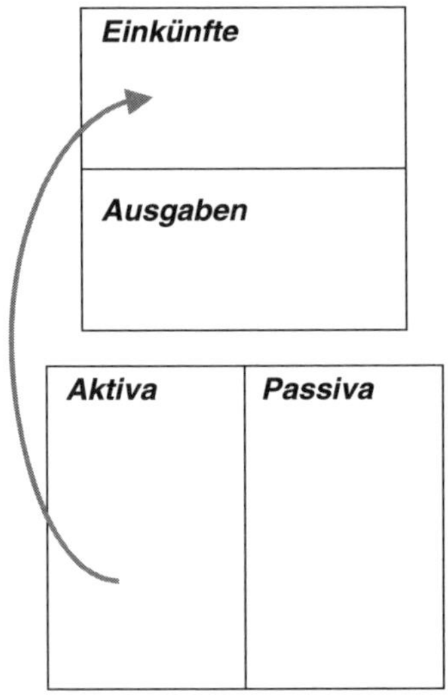

Der obere Kasten stellt eine Erfolgsrechnung, oft Gewinn-Verlust-Rechnung genannt, dar. Sie bemisst Einkünfte und Ausgaben – das Geld, das hineinfließt, oder das Geld, das hinausfließt. Der untere Teil des Diagramms stellt eine Bilanz dar. Sie wird so genannt, weil sie die Vermögenswerte und die Verbindlichkeiten ausgleichen soll. Viele Neulinge im Bereich der Finanzen kennen den Unterschied zwischen der Erfolgsrechnung und der Bilanz nicht. Es ist lebensnotwendig, dieses Verhältnis zu verstehen.

Der Hauptgrund finanzieller Schwierigkeiten besteht einfach darin, dass man genau diesen Unterschied nicht kennt. Die Ursache der Verwirrung beruht auf der Definition der zwei Wörter. Wenn Sie eine Lektion in Verwirrung wollen, sollten Sie sich die Wörter „Vermögenswert" und „Verbindlichkeit" im Wörterbuch ansehen.

Es mag vielleicht Sinn für erfahrene Buchhalter haben, aber für einen Durchschnittsmenschen könnte es genau so gut in Mandarin geschrieben sein. Man liest die Wörter in der Definition, aber ein wirkliches Verständnis ist schwierig.

Wie ich vorher sagte, erklärte einfach mein reicher Vater zwei kleinen Jungen, dass „Vermögenswerte Geld in eure Taschen bringen". Schön, einfach und anwendbar.

Das ist das Muster des Kapitalflusses einer Verbindlichkeit

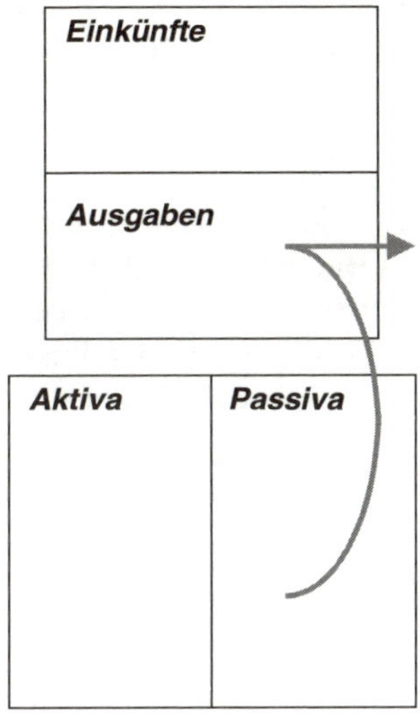

Jetzt, wo Vermögenswerte und Verbindlichkeiten durch Bilder definiert wurden, ist vielleicht leichter, meine Worterklärungen zu verstehen.

Ein Vermögenswert ist etwas, was Geld in meine Tasche bringt.
Eine Verbindlichkeit ist etwas, was Geld aus meiner Tasche nimmt.

Das ist eigentlich alles, was man wissen muss. Wenn Sie reich werden wollen, verbringen Sie ihr Leben einfach damit, Vermögenswerte zu kaufen. Wenn Sie arm oder ein Mittelschichtler sein wollen, verbringen Sie ihr Leben mit der Anschaffung von Verbindlichkeiten. Das Nichterkennen des Unterschieds verursacht die meisten finanziellen Probleme im wirklichen Leben.

Der Mangel an Bildung, sowohl bezüglich der Worte als auch der Zahlen, ist die Grundlage finanzieller Probleme. Wenn die Leute Geldschwierigkeiten haben, gibt es etwas, das sie nicht lesen können, weder in Zahlen, noch in Wörtern. Etwas wird falsch verstanden. Die Reichen sind reich, weil sie in verschiedenen Bereichen eine bessere Bildung haben als die Leute, die in finanziellen Schwierigkeiten sind. Wenn Sie reich werden wollen und ihren Reichtum bewahren wollen, ist es also wichtig, sich im Bereich Finanzen sowohl in Wörtern als auch in Zahlen auszukennen.

Die Pfeile in den Zeichnungen stellen den Fluss des Kapitals oder den „Kapitalfluss“ dar. Zahlen alleine bedeuten wenig, ebenso, wie Wörter alleine wenig bedeuten. Es ist die Geschichte, die zählt. In Finanzberichten Zahlen zu lesen heißt: die Handlung, die Geschichte suchen, die Geschichte darüber, wohin das Kapital fließt. In 80 Prozent der Familien bedeutet die Finanzgeschichte, immer mehr zu arbeiten, um so vermeintlich vorwärts zu kommen. Es ist nicht so, dass sie nicht genügend Geld nach Hause tragen. Aber sie verbringen ihr Leben damit, Verbindlichkeiten anstatt Vermögenswerte zu kaufen.

Das ist zum Beispiel das Muster des Kapitalflusses einer armen Person oder eines Jugendlichen, der noch im elterlichen Haushalt lebt:

Muster des Kapitalflusses einer armen Person

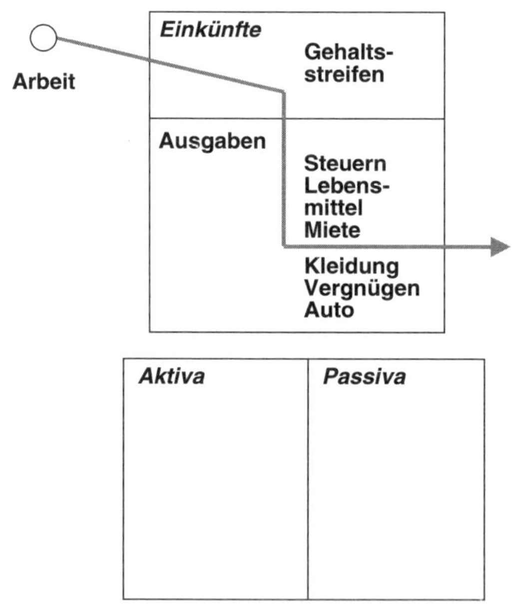

Das ist das Muster des Kapitalflusses eines Mittelschichtlers:

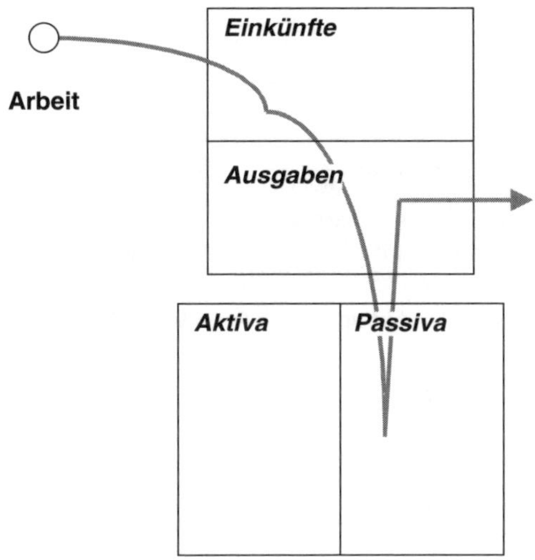

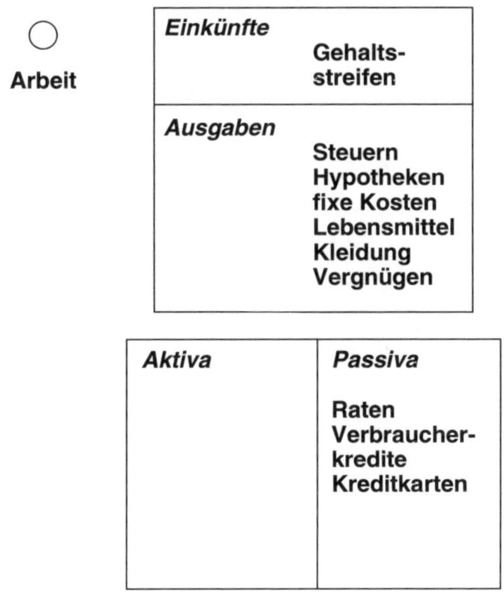

Das ist das Muster des Kapitalflusses eines Reichen:

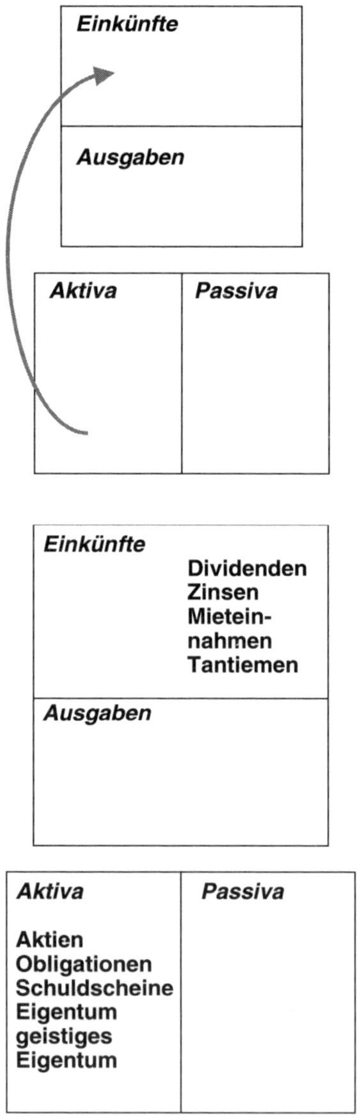

Alle diese Diagramme wurden natürlich vereinfacht. Jeder hat lebensnotwendige Ausgaben wie das Bedürfnis nach Nahrung, Unterkunft und Kleidung.

Die Diagramme zeigen den Kapitalfluss im Leben einer armen Person, eines Mittelschichtlers und eines Reichen. Es ist der Kapitalfluss, der die eigentliche Geschichte erzählt – über die Art und Weise, wie eine Person mit ihren Finanzen umgeht, was sie also damit macht, wenn sie das Geld in die Hand bekommen hat.

Ich habe mit der Geschichte der reichsten Männer Amerikas begonnen, um einen weit verbreiteten Denkfehler zu illustrieren: nämlich dass Geld alle Probleme lösen könnte. Darum zucke ich jedesmal zusammen, wenn ich höre, wie die Leute mich fragen, wie sie schneller reich werden können. Oder wo sie starten sollen. Ich höre oft: „Ich habe Schulden, sodass ich unbedingt zu mehr Geld kommen muss."

Aber mehr Geld wird das Problem oft nicht lösen, sondern eher noch beschleunigen. Geld macht oft unsere tragischen menschlichen Fehler deutlich. Es richtet einen Scheinwerfer auf das, was wir nicht wissen. Deshalb passiert es so oft, dass jemand, der in einen plötzlichen Geldregen gerät – etwa durch eine Erbschaft, eine Gehaltserhöhung oder einen Lottogewinn –, sich bald wieder in derselben Finanzmisere befindet, wenn nicht sogar in einer noch schlimmeren als früher, bevor er das viele Geld bekommen hat.

Geld betont nur das Muster des Kapitalflusses in ihrem Kopf. Wenn es ihr Muster ist, alles auszugeben, was Sie bekommen, wird höchstwahrscheinlich aus einer Vermehrung des Geldes nur eine Vermehrung der Ausgaben resultieren. Daher der Spruch: „Ein Narr und sein Geld geben ein großes Fest."

Ich habe schon mehrmals darauf hingewiesen, dass wir in die Schule gehen, um schulische und berufliche Fähigkeiten – beide wichtig – zu erwerben. Wenn jemand in den 60er Jahren – meiner Highschoolzeit – in der Schule erfolgreich war, nahmen die Leute fast automatisch an, dass dieser glänzende Schüler Arzt werden würde. Oft fragte ihn keiner, ob er überhaupt Arzt werden wollte. Es wurde einfach vorausgesetzt. Mediziner war der Beruf mit der Aussicht auf die größte finanzielle Belohnung.

Heute müssen sich die Ärzte finanziellen Anforderungen stellen, die ich meinem schlimmsten Feind nicht wünsche: Versicherungsgesellschaften, die den Betrieb kontrollieren, verwaltete Gesundheitsfürsorge, staatliche Interventionen und Verfahren wegen Berufsvergehen, um nur einige Probleme zu nennen.

Heute wollen die Kinder Fußballstars, Tennisspieler, Computerspezialisten, Film- oder Rockstars, Schönheitsköniginnen oder Wall-Street-Händler werden. Einfach deshalb, weil dort Ruhm, Geld und Prestige sind. Deshalb ist es ja so schwierig, die Kinder heutzutage in der Schule zu motivieren. Sie wissen, dass der berufliche Erfolg nicht mehr nur vom akademischen Erfolg abhängt, wie es früher einmal war.

Weil die Jugendlichen die Schule ohne finanzielle Kenntnisse verlassen, betreiben später Millionen gebildeter Leute ihren Beruf erfolgreich, haben jedoch finanzielle Schwierigkeiten. Sie arbeiten immer mehr, kommen aber nicht voran. Was ihnen von ihrer Ausbildung her fehlt, ist nicht, wie man zu Geld kommt, sondern wie man es ausgibt, d. h., was zu tun ist, wenn man es verdient hat. Finanzielle Begabung bedeutet zu wissen, was man mit dem Geld anstellt, zu dem man gekommen ist; wie man die Leute davon abhält, es einem zu nehmen; wie lange man es behält und wie gut dieses Geld für einen arbeitet.

Die meisten Leute können nicht erklären, warum sie in finanziellen Schwierigkeiten stecken, weil sie den Kapitalfluss nicht verstehen. Jemand kann gut ausgebildet, beruflich erfolgreich und dennoch finanziell ungebildet sein. Solche Leute arbeiten oft mehr als sie müssen, weil sie gelernt haben, wie man schwer arbeitet, aber nicht, wie sie ihr Geld für sich arbeiten lassen.

Wie sich der Traum vom Geldregen in einen finanziellen Albtraum verwandelt

Der Film über schwer arbeitende Menschen weist ein festgelegtes Muster auf. Seit kurzem verheiratet, zieht das glückliche, gut ausgebildete Paar in eines ihrer engen Mietappartements zusammen. Sogleich erkennen sie, dass sie Geld sparen, weil zwei – was Miete und laufende Kosten betrifft – so billig wie einer leben können.

Das Problem ist, dass die Wohnung eng ist. Sie entscheiden sich, Geld zu sparen, um ihr Traumhaus zu kaufen, damit sie Kinder haben können. Sie haben jetzt zwei Einkommen und fangen an, sich auf ihre Karrieren zu konzentrieren. Sie verdienen mehr. Und wenn ihre Einkünfte wachsen …

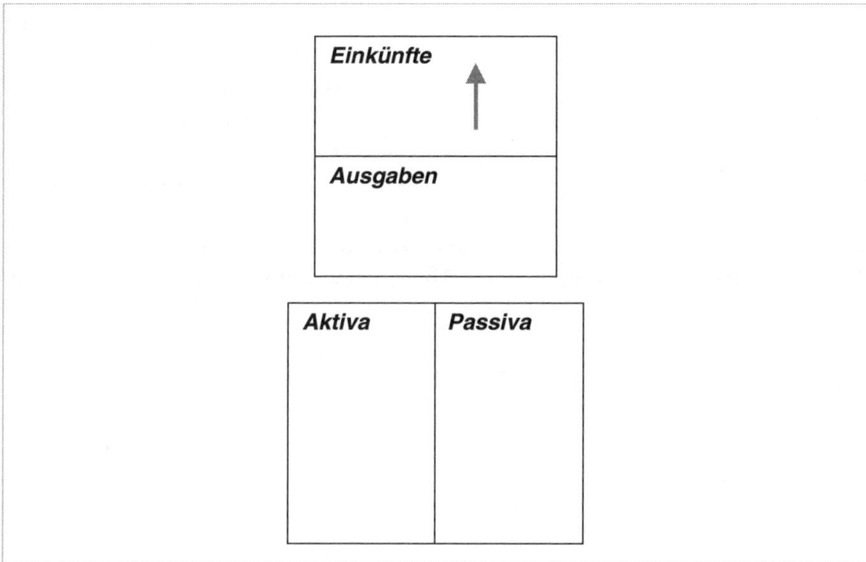

werden auch ihre Ausgaben höher:

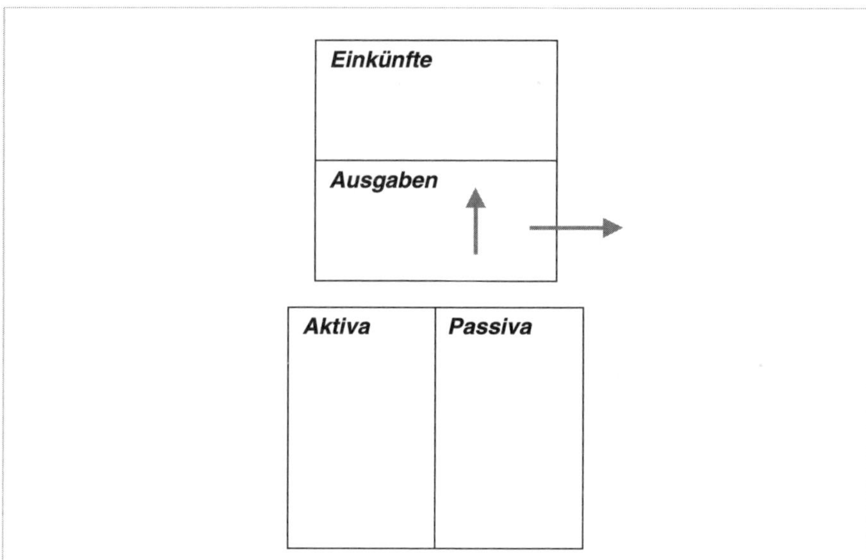

Viele Leute halten die Steuern für Ausgabe Nummer 1, und als höchste davon die Einkommenssteuer, aber für die meisten ist die Sozialversicherung die höchste Abgabe. Einem Arbeitnehmer erscheint es so, dass der gesamte Sozialversicherungsbetrag durchschnittlich rund 21 % ausmacht, aber eigentlich sind es 42 %, da der Arbeitgeber auch einen entsprechenden Betrag leisten muss. Im Grunde handelt es sich um Geld, das Ihnen ihr Chef nicht zahlen kann. Mehr als das: Sie müssen noch auf den Betrag, der von ihrem Lohn oder Gehalt für die Sozialversicherung abgezogen wird, Einkommensteuer zahlen, also für ein Einkommen, das Sie nie bekommen, weil es durch Einbehalten direkt an die Sozialversicherung geht.

So gehen die Passiva in die Höhe.

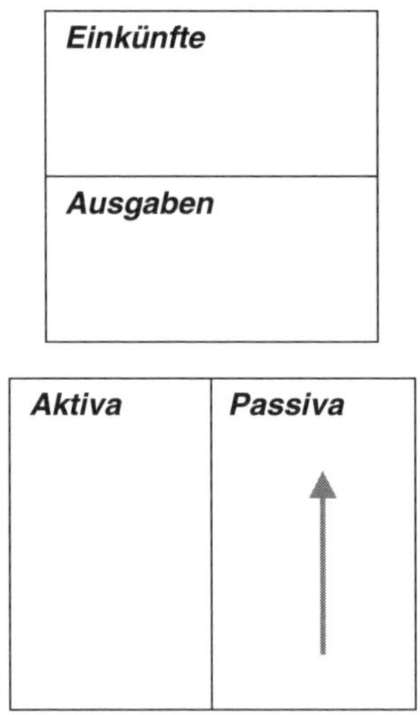

Das lässt sich am besten demonstrieren, in dem wir zu dem jungen Paar zurückkehren. Als Ergebnis ihres sich erhöhenden Einkommens gehen sie auf die Suche nach dem Haus ihrer Träume. Kaum haben sie es gekauft, haben sie eine neue Steuer, die Grundsteuer. Als Nächstes kaufen sie ein neues Auto, neue Möbel und neue technische Geräte, die zu ihrem neuen Haus passen. Plötzlich wachen sie auf und ihre Passivaspalte ist voller Hypotheken- und Kreditkartenschulden.

Jetzt sind sie im Laufrad gefangen. Ein Kind kommt. Sie arbeiten mehr und mehr. Der Prozess wiederholt sich. Mehr Geld und höhere Steuern, die so genannte „Steuerprogression". Eine Kreditkarte kommt mit der Post. Sie benutzen sie. Das erhöht die Schulden. Ein Kreditinstitut ruft an und sagt, dass ihr größter „Vermögenswert", ihr Haus, einen ziemlichen Wert hat. Die Firma bietet ihnen einen Umschuldungskredit, weil ihre Kreditwürdigkeit so gut ist, und sagt ihnen auch, dass es jetzt am intelligentesten sei, ihre Verbraucherkredite mit den hohen Zinsen zu annullieren, indem sie alle ihre Kreditkartenschulden begleichen. Und außerdem können die Zinsen auf ihrem Haus von der Steuer abgesetzt werden. Sie gehen darauf ein und tilgen die Kreditkarten mit hohen Zinsen. Sie atmen vor Erleichterung tief auf. Die Schulden auf ihren Kreditkarten sind beglichen. Sie haben jetzt ihren Verbraucherkredit in eine Hypothek auf ihr Haus umgeschichtet. Die monatlichen Belastungen sind jetzt ziemlich niedrig, weil sie ihre Schuld auf über 30 Jahre gestreckt haben. Das ist schlau.

Ihr Nachbar ruft an, um sie zum Einkaufen einzuladen – der Schlussverkauf steht an. Eine Chance, etwas Geld zu sparen. Sie sagen sich: „Wir werden nichts kaufen. Wir schauen nur." Aber für den Fall, dass sie etwas finden, stecken sie eine Kreditkarte in ihre Geldbörse.

Ich treffe dieses junge Paar immer wieder. Ihre Namen wechseln, aber ihr finanzielles Dilemma ist dasselbe. Sie kommen zu einem meiner Vorträge, um zu hören, was ich zu sagen habe. Sie fragen mich: „Können Sie uns sagen, wie wir zu mehr Geld kommen können?" ihre Ausgabegewohnheiten haben sie dazu gebracht, nach mehr Einkommen zu streben.

Sie wissen nicht einmal, dass ihr Problem ist, *wie* sie ihr Geld ausgeben, und dass dies die eigentliche Ursache ihrer finanziellen Schwierigkeiten ist. Das alles kommt bloß von mangelndem finanziellen Wissen und fehlendem Verständnis vom Unterschied zwischen einem Vermögenswert und einer Verbindlichkeit.

Mehr Geld löst selten die Geldprobleme eines Menschen. Intelligenz löst Probleme. Es gibt eine Redensart, die einer meiner Freunde immer wieder verschuldeten Leuten sagt:

„Wenn du dich in einem Loch befindest, hör auf zu graben."

Als Kind sagte uns mein Vater oft, dass die Japaner drei Mächte kannten: „Die Macht des Schwerts, die Macht des Juwels und die Macht des Spiegels."

- Das Schwert symbolisiert die Macht der Waffen. Amerika hat zig Milliarden Dollar für Waffen ausgegeben und ist deshalb die stärkste Militärmacht in der Welt.
- Das Juwel symbolisiert die Macht des Geldes. Die Redensart „Gedenke der goldenen Regel: Wer das Gold hat, bestimmt die Regeln" entspricht in gewissem Sinne durchaus der Wahrheit.
- Der Spiegel symbolisiert die Macht der Selbsterkenntnis. Gemäß der japanischen Legende war diese Selbsterkenntnis die wertvollste der drei Mächte.

Die Armen und die Mittelschichtler gestatten der Macht des Geldes nur allzu oft, sie zu beherrschen. Indem sie sich einfach aufmachen und mehr arbeiten, ohne sich zu fragen, ob das, was sie tun, einen Sinn hat, schießen sie sich eigentlich selbst in den Fuß, wenn sie das Haus verlassen, um jeden Morgen zur Arbeit zu gehen. Weil sie das Geld nicht ganz verstehen, erlaubt die große Mehrheit der Menschen der enormen Macht des Geldes, sie zu beherrschen. Die Macht des Geldes wirkt sich gegen sie aus.

Wenn sie die Macht des Spiegels nutzten, könnten sie sich fragen: „Macht das einen Sinn?" Viel zu oft richten sich die meisten Leute nach der Masse, anstatt ihrer inneren Weisheit zu vertrauen. Sie tun Dinge, weil alle anderen sie tun. Sie verhalten sich konform, anstatt zu hinterfragen. Oft wiederholen sie gedankenlos, was ihnen gesagt wurde – Ideen wie „Breiter streuen", „Ihr Haus ist ein Vermögenswert", „Ihr Haus ist ihre größte Investition", „Sie können Steuern sparen, wenn Sie sich mehr verschulden", „Finden Sie einen sicheren Arbeitsplatz", „Machen Sie keine Fehler" oder „Gehen Sie kein Risiko ein".

Man sagt, dass für die meisten Menschen die Angst, in der Öffentlichkeit zu sprechen, größer ist als die vor dem Tod. Nach Meinung der Psychiater ist das auf folgende Phobien zurückzuführen: die Furcht vor Ächtung; die Angst herauszuragen; die Furcht vor Kritik; die Angst, sich lächerlich zu machen, und die Furcht, ein Ausgestoßener zu sein. Die Angst, anders zu sein als andere, hindert die meisten Leute daran, neue Wege zur Lösung ihrer Probleme zu suchen.

Darum sagte mein gebildeter Vater, dass die Japaner die Macht des Spiegels am meisten schätzten, denn nur wenn wir bereit sind, in den Spiegel zu schauen, finden wir die Wahrheit. Und der Hauptgrund für den häufig gehörten Satz „Gehen Sie auf Nummer Sicher" resultiert aus Angst. Das gilt für alles, sei es Sport, Beziehungen, Karriere oder Geld.

Es sind genau diese Phobien, die viele dazu bringen, sich konform zu verhalten und allgemein akzeptierte Meinungen oder populäre Trends nicht in Frage zu stellen. „Ihr Haus ist ein Vermögenswert", „Nehmen Sie einen Umschuldungskredit auf und werden Sie ihre Schulden los“, „Arbeiten Sie mehr“, „Das ist eine Beförderung“, „Eines Tages werde ich Vizepräsident sein“, „Sparen Sie Geld“, „Wenn ich eine Gehaltserhöhung bekomme, werde ich ein größeres Haus für uns kaufen“, „Offene Investmentfonds sind sicher“ …

Viele große finanzielle Probleme werden dadurch verursacht, dass man mit der Masse geht und versucht, mit dem Lebensstil anderer Schritt zu halten. Gelegentlich sollten wir alle in den Spiegel schauen und mehr unserer inneren Weisheit als unseren Ängsten vertrauen.

Als Mike und ich 16 Jahre alt waren, begannen unsere Probleme in der Schule. Wir waren keine schlechten Schüler im eigentlichen Sinne. aber wir fingen gerade an, uns von der Masse abzusondern. Nach der Schule und am Wochenende arbeiteten wir für Mikes Vater.

Mike und ich verbrachten nach der Arbeit oft Stunden damit, mit seinem Vater am Tisch zu sitzen, wenn er Besprechungen mit seinen Bankberatern, Rechtsanwälten, Buchhaltungsspezialisten, Maklern, Kapitalanlegern, Managern und Angestellten abhielt. Da war ein Mensch, der die Schule mit 13 verlassen hatte und nun Richtlinien, Anweisungen und Befehle gab und die Fragen gebildeter Menschen beantwortete. Sie standen ihm zur Verfügung und zuckten zusammen, wenn er ihnen nicht zustimmte. Er war nicht mit der Masse gegangen, sondern dachte mit seinem eigenen Kopf und hasste Worte wie: „Wir müssen es so tun, weil es jeder so macht.“ Er verabscheute auch die Worte: „Kann ich nicht.“ Wenn man wollte, dass er etwas tat, musste man ihm provozieren: „Ich glaube nicht, dass Sie das können.“

Mike und ich lernten mehr, wenn wir bei seinen Besprechungen dabei saßen, als in all unseren Jahren in der Schule, einschließlich des Colleges. Mikes Vater hatte keine Schulbildung, aber er war finanziell gebildet und im Ergebnis erfolgreich. Er sagte uns immer wieder: „Eine intelligente Person stellt Leute ein, die intelligenter sind als sie selbst.“ So hatten Mike und ich den Vorteil, stundenlang zuzuhören und dabei von intelligenten Leuten zu lernen.

Aber deswegen konnten sowohl Mike als auch ich nicht mehr dem Standarddogma, das unsere Lehrer predigten, zustimmen. Und das führte zu den Problemen. Jedesmal wenn der Lehrer sagte: „Wenn ihr keine gute Noten bekommt, werdet ihr es im wirklichen Leben nicht schaffen“, zogen Mike und ich die Augenbrauen hoch. Wenn man uns anwies, festgelegten Prozeduren zu folgen und von den Regeln nicht abzuweichen, konnten wir sehen, wie dieser schulische Prozess in Wirklichkeit die Kreativität erstickte. Wir fingen an, zu verstehen, warum unser reicher Vater uns sagte, dass die Schulen dazu dienten, gute Arbeitnehmer anstatt Arbeitgeber hervorzubringen.

Gelegentlich fragten Mike und ich unsere Lehrer, wie das, was wir lernten, anwendbar sei, oder wir wollten wissen, warum wir nie etwas über Geld und die Art, wie es arbeitet, lernten. Auf die letzte Frage erhielten wir dann die Antwort, dass Geld nicht wichtig sei und dass ein guter Verdienst automatisch folgen würde, wenn wir unsere Ausbildung hervorragend beendeten.

Je mehr wir über die Macht des Geldes wussten, desto mehr entfernten wir uns von unseren Lehrern und Mitschülern.

Mein hoch gebildeter Vater setzte mich nie wegen der Noten unter Druck. Ich fragte mich oft warum. Aber wir begannen, über Geld zu diskutieren. Als ich nun 16 war, hatte ich auf diesem Gebiet wahrscheinlich ein weit besseres Fundament als meine Eltern. Ich konnte Buchführung und hörte Finanzbuchhaltern, Firmenanwälten, Bankberatern, Immobilienmaklern, Kapitalanlegern und so weiter zu. Mein Vater redete mit Lehrern.

Eines Tages erklärte mir mein Vater, warum unser Haus seine größte Investition sei. Als ich ihm zeigte, warum ich ein Haus für keine gute Investition hielt, kam es zu einer ziemlich unangenehmen Auseinandersetzung.

Das folgende Diagramm zeigt den Wahrnehmungsunterschied zwischen meinem reichen und meinem armen Vater, wenn es um ihre Häuser ging. Der eine Vater dachte, dass sein Haus ein Vermögenswert, der andere, dass es eine Verbindlichkeit sei.

Mein reicher Vater

Aktiva	***Passiva***
	Haus

Mein armer Vater

Aktiva	***Passiva***
Haus	

Ich erinnere mich, dass ich folgendes Diagramm für meinen Vater zeichnete und ihm die Richtung des Kapitalflusses erklärte. Ich wies auch auf die erdrückenden Kosten hin, die mit dem Besitz des Hauses verbunden waren. Ein größeres Haus bedeutet höhere Kosten, sodass der Kapitalfluss ständig durch die Kostenspalte hinausging.

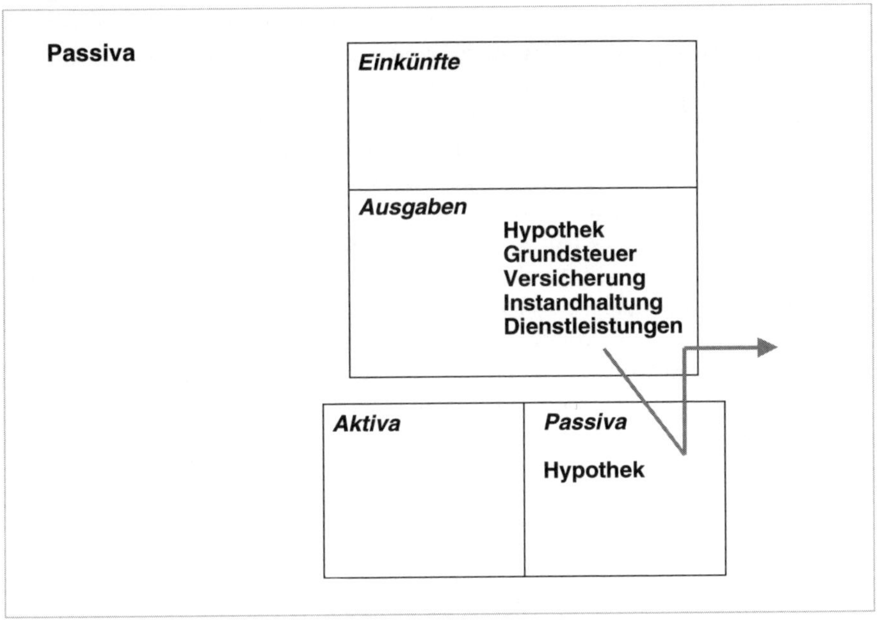

Auch heute rege ich mich noch auf, weil ein Haus keinen Vermögenswert darstellt. Und ich weiß, dass es für viele Leute sowohl ihr größter Traum als auch ihre größte Investition ist. Und sein eigenes Haus zu besitzen ist besser als nichts. Ich biete einfach einen alternativen Weg an, dieses populäre Dogma zu betrachten. Meine Frau und ich würden gerne ein größeres und auffälligeres Haus haben, um all die Nachbarn zu beeindrucken. Aber wir wissen, dass es kein Vermögenswert ist – es ist eine Verbindlichkeit, da es Geld aus unserer Tasche zieht.

Ich erwarte eigentlich nicht, dass alle den folgenden Argumenten vorbehaltlos zustimmen, weil ein hübsches Haus eine emotionale Sache ist. Und wenn es um Geld geht, neigen starke Emotionen dazu, die finanzielle Intelligenz zu beeinflussen. Ich weiß aus eigener Erfahrung, dass Geld dazu führt, jede Entscheidung emotional zu treffen.

1. Im Zusammenhang mit Häusern gilt meiner Erfahrung nach: Die meisten Menschen arbeiten ihr ganzes Leben lang, um ein Haus abzuzahlen, das sie nie wirklich besitzen. Viele kaufen sogar nach ein paar Jahren größere Häuser, wobei sie jedesmal einen neuen Kredit mit 30-jähriger Laufzeit aufnehmen.
2. Auch wenn es Steuernachlässe und Baukostenzuschüsse gibt: Alle anderen Kosten müssen mit dem Geld, das nach allen Abzügen übrigbleibt, bezahlt werden. Auch wenn die Hypothek getilgt ist, die laufenden Kosten für das Haus bleiben und müssen bezahlt werden.
3. Häuser erfahren nicht immer eine Wertsteigerung. Freunde von mir hatten eine Million Dollar für ein Haus bezahlt, das Jahre später nur für 700.000 Dollar verkauft werden konnte.
4. Die größten Verluste überhaupt sind die aus verpassten Gelegenheiten. Wenn ihr ganzes Geld in ihrem Haus steckt, können Sie gezwungen sein, mehr zu arbeiten, weil ihr Geld immer aus der Kostenspalte verpufft, anstatt sich in der Aktivaspalte zu sammeln. Das ist das klassische Muster des Kapitalflusses bei den Mittelschichtlern. Wenn ein junges Paar von früh auf mehr Geld auf die Aktivaseite brächte, wären ihre späteren Jahre leichter, besonders wenn sie ihren Kindern eine teure Ausbildung sichern wollen. Ihre Vermögenswerte wären deutlich gewachsen und könnten dann zur Verfügung stehen, um die Kosten zu decken. Viel zu oft ist ein Haus dann der Anlass, für die wachsenden Kosten einen immens hohen Kredit aufzunehmen.

Insgesamt führt die Entscheidung, in ein viel zu teueres Haus statt in die frühzeitige Anlage eines Wertpapierportefeuilles zu investieren, zu folgenden drei massiven Einschränkungen:

1. Verlust der Zeit, in der andere Vermögenswerte hätten wachsen können.
2. Verlust zusätzlichen Kapitals, das anstatt der direkt mit dem Haus verbundenen hohen Unterhaltskosten hätte investiert werden können.
3. Verlust an finanzieller Bildung. Viele sehen ihr Haus, ihre Ersparnisse und ihren Pensionsplan als einzige Posten ihrer Aktivaspalte. Weil sie kein Geld zum Anlegen haben, investieren sie einfach nicht. Das kostet sie Investitionserfahrung. Die meisten werden nie das, was Investorenkreise einen „gescheiten Kapitalanleger“ nennen. Und die besten Investitionen werden üblicherweise zunächst den „gescheiten Kapitalanlegern“ verkauft, die danach umherlaufen und sie Leuten verkaufen, die auf Sicherheit spielen.

Der Finanzstatus meines gebildeten Vaters demonstriert am besten das Leben einer Person im Laufrad. Seine Kosten scheinen immer Schritt mit seinem Einkommen zu halten und erlauben ihm nie, in Vermögenswerte anzulegen. Als Ergebnis sind seine Verbindlichkeiten, wie Hypothek und Kreditkartenschulden, höher als seine Vermögenswerte. Das folgende Bild demonstriert mehr, als tausend Worte sagen können:

Andererseits spiegelt der Finanzstatus meines reichen Vaters das Ergebnis eines Lebens wider, das auf das Investieren und die Minimalisierung von Verbindlichkeiten ausgerichtet war.

Dies zeigt, warum die Reichen reicher werden. Die Aktivaspalte bringt mehr als genug Einkünfte hervor, um die Kosten zu decken, wobei der Saldo wieder in der Aktivaspalte angelegt wird. Diese wächst immer weiter, und deshalb wachsen damit die von ihr erzielten Einkünfte.

Das Ergebnis ist: Die Reichen werden reicher!

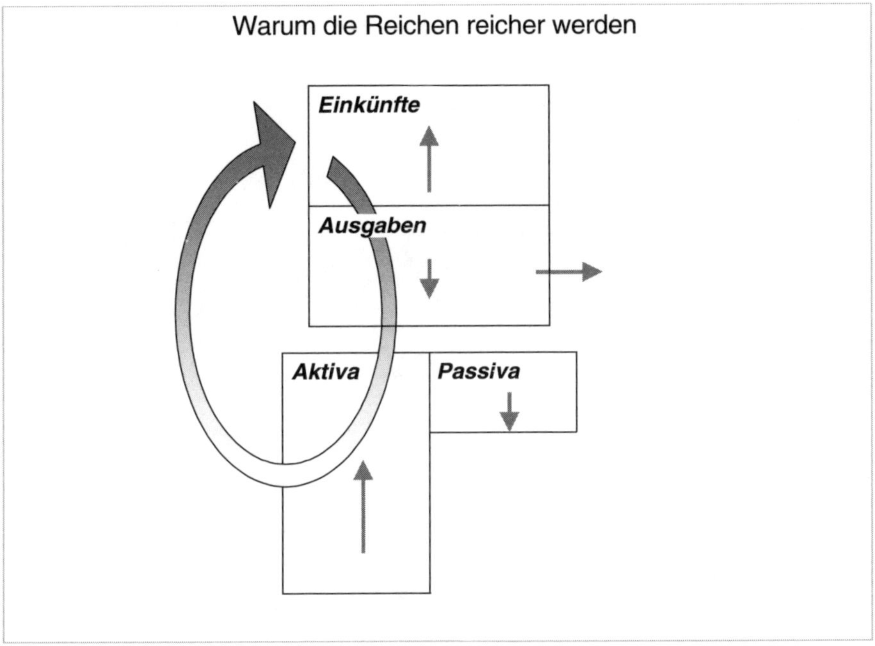

Die Mittelschichtler befinden sich in einem ständigen Zustand finanzieller Schwierigkeiten. Ihre primären Einkünfte beruhen auf Lohn oder Gehalt, und wenn dieses wächst, steigen auch die Steuern. Im gleichen Ausmaß wie das Einkommen steigen im Allgemeinen auch die Ausgaben, daher der Ausdruck „Laufrad“. Das Haus wird als primärer Vermögenswert betrachtet, statt in Vermögenswerte zu investieren, die Einkünfte bringen.

Warum sich die Mittelschicht in finanziellen Schwierigkeiten befindet

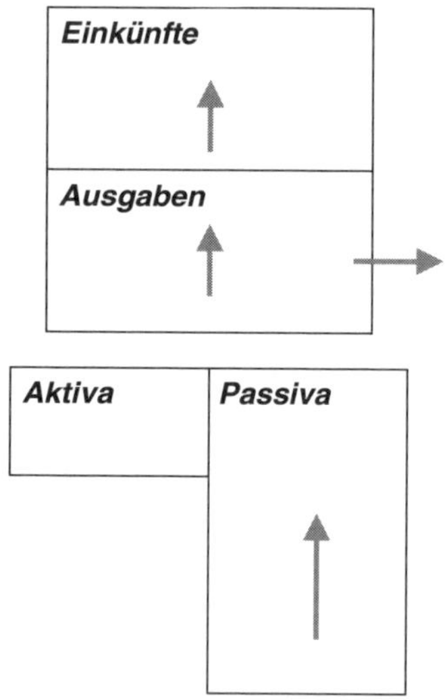

Dieses Handlungsmuster ist das Fundament der heutigen schuldengeplagten Gesellschaft: das Haus wird als Investition betrachtet und eine Gehaltserhöhung wird dahingehend ausgelegt, dass man ein größeres Haus kaufen oder mehr ausgeben kann. Dieser Prozess steigender Ausgaben wirft Familien in immer höhere Schulden und größere finanzielle Unsicherheit, obwohl sie vielleicht in ihrem Beruf vorankommen und regelmäßige Gehaltserhöhungen bekommen. Es ist ein sehr riskantes Leben, verursacht von einer dürftigen finanziellen Ausbildung.

Der massive Verlust von Arbeitsplätzen in den 90er Jahren – die Verkleinerung der Unternehmen – brachte ans Licht, wie wackelig die Mittelschicht in finanzieller Hinsicht ist. Die Sozialversicherung befindet sich offensichtlich in Schwierigkeiten und kann nicht länger als Grundlage der Altersversorgung angesehen werden. Daher ist Panik ausgebrochen. Das Gute daran ist jedoch, dass heute viele Leute diese Probleme erkannt haben und z. B. immer mehr offene Investmentfonds gekauft werden. Dieses wachsende Investieren ist zum großen Teil für den riesigen Andrang verantwortlich, der sich auf dem Aktienmarkt beobachten lässt.

Heute werden immer mehr offene Investmentfonds geschaffen, um der Nachfrage der Mittelschicht nachzukommen. Sie sind populär, weil sie Sicherheit bedeuten. Der Durchschnittskäufer ist zu sehr damit beschäftigt zu arbeiten, um die Steuern und Hypotheken zu zahlen, für das Studium der Kinder zu sparen und Kreditkartenschulden abzuzahlen. Es fehlt die Zeit, zu lernen, wie man investiert, so dass man sich auf die Expertise des Managers eines offenen Investmentfonds verlässt. Und weil der offene Investmentfond viele Investitionstypen einschließt, entsteht der Eindruck, dass das Geld sicher angelegt, weil „breit gestreut" ist.

Diese Gruppe gebildeter Mittelschichtler befürwortet das Dogma der „breiten Streuung", das von den Brokern der offenen Investmentfonds und den Finanzplanern in Umlauf gesetzt wurde: auf Sicherheit spielen, Risiko vermeiden.

Die eigentliche Tragödie ist der Mangel an frühzeitiger finanzieller Ausbildung. Sie führt zu dem Risiko, dem sich die durchschnittlichen Mittelschichtler ausgesetzt sehen. Sie müssen auf Sicherheit spielen, weil ihre finanziellen Ausgangspositionen bestenfalls schwach sind. Ihre Bilanzen sind nicht ausgeglichen. Sie sind mit Verbindlichkeiten belastet, mit nicht wirklichen, d. h. Einkünfte erzielenden Vermögenswerten. Typischerweise ist ihre einzige Einkommensquelle ihre Gehaltsüberweisung. Ihr Lebensunterhalt ist völlig abhängig von ihrem Arbeitgeber.

Wenn sich also ein wirkliches „Geschäft ihres Lebens" ergibt, können diese Leute die Gelegenheit nicht ergreifen. Sie müssen auf Nummer Sicher gehen, einfach weil sie so viel arbeiten, weil sie dem Höchststeuersatz unterliegen und weil sie mit Schulden belastet sind.

Wie ich zu Beginn dieses Abschnitts sagte, ist die wichtigste Regel, den Unterschied zwischen Vermögenswerten und Verbindlichkeiten zu kennen. Sobald Sie dies verstanden haben, werden Sie ihre Bemühungen darauf konzentrieren, nur Einkünfte erzielende Vermögenswerte zu kaufen. Das ist der beste Weg, mit dem Reichwerden zu beginnen. Bleiben Sie dabei, und ihre Aktivaspalte wird wachsen. Konzentrieren Sie sich darauf, Passiva und Ausgaben niedrig zu halten. Das macht mehr Geld verfügbar, um es auf die Aktivaseite zu bringen. Bald werden die Vermögenswerte so hoch sein, dass Sie es sich leisten können, nach mehr spekulativen Investitionen Ausschau zu halten, nach Investitionen, die unglaubliche Profite bringen, Investitionen, die aus 5.000 Dollar bald eine Million oder mehr machen, Investitionen, die die Mittelschicht als „zu riskant" ansieht. Dabei ist das durchaus nicht riskant. Es ist der Mangel an einfacher finanzieller Ausbildung und Intelligenz, der den Einzelfall als „zu riskant" erscheinen lässt.

Wenn Sie das tun, was die Massen machen, bekommen Sie folgendes Bild:

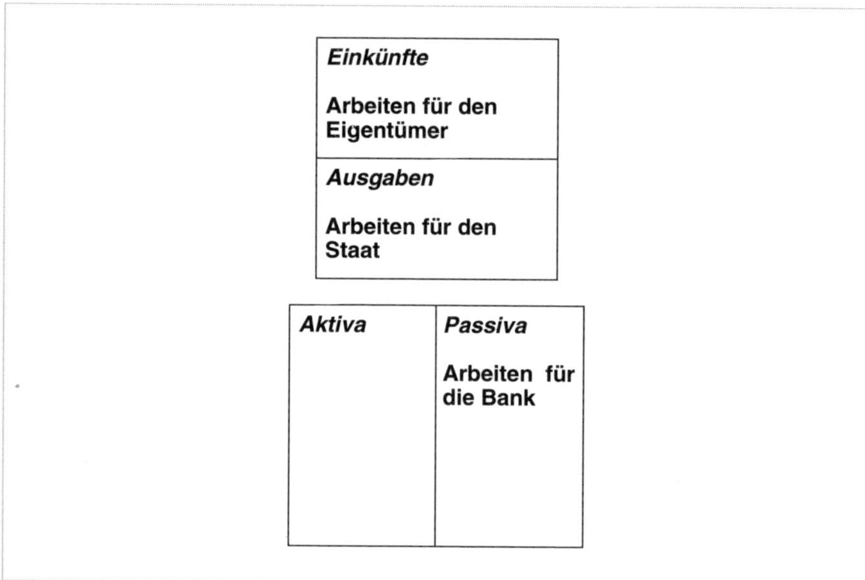

Als Arbeitnehmer und zugleich Hausbesitzer sehen ihre Arbeitsanstrengungen im Allgemeinen folgendermaßen aus:

1. Sie arbeiten für jemand anderen. Die meisten Leute, die für eine Gehaltsüberweisung arbeiten, machen den Eigentümer oder den Aktienbesitzer reicher. Ihre Bemühungen und ihr Erfolg helfen dem Eigentümer, zu mehr Erfolg und zu sorgenfreiem Ruhestand zu kommen.
2. Sie arbeiten für den Staat. Der Staat nimmt seinen Anteil von ihrem Gehalt, noch bevor Sie es sehen. Wenn man mehr arbeitet, erhöhen sich einfach die Steuern, die vom Staat erhoben werden – die meisten Leute arbeiten von Januar bis Mai nur für den Staat.
3. Sie arbeiten für die Bank. Nach den Steuern sind ihre nächstgrößeren Ausgaben normalerweise ihre Hypothek und ihre Kreditkartenschuld.

Das Problem mit dem „einfach mehr arbeiten" ist, dass jede dieser drei Ebenen einen größerer Anteil ihrer intensiveren Bemühungen beansprucht. Sie sollten jedoch lernen, wie Sie und ihre Familie von ihren größeren Anstrengungen direkt profitieren können. Die meisten Leute müssen ihre Arbeitsstelle behalten, da sie auf ihr Gehalt angewiesen sind, um Vermögenswerte zu erwerben.

Wenn Sie sich entschieden haben, sich auf ihre eigenen Angelegenheiten zu konzentrieren – wie setzen Sie sich ihre Ziele? Wenn ihre Vermögenswerte wachsen, wie bemessen Sie die Größe ihres Erfolgs? Wann erkennt man, dass man reich ist, dass man Reichtum hat?

So, wie ich meine eigene Definition für Vermögenswerte und Verbindlichkeiten habe, habe ich auch meine eigene Definition für Reichtum. Eigentlich habe ich sie von einem Mann namens Buckminster Fuller übernommen. Manche nennen ihn einen Quacksalber und andere ein lebendes Genie. Vor Jahren versetzte er alle Architekten in Aufregung, weil er 1961 ein Patent für eine so genannte geodäsischen Kuppel beantragte. In seiner Antragstellung schrieb Fuller auch etwas über Reichtum. Zunächst war es etwas verwirrend, aber wenn man eine Weile gelesen hatte, fing es an, Sinn zu machen: Reichtum ist die Fähigkeit einer Person, so und so viele Tage zu überleben – oder wenn ich heute aufhöre zu arbeiten, wie lange könnte ich überleben?

Anders als Eigenkapital – der Unterschied zwischen ihren Vermögenswerten und Verbindlichkeiten, der oft mit dem kostspieligen Gerümpel einer Person und ihrer Ansichten über den Wert der Dinge angefüllt ist – bietet diese Definition die Möglichkeit, einen wirklich akkuraten Maßstab zu entwickeln. Damit kann ich abmessen und somit wirklich wissen, wo ich mich im Hinblick auf mein Ziel der finanziellen Unabhängigkeit befinde.

Unter Eigenkapital versteht man ja oft auch diese nicht Geld produzierenden Werte – wie das Zeug, das Sie gekauft haben und das jetzt in ihrer Garage liegt –, Vermögen hingegen bedeutet, wie viel zusätzliches Geld ihr Geld bringt und definiert somit ihre finanzielle Überlebenschance. Vermögen ist das Maß des Kapitalflusses aus der Aktivaspalte, verglichen mit der Kostenspalte.

Dazu ein Beispiel: Angenommen, ich habe einen Kapitalfluss aus meiner Aktivaspalte von 1.000 Dollar monatlich. Und ich habe monatlich Ausgaben von 2.000 Dollar. Wie hoch ist mein Reichtum?

Kehren wir zur Definition von Buckminster Fuller zurück: Wenn wir seine Definition verwenden, wie viele Tage kann ich überleben? Gehen wir von einem Monat mit 30 Tagen aus. Bei dieser Definition habe ich genug Kapitalfluss für einen halben Monat.

Wenn ich einen monatlichen Kapitalfluss von 2.000 Dollar aus meiner Aktivaspalte erreicht habe, bin ich wohlhabend, aber noch nicht reich. Jetzt habe ich jeden Monat so viele Einkünfte aus meinen Aktiva erzielt wie meine monatlichen Kosten betragen. Wenn ich meine Kosten erhöhen will, muss ich zunächst meinen Kapitalfluss aus den Aktiva erhöhen, um dieses Wohlstandsniveau beizubehalten. Beachten Sie, dass ich an diesem Punkt nicht mehr von meinem Gehalt abhängig bin. Ich habe mich erfolgreich darauf konzentriert, eine Aktivaspalte aufzubauen, die mich finanziell unabhängig gemacht hat. Wenn ich meine Arbeitsstelle heute kündige, wäre ich in der Lage, meine monatlichen Kosten mit dem Kapitalfluss aus meinen Aktiva zu decken.

Mein nächstes Ziel wäre, den Überfluss aus meinen Aktiva in die Aktivaspalte zu reinvestieren. Je mehr Geld in meine Aktivaspalte gelangt, desto mehr wächst sie. Je mehr meine Aktiva wachsen, desto mehr schwillt mein Kapitalfluss an. Und solange ich meine Kosten niedriger halte als den Kapitalfluss aus diesen Aktiva, werde ich reicher, und zwar mit mehr und mehr Einkünften aus anderen Quellen als durch meine physische Arbeit.

Da dieser Reinvestitionsprozess weitergeht, bin ich auf dem richtigen Weg, reich zu werden. Die eigentliche Definition des Reichtums beruht auf der Einschätzung des Betrachters. Man kann nie zu reich sein.

Erinnern Sie sich an diesen einfachen Umstand:

Die Reichen kaufen Vermögenswerte.
Die Armen haben nur Kosten.
Die Mittelschichtler kaufen Verbindlichkeiten in der Überzeugung, dass es sich um Vermögenswerte handelt.

Und wie fange ich jetzt an, mich um meine eigenen Geschäfte zu kümmern? Was ist die Antwort? Hören Sie dem Gründer von McDonalds zu.

Kapitel vier

Lektion drei: Kümmern Sie sich um ihre eigenen Geschäfte

Ray Kroc, der Gründer von McDonalds, wurde 1974 gebeten, vor der MBA-Klasse an der Universität von Texas in Austin zu sprechen. Keith Cunningham, ein guter Freund von mir, war Student in dieser Klasse. Nach einem überzeugenden und anregenden Gespräch wurde der Kurs beendet und die Studenten fragten Ray, ob er mit ihnen auf ein Bier in ihre Stammkneipe kommen würde. Ray akzeptierte dankend.

„In welcher Branche bin ich tätig?", fragte Ray, nachdem alle in der Gruppe ihr Bier hatten.

„Alle lachten", sagte Keith. „Die meisten MBA-Studenten dachten, dass Ray nur scherzte."

Keiner antwortete, sodass Ray seine Frage wiederholte: „In welcher Branche glaubt ihr, dass ich tätig bin?"

Die Studenten lachten wieder und schließlich schrie eine mutige Stimme: „Ray, wer auf dieser Welt weiß nicht, dass Sie in der Hamburgerbranche sind?"

Ray kicherte: „Ich dachte mir, dass ihr das sagen werdet." Er machte eine Pause und meinte dann überraschend: „Meine Damen und Herren, ich bin nicht in der Hamburgerbranche. Meine Branche sind Immobilien."

Keith erzählte, dass sich Ray eine Menge Zeit nahm, um seinen Standpunkt zu erläutern. Ray wusste, dass nach dem Geschäftsplan das oberste Ziel war, Hamburger-Franchises zu verkaufen, aber er verlor die Lage jedes Franchise-Restaurants nicht aus den Augen. Er wusste, dass das Gebäude und seine Lage der wichtigste Faktor im Erfolg jedes Franchise-Restaurants war. Grundsätzlich zahlte der Franchisenehmer auch für das Grundstück, auf dem das Restaurant stand, an Ray Krocs Organisation.

McDonalds ist heute der weltweit größte Immobilieneinzeleigentümer, der sogar mehr besitzt als die katholische Kirche. Dazu gehören z. B. einige der wertvollsten Kreuzungen und Straßenecken in Amerika wie auch in anderen Teilen der Welt.

Keith sagte, dass es eine der wichtigsten Lektionen in seinem Leben war. Heute besitzt Keith Autowaschstraßen, aber sein Geschäft sind die Grundstücke, auf denen sich diese Autowaschstraßen befinden.

Das vorige Kapitel endete mit Diagrammen, die zeigten, dass die meisten Menschen für jeden anderen außer für sich selbst arbeiten. Sie arbeiten zunächst für die Firmeneigentümer, dann – über die Steuern – für den Staat und schließlich für die Bank, die ihre Hypothek besitzt.

Als ich ein Junge war, hatten wir keinen McDonalds in der Nähe. Mein reicher Vater war also dafür zuständig, Mike und mir dieselbe Lektion beizubringen, über die Ray Kroc an der Universität von Texas redete. Es ist das Geheimnis Nr. 3 der Reichen: „Kümmere dich um deine Geschäfte." Finanzielle Schwierigkeiten sind oft das direkte Ergebnis der Tatsache, dass die meisten Menschen ihr ganzes Leben lang für jemand anderen arbeiten. Viele werden am Ende ihres Arbeitslebens nichts haben.

Und noch einmal ist ein Bild mehr als tausend Worte wert. Nachstehend ein Diagramm der Gewinn- und Verlustrechnung sowie der Bilanz, das sehr gut Ray Krocs Rat beschreibt:

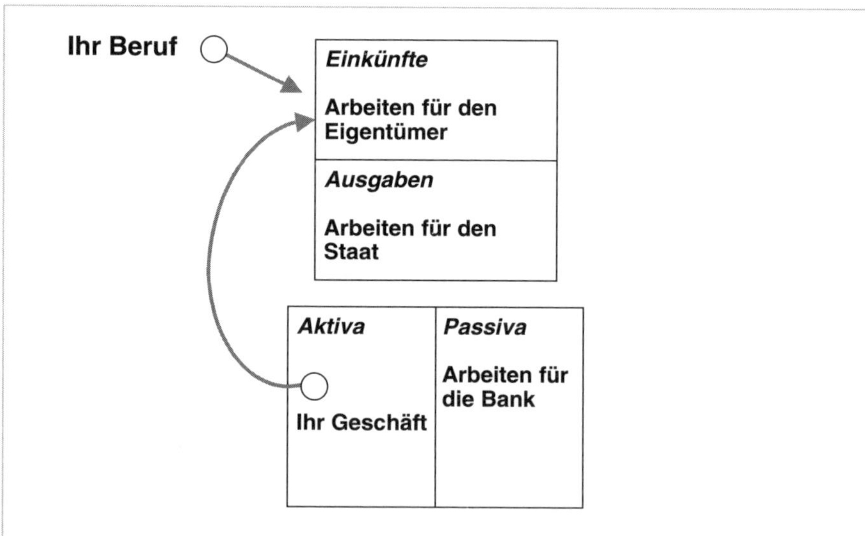

Unser gegenwärtiges Bildungssystem ist darauf konzentriert, dass die heutige Jugend durch das Lernen fachlicher Fähigkeiten gute Arbeitsstellen bekommt. Diese beruflichen Fähigkeiten erlauben ihnen, Arbeitskräfte zu werden und für Geld zu arbeiten. Ihr Leben wird sich um dieses Gehalt drehen, oder, wie in den Grafiken dargestellt, um ihre Spalte der Einkünfte.

Es gibt einen großen Unterschied zwischen ihrem Beruf und ihrem Geschäft. Oft frage ich: „Was ist ihr Geschäft?" Und bekomme zur Antwort: „Oh, ich bin Banker." Dann frage ich, ob derjenige eine Bank besitzt. Und normalerweise höre ich: „Nein, ich arbeite in einer."

In diesem Fall haben Sie ihren Beruf mit ihrem Geschäft verwechselt. Ihr Beruf kann Banker sein, aber Sie brauchen noch ihr eigenes Geschäft. Ray Kroc wusste über den Unterschied zwischen seinem Beruf und seinem Geschäft Bescheid. Sein Beruf war immer derselbe. Er war Verkäufer. Manchmal verkaufte er Mixer für Milchshakes, bald darauf verkaufte er Hamburger-Franchises. Aber währenddessen bestand sein Geschäftsbereich im Akkumulieren von Einkünfte erzielenden Immobilien.

Ein Problem mit der Ausbildung ist, dass man das wird, was man lernt oder studiert. Wenn Sie – sagen wir mal – kochen lernen, werden Sie Chefkoch. Wenn Sie Jura studieren, werden Sie Anwalt, und ein Studium der Kraftfahrzeugmechanik macht aus Ihnen einen Mechaniker. Der Fehler dabei ist, dass zu viele Leute vergessen, sich um ihre eigenen Geschäfte zu kümmern. Sie verbringen ihr ganzes Leben damit, sich um die Geschäfte eines anderen zu kümmern und diese Person reich zu machen.

Um finanziell gesichert zu sein, muss man sich selbst um seine eigenen Geschäfte kümmern. Das heißt für Sie: Sie haben sich um die Spalte ihrer Vermögenswerte zu kümmern, und zwar in Bezug auf ihre Spalte der Einkünfte. Wie bereits erwähnt, lautet die Regel Nr. 1, den Unterschied zwischen einem Vermögenswert und einer Verbindlichkeit zu kennen und folgerichtig Vermögenswerte zu kaufen. Die Reichen konzentrieren sich auf ihre Aktivaspalte, während sich alle anderen auf ihre Spalte der Einkünfte konzentrieren.

Darum hören wir so oft: „Ich brauche eine Gehaltserhöhung", „Wenn man mich nur befördern würde", „Ich gehe zu Weiterbildungskursen, um eine bessere Arbeitsstelle zu bekommen", „Ich werde Überstunden machen", „Vielleicht bekomme ich eine Nebenbeschäftigung", „Ich kündige in zwei Wochen. Ich habe eine besser bezahlte Stelle gefunden" …

In manchen Kreisen sind das vernünftige Ideen. Und doch kümmert man sich nach Ray Kroc damit noch immer nicht um seine eigenen Geschäfte. Diese Ideen konzentrieren sich alle auf die Spalte der Einkünfte und verhelfen nur dann zu mehr finanzieller Sicherheit, wenn das zusätzliche Geld zum Erwerb Einkünfte erzielender Vermögenswerte verwendet wird.

Warum ist die Mehrheit der Armen und der Mittelschichtler finanziell konservativ („Ich kann mir keine Risiken leisten")? Der Hauptgrund ist, dass sie über keine finanziellen Grundlagen verfügen. Sie müssen sich an ihre Arbeitsstellen klammern und sie müssen auf Sicherheit spielen.

Als der Personalabbau gängige Praxis wurde, fanden viele heraus, dass ihr größter so genannter Vermögenswert, ihr Haus, sie bei lebendigem Leibe auffraß. Es kostete sie monatlich ein Menge Geld. Ihr Auto, ein anderer „Vermögenswert", fraß sie ebenfalls auf. Die Golfschläger in der Garage, die 1.000 Dollar kosten, waren keine 1.000 Dollar mehr wert. Ohne sicheren Arbeitsplatz hatten sie nichts, worauf sie sich stützen konnten. Was sie für Vermögenswerte hielten, konnte ihnen nicht helfen, in finanziell kritischer Zeit zu überleben.

Ich nehme an, dass die meisten von uns ein Kreditformular bei einer Bank ausgefüllt haben, um ein Haus oder ein Auto zu kaufen. Es ist immer interessant, sich die „Eigenkapital"-Spalte anzuschauen. Und zwar deshalb, weil daraus hervorgeht, wie weit die Freiheiten der Bank- und Buchhaltungspraktiken gehen, wenn die Vermögenswerte einer Person eingeschätzt werden sollen.

Eines Tages sah meine finanzielle Lage nicht gut genug aus, um ein Darlehen zu bekommen. So habe ich meine neuen Golfschläger, meine Kunstsammlung, Bücher, Stereoanlage, Fernsehgerät, Armani-Anzüge, Armbanduhren, Schuhe und andere persönliche Sachen dazugezählt, um die Zahl der Posten in der Aktivaspalte zu erhöhen.

Der Darlehensantrag wurde jedoch abgelehnt, weil ich zu viel in Immobilien investiert hatte. Der Kreditabteilung hat es nicht gefallen, dass ich durch Wohnungen zu so viel Geld gekommen bin. Sie wollten wissen, warum ich keine normale Stelle mit Gehalt hatte. Sie haben keine Fragen wegen der Armani-Anzüge, der Golfschläger oder der Kunstsammlung gestellt. Das Leben ist manchmal hart, wenn man dem „Standard"-Profil nicht entspricht. Ich zucke jedesmal zusammen, wenn mir jemand sagt, dass sein Vermögen eine Million Dollar oder etwas ähnliches beträgt. Einer der Hauptgründe dafür, dass die Höhe des Eigenkapitals nicht genau geschätzt wird, ist einfach: Ab dem Augenblick, in dem man anfängt, Vermögenswerte zu verkaufen, müssen für jeden Gewinn Steuern gezahlt werden.

So haben sich viele Leute in große finanzielle Schwierigkeiten gebracht, als sie kein Einkommen mehr hatten. Um Bares aufzutreiben, verkaufen sie ihre Vermögenswerte. Zunächst können diese Gegenstände nur für einen Bruchteil des Wertes verkauft werden, mit dem sie in ihrer persönlichen Bilanz eingetragen sind. Und wenn es einen Gewinn aus dem Verkauf der Vermögenswerte gibt, wird er besteuert. Wieder nimmt der Staat seinen Anteil vom Gewinn und vermindert damit den verfügbaren Betrag, der ihnen aus den Schulden helfen sollte. Deshalb sage ich, dass das Eigenkapital oft „weniger wert" ist, als allgemein angenommen wird.

Beginnen Sie, sich um ihre eigenen Geschäfte zu kümmern. Behalten Sie ihre feste Arbeit, aber fangen Sie an, Immobilien zu kaufen – nicht Vermögenswerte oder persönliche Sachen, die keinen wirklichen Wert haben, sobald man sie zu Hause hat. Ein neues Auto verliert fast 25 Prozent des Kaufpreises, wenn man es vom Hof des Händlers herunterfährt. Es ist kein wirklicher Vermögenswert, auch wenn Ihnen ihr Bankberater erlaubt, es als solchen einzutragen. Mein neuer, 400 Dollar teurer Titan-Driver war nur noch 150 Dollar wert, als ich den ersten Abschlag machte.

Als Erwachsener sollten Sie ihre Ausgaben niedrig halten, ihre Verbindlichkeiten mindern und eifrig eine Grundlage solider Vermögenswerte bilden. Bei jungen Leuten, die das Elternhaus noch nicht verlassen haben, ist es wichtig, dass ihnen die Eltern den Unterschied zwischen einem Vermögenswert und einer Verbindlichkeit erklären. Bringen Sie ihre Kinder dazu, dass sie damit anfangen, eine solide Aktivaspalte zu bilden, bevor sie das Haus verlassen, heiraten, ein Haus kaufen, Kinder kriegen und in einer riskanten finanziellen Lage steckenbleiben, sich an eine Arbeitsstelle klammern und alles auf Kredit kaufen. Ich sehe so viele junge Paare, die heiraten und sich selbst durch einen Lebensstil eine Falle stellen, die sie fast für den Rest ihrer Arbeitsjahre nicht mehr aus den Schulden entlässt.

Für die meisten Leute gilt außerdem: Wenn das letzte Kind das Haus verlässt, erkennen die Eltern, dass sie sich nicht angemessen auf die Rente vorbereitet haben, und sie fangen an zu kämpfen, um etwas Geld auf die Seite zu legen. Dann werden ihre eigenen Eltern krank und sie sehen sich mit neuen Verantwortlichkeiten belastet.

Was für Vermögenswerte schlage ich also vor, die Sie und ihre Kinder erwerben sollten? In meiner Welt lassen sich wirkliche Vermögenswerte in mehrere verschiedene Kategorien einordnen:

1. Unternehmen, die meine Anwesenheit nicht brauchen. Ich besitze sie, aber sie werden von anderen Personen geführt oder verwaltet. Wenn ich dort arbeiten muss, ist es kein Unternehmen. Es wird meine Arbeitsstelle;
2. Aktien,
3. Obligationen,
4. Offene Investmentfonds,
5. Einkünfte erzielende Immobilien,
6. Schuldscheine,

7. Tantiemen aus geistigem Eigentum, wie Musik, Schriften, Patenten,
8. und alles andere, was Wert hat, Einkünfte erzielt oder im Wert steigt und einen Markt findet.

Als Junge hat mich mein gebildeter Vater ermuntert, eine sichere Arbeitsstelle zu finden. Mein reicher Vater hat mich dagegen ermuntert, damit anzufangen, Vermögenswerte, die ich mochte, zu erwerben. „Wenn du sie nicht liebst, wirst du dich nicht darum kümmern." Ich sammle Immobilien einfach deshalb, weil ich Gebäude und Land liebe. Ich liebe es, sie zu kaufen. Ich könnte sie den ganzen Tag anschauen. Wenn Probleme auftauchen, sind sie nie so schlimm, dass sich meine Liebe zu Immobilien ändern könnte. Leute, die Immobilien hassen, sollten sie nicht kaufen.

Ich liebe Aktien von kleinen Firmen, besonders solche, mit denen sie starten. Der Grund dafür ist, dass ich ein Unternehmer bin, kein Firmenmensch. In meinen frühen Jahren arbeitete ich in großen Organisationen wie Standard Oil, Kalifornien, dem US-Marinecorps und der Xerox-Corporation. Ich genoss die Zeit bei diesen Organisationen und habe gute Erinnerungen, aber ich weiß im tiefsten Inneren, dass ich kein Firmenmensch bin. Ich mag es, Firmen auf die Beine zu stellen, aber nicht, sie zu führen. So beschränken sich meine Aktienkäufe normalerweise auf die von kleinen Firmen, manchmal gründe ich sogar eine und bringe sie zur Börse.

Vermögen werden in neuen Aktienausgaben gemacht und ich liebe dieses Spiel. Viele Leute haben Angst vor kleinen Firmen und nennen sie riskant, und sie sind es auch. Aber das Risiko bleibt überschaubar, wenn Sie das lieben, in das Sie investieren, es verstehen und das Spiel kennen. Meine Investitionsstrategie bei kleinen Firmen besteht darin, innerhalb eines Jahres die Aktien loszuwerden. Meine Immobilienstrategie andererseits ist es, klein anzufangen und das, was ich habe, für Größeres zu verkaufen, und damit verzögere ich die Zahlung der Gewinnsteuern. Das erbringt enorme Wertsteigerungen. In der Regel behalte ich Immobilien unter sieben Jahren.

Jahrelang, sogar als ich bei der Marine und bei Xerox war, tat ich, was mein reicher Vater mir empfahl. Ich behielt meine tägliche Arbeit und kümmerte mich gleichzeitig um meine eigenen Geschäfte. Ich tat immer wieder etwas für meine Aktivaspalte. Ich handelte mit Immobilien und kleinen Aktien. Mein reicher Vater betonte immer die Wichtigkeit, in Geldangelegenheiten gebildet zu sein. Je besser ich Buchhaltung und das Management des Geldes verstand, desto besser wurde ich im Analysieren von Investitionen und schließlich darin, meine eigene Firma zu gründen und aufzubauen.

Ich würde niemanden ermuntern, eine Firma zu gründen, außer wenn er das wirklich will. Mit dem Wissen, das ich über das Betreiben einer Firma habe, wünsche ich diese Aufgabe niemanden. In Zeiten, in denen die Leute keine Beschäftigung finden können, scheint die Gründung einer Firma eine Lösung ihrer Probleme zu sein. Die Erfahrung spricht jedoch gegen den Erfolg. Neun von zehn Firmen scheitern in den ersten fünf Jahren. Von denjenigen, die das überleben, scheitern schließlich auch neun von zehn. Deshalb empfehle ich es nur dann, wenn Sie wirklich den Wunsch haben, ihre eigene Firma zu besitzen. Andernfalls sollten Sie ihre feste Arbeit beibehalten und sich um ihre eigenen Geschäfte kümmern.

Wenn ich sage „Kümmern Sie sich um ihre eigenen Geschäfte“, meine ich, ihre Aktivaspalte zu bilden und auf einer soliden Grundlage zu halten. Sobald ein Dollar hineingelangt, lassen Sie ihn nicht wieder heraus. Denken Sie so: Wenn ein Dollar in ihre Aktivaspalte gelangt, wird er ihr Arbeitnehmer. Das Beste am Geld ist, dass es täglich 24 Stunden schafft und für Generationen arbeiten kann. Behalten Sie ihre feste Arbeit bei, seien Sie fleißig, aber bleiben Sie dabei, ihre Aktiva zu wachsen zu lassen.

Wenn ihr Kapitalfluss größer wird, können Sie ein paar Luxusartikel kaufen. Ein wichtiger Unterschied besteht jedoch darin, dass die Reichen ihre Luxusartikel erst kaufen, wenn sie wirklich Geld übrig haben, während die Armen und die Mittelschichtler dazu tendieren, zuerst Luxusartikel zu kaufen und dann nichts mehr auf die Aktivaseite bringen können. Die Armen und die Mittelschichtler überstrapazieren ihre Finanzen mit großen Häuser, Diamanten, Pelzen, Juwelen oder Booten, weil sie reich erscheinen wollen. Das sieht dann auch so aus, aber eigentlich geraten sie tiefer und tiefer in die Schuldenspirale. Die seit Generationen Reichen, die langfristig Reichen haben zunächst ihre Aktivaspalte gebildet. Erst wenn daraus Einkünfte erzielt wurden, haben sie ihre Luxusartikel gekauft. Die Armen und die Mittelschichtler kaufen Luxusartikel mit ihrem eigenen Schweiß und Blut und dem Erbe ihrer Kinder.

Echter Luxus ist eine Belohnung für eine Anlage in einen echten Vermögenswert und seine Entwicklung. Als beispielsweise meine Frau und ich Extrageld aus einem Wohnhaus bekommen haben, machte sie sich auf und kaufte sich ihren Mercedes. Es erforderte ihrerseits keine zusätzliche Arbeit oder Risiko, weil das Wohnhaus das Auto gekauft hat. Sie musste dafür jedoch vier Jahre warten, bis das Immobilien-Wertpapierportefeuille wuchs und endlich anfing, genug Extrakapital abzuwerfen, um für das Auto zu zahlen. Aber der Luxusartikel, der Mercedes, war eine echte Belohnung, weil sie gezeigt hatte, dass sie ihre Aktivaspalte zum Wachsen zu bringen wusste. Das Auto bedeutet jetzt viel mehr für sie als ein anderes schönes Auto. Es bedeutet, dass sie ihre finanzielle Intelligenz benutzt hat, um es sich zu leisten.

Die meisten Leute gehen impulsiv hin und kaufen ein neues Auto oder einen anderen Luxusartikel auf Kredit. Vielleicht langweilen sie sich und wollen ein neues Spielzeug. Die Schulden für den Kredit verursachen aber im Laufe der Zeit häufig Ärger gegenüber diesem Luxusartikel, weil sie zu einer immensen finanziellen Belastung werden.

Nachdem Sie sich die Zeit genommen und investiert und ihre eigenen Vermögenswerte aufgebaut haben, sind Sie jetzt für die letzte Berührung mit dem Zauberstab bereit – das ist das größte Geheimnis der Reichen. Das Geheimnis, das den Weg der Reichen von dem der Meute scheidet. Die Belohnung am Ende des Weges dafür, sich gewissenhaft die Zeit genommen und sich um ihre eigenen Geschäfte gekümmert zu haben.

Kapitel fünf

Lektion vier: Die Geschichte der Steuern und die Macht der Unternehmen

Ich erinnere mich, dass man uns in der Schule die Geschichte von Robin Hood und seinen fröhlichen Männern erzählt hat. Mein Lehrer dachte, dass es eine wundervolle Geschichte über einen romantischen Helden sei, so einen Typen wie Kevin Costner, der die Reichen beraubte und den Armen gab. Mein reicher Vater sah Robin Hood nicht als Helden. Er nannte Robin Hood einen Gauner.

Robin Hood mag lange tot sein, aber seine Nachfolger leben weiter. Wie oft noch höre ich die Leute sagen: „Warum zahlen nicht die Reichen dafür?" Oder: „Die Reichen sollten mehr Steuern zahlen und es den Armen geben."

Es ist diese Idee von Robin Hood, von den Reichen zu nehmen, um den Armen zu geben, die zur einzigen Sorge für die Armen und die Mittelschichtler geworden ist. Der Grund, warum die Mittelschichtler so stark besteuert werden, ist genau das Robin-Hood-Ideal. Die nackte Wahrheit ist, dass die Reichen kaum besteuert werden. Es ist die Mittelschicht, besonders die gebildete Mittelschicht mit höherem Einkommen, die für die Armen zahlt.

Um genau zu verstehen, wie das geschieht, müssen wir dies aus historischer Perspektive betrachten. Wir werden uns die Geschichte der Steuern anschauen. Während mein gebildeter Vater ein Experte in der Geschichte der Bildung war, bildete sich mein reicher Vater zu einem Experten in der Geschichte der Steuern aus.

Mein reicher Vater erklärte Mike und mir, dass es ursprünglich in England und Amerika keine Steuern gegeben hat. Gelegentlich wurden befristete Steuern eingetrieben, um für Kriege zu zahlen. Der König oder der Präsident erklärten ihn und forderten jeden auf, beizusteuern. Steuern wurden in Britannien zwischen 1799 und 1816 für den Krieg gegen Napoleon erhoben und in Amerika von 1861 bis 1865 für den Bürgerkrieg. 1874 wurde die Einkommenssteuer in England zu einer ständigen Abgabe für die Bürger. 1913 wurde in den Vereinigten Staaten mit der Verabschiedung der 16. Verfassungsergänzung eine dauerhafte Einkommenssteuer eingeführt.[1]

Einmal waren die Amerikaner gegen Steuern, und zwar gegen die überzogenen Teesteuern, die zur berühmten Tee-Party im Hafen von Boston führten – einem Zwischenfall, der zum Ausbruch des Bürgerkrieges beitrug. Es hat sowohl in England als auch in den Vereinigten Staaten ungefähr 50 Jahre gedauert, um die Idee einer regelmäßigen Einkommenssteuer zu verbreiten.

Diese historischen Daten zeigen einen wichtigen Aspekt nicht: nämlich dass diese Steuern ursprünglich nur von den Reichen eingezogen wurden. Das war es, was uns mein reicher Vater beibringen wollte. Er erklärte, dass die Idee der Steuern populär gemacht und von der Mehrheit akzeptiert wurde, indem man den Armen und den Mittelschichtlern erklärte, dass die Steuern nur eingeführt wurden, um die Reichen zu bestrafen. Darum haben die Massen für das Gesetz gestimmt und es in die Verfassung aufgenommen. Obgleich als Strafe für die Reichen beabsichtigt, endete es so, dass es gerade die Leute bestrafte, die dafür gestimmt hatten: die Armen und die Mittelschichtler.

„Nachdem der Staat einmal Geschmack am Geld bekommen hatte, wuchs sein Appetit", erzählte mein reicher Vater. „Dein Vater und ich vertreten genau entgegengesetzte Positionen. Er ist ein Staatsbürokrat und ich bin ein Kapitalist. Wir werden bezahlt, und unser Erfolg wird anhand gegensätzlicher Verhaltensweisen gemessen. Er wird bezahlt, um Geld auszugeben und Leute einzustellen. Je mehr er ausgibt und je mehr Leute er einstellt, desto größer wird seine Organisation. Beim Staat wird er umso mehr respektiert, je größer seine Organisation ist. Anders innerhalb meiner Organisation: Je weniger Leute ich einstelle und je weniger Geld ich ausgebe, desto mehr werde ich von meinen Kapitalanlegern respektiert. Darum mag ich keine Staatsangestellten. Sie haben andere Ziele als die meisten Geschäftsleute. Wenn der Staat wächst, werden immer mehr Steuerdollars gebraucht, um ihn zu unterhalten."

Mein gebildeter Vater glaubte aufrichtig, dass der Staat den Leuten helfen sollte. Er liebte John F. Kennedy und besonders die Idee der Friedenstruppen. Er liebte diese Idee so sehr, dass beide, er und meine Mutter, für die Friedenstruppen arbeiteten, indem sie Freiwillige für Malaysia, Thailand und die Philippinen

[1] Vgl. hierzulande die Sektsteuer: Eingeführt, um eine vorübergehende staatliche Finanzschwäche aufzufangen, hat sie sich schön brav gehalten und zur Alkoholsteuer weiterentwickelt – welcher Staat verzichtet schon gerne auf solche Einnahmen? – Haben Sie im Übrigen schon mal gehört, dass eine neue Regierung eine missliebige, von den Vorgängern eingeführte Steuer wieder komplett abgeschafft hätte?

ausbildeten. Er bemühte sich immer um zusätzliche Subventionen und Budgeterhöhungen, damit er sowohl an seiner Arbeitsstelle in der Bildungsabteilung als auch bei den Friedenstruppen mehr Leute einstellen konnte. Das war seine Arbeit.

Seit der Zeit, als ich etwa zehn Jahre alt war, hörte ich von meinem reichen Vater, dass die Staatsdiener eine Bande fauler Diebe seien, und von meinem armen Vater, dass die Reichen gierige Gauner seien, die mehr Steuern zahlen sollten. Beide Seiten hatten triftige Argumente. Es war schwierig, für einen den größten Kapitalisten in der Stadt zu arbeiten und zu einem Vater heimzukommen, der eine führende Position beim Staat hatte. Es war nicht leicht, zu wissen, wem man glauben sollte.

Dennoch tritt beim Studium der Geschichte der Steuern eine interessante Perspektive zutage. Wie gesagt war die Verabschiedung der Steuern nur möglich, weil die Massen an die Wirtschaftstheorie von Robin Hood glaubten, wonach man von den Reichen nehmen und es allen anderen geben sollte. Das Problem war, dass der Appetit des Staates auf Geld so groß war, dass die Steuern bald von den Mittelschichtlern erhoben werden mussten und dann immer weiter nach unten „tröpfelten".

Die Reichen andererseits sahen ihre Chancen. Sie wussten über das Wesen von Unternehmen Bescheid, und das seit Jahrhunderten, sodass sie nicht nach denselben Regeln zu spielen brauchten. Reiche gründeten z. B. schon im Zeitalter der Segelschiffe Hanse-Unternehmen als Mittel, ihr Risiko bezüglich ihrer Vermögenswerte bei jeder Seefahrt zu begrenzen. Sie legten ihr Geld zur Finanzierung der Seefahrt in einem Unternehmen an. Dieses stellte dann eine Mannschaft ein, um in die Neue Welt zu segeln und nach Schätzen zu suchen. Wenn das Schiff unterging, waren Mannschaft und Fracht zwar verloren, aber der Verlust der Reichen war nur auf das Geld begrenzt, das sie in diese eine Fahrt investiert hatten. Das folgende Diagramm zeigt, wie die Unternehmensstruktur außerhalb ihrer persönlichen Gewinn- und Verlustrechnung und ihrer Bilanz aussieht.

Es ist die Kenntnis von der Macht der Rechtsform der Unternehmen, die den Reichen einen großen Vorteil gegenüber den Armen und den Mittelschichtlern gibt. Dadurch, dass ich zwei Väter, einen Sozialisten und einen Kapitalisten, als Lehrer hatte, begann ich schnell zu erkennen, dass die Philosophie des Kapitalisten für mich mehr finanziellen Sinn machte. Es schien mir, dass sich die Sozialisten auf Grund ihres Mangels an finanzieller Bildung schließlich selbst bestraften. Egal mit welchen Sprüchen die „Nimm von den Reichen"-Meute kam, die Reichen fanden immer einen Weg, sie auszubooten. So kam es schließlich dazu, dass die Steuern von der Mittelschicht erhoben wurden. Die Reichen tricksten die Intellektuellen aus, nur weil sie die Macht des Geldes verstanden, ein Gebiet, das in den Schulen nicht unterrichtet wird.

Wie haben die Reichen die Armen überlistet? Als die „Nimm von den Reichen"-Steuer verabschiedet wurde, begann das Geld in das Staatssäckel zu fließen. Anfangs waren die Leute glücklich. Das Geld wurde an die Staatsdiener und die Reichen verteilt. Es ging an die Staatsdiener in Gestalt von Arbeitsstellen und Renten sowie an die Reichen durch ihre Fabriken, die Staatsaufträge bekamen. Der Staat wurde zu einer großen Geldzentrale, aber das Problem war das finanzielle Management dieses Geldes. Es gibt eigentlich hier keinen Rückfluss. Mit anderen Worten: Die staatliche Politik bestand für einen Staatsbürokraten darin, einen Geldüberschuss zu vermeiden. Wenn man seine zugewiesenen Mittel nicht ausgeben konnte, riskierte man den Verlust dieses Geldes im neuen Budget. Dann gilt man nicht als effizient. Geschäftsleute andererseits werden belohnt, wenn sie einen Geldüberschuss haben und werden dann für ihre Effizienz anerkannt.

Als sich dieser Kreislauf wachsender Staatsausgaben fortsetzte, nahm die Nachfrage nach Geld zu und die Idee der Besteuerung der Reichen wurde jetzt angepasst, um auch niedrigere Einkommensklassen einzuschließen, bis hinunter gerade zu den Leuten, den Armen und den Mittelschichtlern, die dafür gestimmt hatten.

Echte Kapitalisten nutzten einfach ihre finanziellen Kenntnisse, um einen Ausweg zu finden. Sie kehrten zurück zum Schutz durch ein Unternehmen. Ein solches schützt die Reichen. Aber viele Leute, die kein Unternehmen gegründet haben, wissen nicht, dass dies kein richtiges „Ding" ist. Ein Unternehmen ist eine viruelle Sache – lediglich ein Aktenordner mit einigen gesetzlichen Dokumenten darin, der im Büro irgendeines Anwalts steht und in einer staatlichen Agentur registriert ist. Es ist kein großes Gebäude mit dem Namen des Unternehmens darauf. Es ist keine Fabrik oder Gruppe von Menschen. Ein Unternehmen ist nur ein gesetzliches Dokument, das einen juristischen Körper ohne Seele schafft. Das Vermögen der Reichen war raffiniert geschützt. Wieder einmal wurde die Verwendung der Unternehmen populär, weil die Steuerbelastung eines Unternehmens niedriger waren und sind als die individuellen Steuersätze. Zusätzlich können viele Kosten des Unternehmens steuermindernd wirken.

Dieser Krieg zwischen den Besitzenden und Nichtbesitzenden dauert seit Hunderten von Jahren und wird immer weiter gehen. Es ist die Schlacht der „Nimm von den Reichen"-Meute gegen die Reichen. Sie wird überall und jederzeit geführt, wenn Gesetze gemacht werden. Das Problem ist nun: Die Leute, die verlieren, sind die Nicht-Informierten, die sich jeden Tag aufmachen, fleißig in die Arbeit gehen und Steuern zahlen. Wenn sie nur die Art verstehen würden, wie die Reichen das Spiel spielen, könnten sie es auch spielen. Dann wären sie auf dem Weg zu ihrer eigenen finanziellen Unabhängigkeit. Deshalb zucke ich jedesmal zusammen, wenn ich Eltern höre, die ihren Kindern raten, in die Schule zu gehen, um einen festen, sicheren Arbeitsplatz zu finden. Ein Arbeitnehmer mit einem festen, sicheren Arbeitsplatz, ohne finanzielles Talent, fällt über kurz oder lang in das Laufrad und findet keinen Ausweg mehr.

Fast weltweit arbeiten die meisten heute fünf bis sechs Monate für den Staat, bis sie genug verdient haben, um ihre Steuern zu zahlen. Meiner Meinung nach ist das eine lange Zeit. Je mehr Sie verdienen, desto mehr zahlen Sie dem Staat.

Darum glaube ich, dass die Idee „Nimm von den Reichen“ gerade für die Leute, die dafür gestimmt haben, ein Eigentor war.

Jedesmal, wenn versucht wird, die Reichen zu bestrafen, beklagen sich diese nicht einfach, sondern sie reagieren. Sie haben das Geld, die Macht und den Willen, die Dinge zu ändern. Sie sitzen nicht bloß da und zahlen freiwillig mehr Steuern. Sie suchen nach Wegen, ihre Steuerbelastung so niedrig wie möglich zu halten. Sie stellen gescheite Anwälte und Buchhaltungsfachleute ein und überreden Politiker, Gesetze zu ändern oder legale Hintertürchen zu schaffen. Sie haben die Ressourcen, um Änderungen zu bewirken.

Die Finanzgesetzgebung der Vereinigten Staaten sowie auch der meisten anderen Staaten erlaubt jedoch auch Wege, um Steuern zu sparen. Viele dieser Mittel stehen jedem offen, aber es sind die Reichen, die normalerweise danach suchen, weil sie sich um ihre eigenen Geschäfte kümmern.

Eine Immobilie z. B. ist ein Investitionsmittel, das einen großen Steuervorteil erlaubt. Die Schaffung von Wohneigentum wird durch Steuervorteile und diverse Zuschüsse gefördert, und die laufenden Kosten z. B. einer Mietwohnung (einschließlich Zins und Tilgung des Kredits!) lassen sich mit den Mieteinnahmen gegenrechnen, sodass der Mieter die Wohnung für den, der das notwendige Eigenkapital besitzt, praktisch alleine abbezahlt, der Eigentümer auch noch Steuervorteile hat und nach 30 Jahren, wenn der Kredit abbezahlt ist, die Mieteinnahmen voll kassieren kann – wohlgemerkt dann, wenn er schon im Ruhestand und somit in einer günstigeren steuerlichen Situation ist. Ob man dann die Wohnung verkauft oder von der Miete selber lebt oder den Enkelkindern das Studium finanziert, kann man dann immer noch entscheiden.

Die Armen und die Mittelschichtler haben im Allgemeinen nicht genügend Eigenkapital für solche Coups. Sie sitzen da und lassen zu, dass ihnen die Nadeln des Staates in den Arm stechen und die unfreiwillige Blutspende beginnt. Heute bin ich ständig von der Zahl der Leute schockiert, die zu viel Steuern zahlen oder zu wenige Ermäßigungen in Anspruch nehmen, und das bloß, weil sie Angst vor dem Staat haben. Und ich weiß, wie furchterregend und einschüchternd ein Finanzbeamter sein kann. Ich hatte Freunde, deren Unternehmen kaputtgemacht und geschlossen wurden, nur um nach einiger Zeit herauszufinden, dass das auf Fehlern der Staatsbeamten beruhte.

Sich dagegen zu wehren ist wirklich schwer. Aber von Januar bis Mai zu arbeiten, um für diese Einschüchterung auch noch zu zahlen, ist ein hoher Preis. Mein armer Vater hat nie zurückgeschlagen. Mein reicher Vater auch nicht. Aber er hat geschickter gespielt und benutzte dafür Unternehmen – das größte Geheimnis der Reichen.

Vielleicht erinnern Sie sich an die erste Lektion, die ich von meinem reichen Vater gelernt habe. Ich war ein kleiner neunjähriger Junge, der sitzen und darauf warten musste, dass er mit mir reden wollte. Ich saß oft in seinem Büro und wartete, dass er „Zeit für mich hatte“. Er ignorierte mich mit Absicht. Er wollte, dass ich seine Macht erkannte und mir wünschte, eines Tages selbst diese Macht zu haben. In all den Jahren, in denen ich studiert und von ihm gelernt habe, erinnerte er mich immer daran, dass Wissen Macht bedeutete. Und mit dem Geld kommt eine große Macht, die das richtige Wissen fordert, um es zu behalten und zu vermehren. Ohne dieses Wissen schubst einen die Welt umher. Mein reicher Vater erinnerte Mike und mich ständig daran, dass der größte Tyrann nicht der Boss oder der Aufseher ist, sondern das Finanzamt. Dessen Beamte werden immer mehr nehmen, solange man sie lässt.

Zu lernen wie ich das Geld dazu bringe, für mich zu arbeiten statt umgekehrt, ist eigentlich nur eine Lektion über Macht. Wenn Sie für Geld arbeiten, überlassen Sie die Macht ihrem Arbeitgeber. Wenn ihr Geld für Sie arbeitet, behalten Sie es und beherrschen die Lage.

Als wir dieses Wissen über die Macht des für uns arbeitenden Geldes hatten, wollte mein reicher Vater, dass wir finanziell gewitzt werden und keinen Tyrannen gestatten würden, uns umherzuschubsen. Man muss das Gesetz und die Art, wie das System arbeitet, kennen. Solange man unwissend ist, wird man sehr leicht tyrannisiert. Wenn man hingegen weiß, was Sache ist, hat man eine faire Chance. Darum zahlte mein reicher Vater so viel für gescheite Steuerberater und Anwälte. Es war weniger kostspielig, sie zu bezahlen als den Staat.

Seine für mich beste Lektion, die ich in meinem Leben am meisten genutzt habe, ist: „Sei gescheit, und du wirst nicht mehr so viel herumgeschubst.“ Er kannte das Gesetz, weil er ein gesetzestreuer Bürger war. Er kannte das Gesetz, weil es zu teuer war, es nicht zu kennen: „Wenn du weißt, dass du Recht hast, hast du keine Angst zurückzuschlagen.“ Auch wenn du dich gegen Robin Hood und seine fröhlichen Männer durchsetzen musst.

Mein hoch gebildeter Vater ermunterte mich immer, eine gute Stelle in einem soliden Unternehmen zu suchen. Er sprach über die Tugenden des „sich Hochkämpfens auf der Karriereleiter“. Er verstand nicht, dass ich eine fügsame und melkbereite Kuh sein würde, wenn ich mich nur auf den Gehaltsstreifen eines Unternehmens verlassen würde.

Als ich meinem reichen Vater über den Rat meines Vaters berichtete, kicherte er nur. „Warum nicht die Leiter besitzen?“, war alles, was er sagte.

Als kleiner Junge verstand ich nicht, was mein reicher Vater damit meinte, ein eigenes Unternehmen zu besitzen. Es war eine Vorstellung, die unmöglich und einschüchternd erschien. Obwohl ich von der Idee erregt war, konnte ich mir nicht vorstellen, dass eines Tages Erwachsene für ein Unternehmen arbeiten könnten, das mir gehörte.

Der Punkt ist, dass ich vermutlich dem Rat meines gebildeten Vaters gefolgt wäre, wenn es meinen reichen Vater nicht gegeben hätte. Es war eher die wiederholte Erinnerung an ihn, die die Idee, mein eigenes Unternehmen zu haben, am Leben erhielt und mich auf neue Ideen brachte. Als ich 15 oder 16 war, wusste ich, dass ich nicht auf dem Weg weitergehen würde, den mir mein gebildeter Vater riet. Ich wusste nicht, wie ich das anstellen sollte, aber ich war fest entschlossen, nicht in die Richtung zu gehen, die die meisten meiner Mitschüler einschlugen. Diese Entscheidung veränderte mein ganzes Leben.

Ich war Mitte zwanzig, als der Rat meines reichen Vater begann, mehr Sinn zu bekommen. Ich hatte gerade das Marinecorps verlassen, arbeitete für Xerox und verdiente viel Geld, aber ich war jedesmal wieder enttäuscht, wenn ich meinen Gehaltsstreifen ansah. Die Abzüge waren so hoch, und je mehr ich arbeitete, desto höher wurden die Abzüge. Als ich beruflich erfolgreicher wurde, sprachen meine Chefs über Beförderungen und Gehaltserhöhungen. Es war schmeichelhaft, aber ich konnte meinen reichen Vater hören, wie er mir ins Ohr flüsterte: „Für wen arbeitest du? Wen machst du reich?“

1974, als ich immer noch ein Angestellter bei Xerox war, habe ich mein erstes Unternehmen gegründet und angefangen, mich um meine eigenen Geschäfte zu kümmern. In meiner Aktivaspalte befanden sich bereits einige Vermögenswerte, aber nun war ich entschlossen, mich auf deren Erhöhung zu konzentrieren. Diese Gehaltsstreifen mit all den Abzügen erfüllten all die Jahre mit den Ratschlägen meines reichen Vaters plötzlich mit Sinn. Ich konnte meine Zukunft sehen, wenn ich dem Rat meines gebildeten Vaters folgen würde.

Viele Arbeitgeber fühlen, dass es schlecht für das Unternehmen ist, wenn sie ihren Arbeitern den Rat geben, sich um ihre eigenen Geschäfte zu kümmern. Ich bin sicher, dass das für einige Menschen zutrifft. Aber aus mir machte es einen besseren Arbeitnehmer, als ich mich auf meine eigenen Geschäfte konzentrierte und meine Aktiva vergrößerte. Ich hatte jetzt ein Ziel. Ich kam früh, arbeitete fleißig und sparte so viel Geld, wie ich konnte, um in Immobilien investieren zu können. In Hawaii begann gerade ein Boom, und man konnte ein Vermögen damit machen. Je besser ich verstand, dass wir uns in der Anfangsphase eines Booms befanden, desto mehr Xerox-Geräte verkaufte ich. Je mehr ich verkaufte, desto mehr Geld verdiente ich und selbstverständlich gab es mehr Abzüge auf meinem Gehaltsstreifen. Ich war inspiriert. Ich wollte so sehr aus der Arbeitnehmerfalle heraus, dass ich mehr arbeitete, nicht weniger. Nach 1978 war ich ständig unter den besten fünf Verkäufern, oft Nummer 1. Mein heißester Wunsch war, dem Laufrad zu entkommen.

Und dann verdiente ich in weniger als drei Jahren mehr in meinem eigenen kleinen Unternehmen, einer Immobiliengesellschaft, als bei Xerox. Und das Geld, das ich auf diese Weise verdiente, war Geld, das für mich arbeitete. Ich musste nicht mehr an Türen klopfen, um Kopiergeräte zu verkaufen. Der Rat meines reichen Vaters ergab so viel mehr Sinn. Bald war der Kapitalfluss aus meinem Eigentum so groß, dass mir mein Unternehmen meinen ersten Porsche kaufte. Meine Arbeitskollegen von Xerox dachten, dass ich meine Provisionen ausgegeben hatte. Das war nicht der Fall. Ich investierte meine Provisionen in Vermögenswerte.

Mein Geld arbeitete schwer, um mehr Geld zu verdienen. Jeder Dollar in meiner Aktivaspalte war ein guter Angestellter, der schwer arbeitete, um mehr Angestellte einzustellen und dem Chef einen neuen Porsche vor Abzug der Steuern zu kaufen. Ich fing an, für Xerox mehr zu arbeiten. Der Plan funktionierte und mein Porsche war der Beweis dafür.

Indem ich die Lektionen anwandte, die ich von meinem reichen Vater gelernt hatte, ist es mir gelungen, in frühen Jahren aus dem sprichwörtlichen „Laufrad" des Arbeitnehmerdaseins herauszukommen. Dies war möglich auf Grund der guten finanziellen Kenntnisse, die ich durch diese Lektionen erworben hatte. Ohne diese, die ich als finanziellen IQ bezeichne, wäre mein Weg zur Unabhängigkeit viel schwieriger gewesen. Ich bringe das jetzt anderen Leuten in Finanzseminaren bei in der Hoffnung, meine Kenntnisse mit ihnen zu teilen. Wo immer ich meine Vorlesungen halte, erinnere ich die Leute daran, dass der finanzielle IQ auf dem Wissen aus vier umfangreichen Sachgebieten beruht:

Nr. 1: Buchhaltung. Ich bezeichne dies gern als finanzielle Kenntnisse. Es ist eine lebenswichtige Fähigkeit, wenn Sie ein Imperium aufbauen wollen. Je mehr Geld in ihren Händen ist, umso mehr Genauigkeit ist erforderlich, oder das Haus stürzt ein. Verankert werden diese Einzelheiten in der linken Gehirnhälfte. Daraus entsteht die Fähigkeit, Bilanzen zu lesen und zu verstehen. So können Sie die Stärken und Schwächen jedes Geschäfts entdecken.

Nr. 2: Investieren. Für mich ist das die Wissenschaft, wie Geld mehr Geld macht. Dies betrifft Strategien und Rezepte. Angesprochen wird hier die rechte Gehirnhälfte oder die kreative Seite.

Nr. 3: Märkte verstehen. Das ist die Wissenschaft von Angebot und Nachfrage. Es ist notwendig, die „technischen", emotionsgetriebenen Aspekte des Markts zu kennen; die Elmo-Kitzelpuppe an Weihnachten 1996 ist ein Fall eines technischen oder emotionsgetriebenen Marktes. Der andere Marktfaktor ist die „fundamentale“ oder wirtschaftliche Auswirkung einer Anlage. Ob eine Investition Sinn macht oder nicht, ist von den aktuellen Marktbedingungen abhängig.

Viele Leute glauben, dass die Vorstellungen von „Investieren“ und „den Markt verstehen“ zu kompliziert für Kinder seien. Sie können nicht sehen, dass Kinder diese Themen intuitiv kennen. Für diejenigen, die mit der Elmo-Puppe nicht vertraut sind: Das ist eine Figur aus der Sesamstraße, die kurz vor Weihnachten bei den Kindern der Renner war. Die meisten Kinder wollten eine und schrieben sie an den Anfang ihres Weihnachtswunschzettels. Viele Eltern fragten sich, ob die Firma die Puppe absichtlich zurückhielt, während ständig dafür Werbung gemacht wurde. Wegen der starken Nachfrage und dem daraus resultierenden Angebotsmangel setzte eine Panik ein. Da es in den Geschäften keine Puppen mehr zu kaufen gab, sahen ein paar Schwarzhändler eine Gelegenheit, über die verzweifelten Eltern ein kleines Vermögen zu verdienen. Die Unglücklichen, die keine Puppe für ihre Kinder fanden, waren gezwungen, ein anderes Spielzeug zu Weihnachten zu kaufen. Die unglaubliche Popularität der Elmo-Kitzelpuppe war für mich unverständlich, aber sie dient als ausgezeichnetes Beispiel für die auf dem Zusammenspiel von Angebot und Nachfrage beruhende Wirtschaft. Dasselbe geschieht auf den Märkten für Aktien, Obligationen, Immobilien und Baseball-Karten.

Nr. 4: das Gesetz. Die Verwendung beispielsweise einer Unternehmenshülle um die technischen Fähigkeiten Buchhaltung, Investieren und Marktkenntnisse kann explosives Wachstum unterstützen. Jemand, der die Steuervorteile und den Schutz kennt, die ein Unternehmen bieten, kann viel schneller reich werden als jemand, der Angestellter oder alleiniger Eigentümer eines kleinen Geschäfts ist. Es ist wie der Unterschied zwischen jemandem, der läuft, und jemandem, der fliegt. Der Unterschied ist gewaltig, wenn es um dauerhaften Reichtum geht.

1. Steuervorteile: Ein Unternehmen kann so viele Dinge tun, die eine Einzelperson nicht kann, wie z. B. Kosten in den Vorsteuerabzug einzubeziehen. Es handelt sich um ein richtiges Fachgebiet, das zwar spannend ist, aber mit dem man sich nicht unbedingt beschäftigen muss, es sei denn, man hat ziemlich hohe Vermögenswerte oder ein großes Geschäft.

Arbeitnehmer verdienen und werden besteuert, und sie versuchen mit dem zu leben, was übrig bleibt. Ein Unternehmen verdient, verbraucht alles, was es kann, und wird auf der Grundlage dessen, was übrig bleibt, besteuert. Das ist eines der größten Steuerschlupflöcher, das die Reichen nutzen. Unternehmen sind einfach zu gründen und nicht teuer, wenn man eigene Investitionen hat, die einen guten Kapitalfluss hervorbringen. Wenn Sie zum Beispiel ein eigenes Unternehmen haben, sind Ferien z. B. Treffen des Aufsichtsrates in Hawaii. Zahlungen für Auto, Versicherung und Reparaturen sind Kosten des Unternehmens. Die Mitgliedschaft in einem Gesundheitsklub kann unter Umständen ebenfalls zu den Kosten des Unternehmens gerechnet werden. Die meisten Restaurantessen lassen sich absetzen. Und so weiter und so fort – und Sie tun das legal, als Betriebsausgaben.

2. Schutz vor Justizverfolgung. Wir leben in einer prozesssüchtigen Gesellschaft. Jeder will ein Stück von dem, das Sie erschaffen. Die Reichen verbergen viel von ihrem Vermögen mit Mitteln wie Firmen und Trusts, um ihre Vermögenswerte vor Gläubigern zu schützen. Wenn jemand einen reichen Menschen verfolgt, wird dagegen mit Anwälten gekämpft, die ihn schützen, und oft stellt sich heraus, dass die reiche Person nichts besitzt. Die Reichen kontrollieren alles, aber besitzen nichts. Die Armen und die Mittelschichtler versuchen, alles zu besitzen und verlieren es an den Staat oder an Mitbürger, die die Reichen gerne rechtlich verfolgen. Sie haben es von der Geschichte mit Robin Hood gelernt. Nimm von den Reichen und gib den Armen.

Es ist nicht Zweck dieses Buches, in die Einzelheiten des Besitzes eines Unternehmens zu gehen. Aber ich möchte ausdrücklich betonen, dass Sie, wenn Sie irgendeine Art rechtmäßiger Vermögenswerte besitzen, in Betracht ziehen sollten, sobald wie möglich mehr über die Vorteile und den Schutz herauszufinden, die ein Unternehmen bietet. Es gibt viele Bücher zu diesem Thema, die alles Notwendige einzeln aufzählen und die mit Ihnen sogar die für die Unternehmensgründung notwendigen Schritte gehen.[2]

Der finanzielle IQ ist eigentlich die Synergie vieler Fähigkeiten und Talente. Aber ich würde sagen, es ist vor allem die Kombination der vier oben aufgezählten technischen Fähigkeiten, die die grundlegende finanzielle Intelligenz ausmachen. Wenn Sie nach großem Reichtum streben, werden Sie mit dieser Kombination ihre finanzielle Intelligenz wesentlich verbessern.

---

[2] Einen guten Überblick geben zum Beispiel die Ratgeber von J. Arnold (Existenzgründung), T. Hammer und W. Kiefl (Selbständigkeit und freie Mitarbeit). Genauere Angaben dazu finden Sie im Literaturverzeichnis auf S. 195.

Kurzum:

Die Reichen mit Unternehmen	**Die Menschen, die für Unternehmen arbeiten**
1. verdienen	1. verdienen
2. geben aus	2. zahlen Steuern
3. zahlen Steuern	3. geben aus

Als Teil ihrer finanziellen Gesamtstrategie empfehlen wir Ihnen dringend, ein eigenes Unternehmen zu besitzen, das ihre Aktiva umhüllt.

Kapitel sechs

Lektion fünf: Die Reichen erfinden das Geld

Letztens habe ich eine TV-Sendung über die Geschichte eines jungen Mannes namens Alexander Graham Bell gesehen. Bell hatte gerade sein Telefon patentiert und bekam wachsende Probleme, weil die Nachfrage für seine neue Erfindung so groß war. Da er ein größeres Unternehmen brauchte, ging er zu einem Riesen jener Zeit, Western Union, und fragte sie, ob sie sein Patent und sein kleines Unternehmen kaufen würden. Er wollte 100.000 Dollar für alles zusammen. Der Präsident der Western Union äußerte sich abschätzig und lehnte ab, indem er sagte, dass der Preis lächerlich wäre. Der Rest ist Geschichte. Eine Zig-Milliarden-Dollar-Industrie entstand und AT&T wurde geboren.

Die Abendnachrichten kamen gleich nach der Geschichte über Alexander Graham Bell. Es gab einen Bericht über einen weiteren Personalabbau bei einem lokalen Unternehmen. Die Arbeiter waren verärgert und beklagten sich, dass die Eigentümer des Unternehmens unfair wären. Ein gekündigter Manager im Alter von etwa 45 Jahren kam mit seiner Frau und zwei Babys zur Fabrik und flehte die Wachen um die Erlaubnis an, mit den Eigentümern zu sprechen und sie zu bitten, die Kündigung zu überdenken. Er hatte gerade ein Haus gekauft und daher Angst, es zu verlieren. Die Kamera richtete sich auf sein Betteln, damit es die ganze Welt sah. Ich brauche wohl nicht zu betonen, dass meine Aufmerksamkeit geweckt war.

Seit 1984 unterrichte ich. Das ist eine großartige Erfahrung, und ich empfinde dies als Belohnung. Es ist aber auch ein beunruhigender Beruf, weil ich Tausende von Personen unterrichtet habe und ich eine Gemeinsamkeit in uns allen, einschließlich mir selbst, sehe: Wir alle haben ein riesiges Potenzial in uns und sind mit vielen Talenten gesegnet. Dennoch hält uns alle ein gewisser Grad von Selbstzweifeln zurück. Das ist nicht so sehr der Mangel an technischer Information, sondern mehr der Mangel an Selbstvertrauen. Manche sind davon stärker betroffen als andere.

Wenn Jugendliche die Schule verlassen, wird ihnen auf oft unsanfte Weise klar, dass nicht so sehr die Art der Schulausbildung oder die guten Noten zählen. Im wirklichen Leben wird etwas mehr verlangt: Man nennt es „Mumm“, „Chuzpe“, „Mut“, „Tapferkeit“, „Gerissenheit“, „Schneid“, „Beharrlichkeit“ und „Brillanz“. Diese Faktoren entscheiden letztendlich über die Zukunft eines Menschen viel mehr als die Schulnoten.

Im unserem Inneren tragen wir alle einen dieser mutigen, brillanten und kühnen Helden. Es gibt aber auch die Kehrseite dieser Wesensart: Charaktere, die voller Angst auf die Knie sinken und wenn nötig betteln. Nach einem Jahr in Vietnam als Pilot des Marinecorps habe ich beide Seiten dieser Wesensart in mir bestens kennen gelernt. Dabei ist die eine nicht wertvoller als die andere.

Dennoch habe ich als Lehrer erkannt, dass übertriebene Angst und Selbstzweifel die größten Gegner der persönlichen Schöpferkraft sind. Mir brach schier das Herz, Studenten zu sehen, die viele fachliche Antworten kennen, aber keinen Mut haben, entsprechend zu handeln. Im wirklichen Leben kommen oft nicht die Gescheiten voran, sondern die Kühnen.

Nach meiner persönlichen Erfahrung erfordert das finanzielle Genie beides, technisches Wissen ebenso wie Mut. Wenn die Angst zu groß ist, wird das Genie unterdrückt. In meinen Kursen dränge ich die Studenten sehr, Risiken auf sich zu nehmen, kühn zu sein und zuzulassen, dass das Genie in ihnen die Angst in Macht und Brillanz verwandelt. Es funktioniert bei einigen und erschreckt die anderen. Ich habe erkannt, dass die meisten Leute beim Thema Geld eher auf Sicherheit spielen. Mir wurden Fragen gestellt wie: „Warum ein Risiko auf sich nehmen?“, „Warum sollte ich mich mit der Entwicklung meines finanziellen IQ quälen?“, „Warum sollte ich finanzielle Kenntnisse erwerben?“

Und ich antworte: „Einfach, um mehr Möglichkeiten zu haben.“

Gewaltige Veränderungen stehen uns bevor. Wie in der Geschichte des jungen Erfinders Alexander Graham Bell, mit der ich angefangen habe, wird es in den nächsten Jahren mehr Leute wie ihn oder Bill Gates geben und enorm erfolgreiche Unternehmen werden jedes Jahr, überall auf der Welt, gegründet werden. Und es wird auch viel mehr Pleiten, Schließungen und Verkleinerungen von Firmen geben.

Warum sollte man also seinen finanziellen IQ entwickeln? Die Antwort steckt in Ihnen! Ich kann Ihnen jedoch sagen, warum ich es tue: weil es die aufregendste Zeit ist, die man erleben kann. Ich würde Änderungen eher begrüßen als befürchten. Die spannende Vorstellung, Millionen zu verdienen ist weitaus interessanter als die Sorge, keine Gehaltserhöhung zu bekommen. Diese Epoche, in der wir uns befinden, ist eine sehr aufregende Zeit, beispiellos in der Weltgeschichte. Nach vielen Generationen werden die Menschen auf diese Zeit zurückblicken und bemerken, was für eine aufregende Ära dies gewesen sein wird. Sie wird der

Tod des Alten und die Geburt des Neuen gewesen sein – voller Durcheinander und Spannung.

Warum also sich quälen, um den eigenen finanziellen IQ zu entwickeln? Weil Sie enorm erfolgreich sein werden, wenn Sie das tun. Wenn Sie nicht aktiv werden, wird diese Zeitperiode für Sie erschreckend sein. In dieser Zeit wird man beobachten können, wie Menschen kühn voranschreiten, während sich andere an brüchige Rettungsringe klammern.

Vor 300 Jahren bedeutete Land Reichtum, sodass eine Person mit Landbesitz reich war. Dann kamen die Fabriken und die Produktion, und der Industrielle war der Reiche. Heute ist es die Information. Und die Person, die als Erste die Information verwertet, besitzt den Reichtum. Das Problem ist, dass Informationen mit Lichtgeschwindigkeit um die ganze Welt herum fliegen. Der neue Reichtum kann nicht wie Land und Fabriken von Zäunen und Grenzen aufgehalten werden.

Daraus folgen immer schnellere und folgenschwerere Veränderungen. Es wird eine dramatische Erhöhung der Anzahl neuer Multimillionäre, aber auch derjenigen, die zurückbleiben, geben.

Heute finde ich so viele Personen, die kämpfen, indem sie oft mehr und mehr arbeiten, einfach, weil sie sich an alte Ideen festklammern. Sie wollen, dass die Dinge so bleiben, wie sie waren; sie widersetzen sich Veränderungen. Ich kenne Leute, die ihre Arbeitsstellen oder ihre Häuser verlieren und dafür die Technologie, die Wirtschaft oder ihren Chef verantwortlich machen. Bedauerlicherweise sind sie nicht in der Lage zu erkennen, dass sie selbst das Problem sein könnten. Alte Ideen sind die größte Verbindlichkeit. Und zwar deshalb, weil die wenigsten verstehen, dass die Idee oder die Art, etwas zu tun, gestern durchaus ein Vermögenswert war, aber das Gestern bereits vorbei ist.

Eines Tages unterrichtete ich „Investition" und verwendete „Kapitalfluss" als Unterrichtsmaterial. Eine Freundin brachte eine Bekannte zum Unterricht mit. Diese war vor kurzem geschieden und bei der Scheidungsregelung schlimm benachteiligt worden und suchte jetzt einige Antworten. Ihre Freundin dachte, dass ihr der Unterricht helfen könnte.

Das Spiel wurde entworfen, um das Verständnis, wie Geld arbeitet, zu erleichtern. Wer das Spiel spielt, lernt viel über die Wechselwirkung von Gewinn- und Verlustrechung sowie Bilanz. Man erfährt, wie das Geld zwischen den beiden „fließt" und wie der Weg zum Reichtum Bemühungen erfordert, den monatlichen Geldfluss aus der Aktivaspalte so zu erhöhen, dass er die monatlichen Kosten übersteigt. Wer das erreicht hat, kann dem „Laufrad" entkommen und auf die „Schnellspur" gelangen.

Wie gesagt hassen manche Leute das Spiel, manche lieben es, und andere verstehen die Pointe nicht. Die Frau, von der ich Ihnen erzählen will, versäumte eine wertvolle Gelegenheit, etwas zu lernen. In der Eröffnungsrunde zog sie eine Karte mit einem Boot darauf. Zunächst war sie glücklich: „Oh, ich habe ein Boot bekommen." Als ihre Freundin versuchte, ihr zu erklären, wie sich die Zahlen auf ihre Gewinn- und Verlustrechnung sowie ihre Bilanz auswirkten, wurde sie frustriert, weil sie Mathematik nie gemocht hatte. Die anderen an ihrem Tisch warteten, während ihre Freundin ihr weiter das Verhältnis zwischen der Gewinn- und Verlustrechnung, der Bilanz und dem Kapitalfluss erklärte.

Plötzlich, als sie verstand, wie die Zahlen arbeiten, dämmerte ihr, dass ihr Boot sie bei lebendigem Leib auffraß. Später im Spiel wurde sie auch gekündigt und hatte ein Kind. Für sie war es ein fürchterliches Spiel.

Nach dem Unterricht kam ihre Freundin vorbei und sagte mir, dass sie verärgert wäre. Sie sei zum Unterricht gekommen, um etwas über Investitionen zu lernen und die Idee, so viel Zeit für ein blödes Spiel zu verwenden, gefiele ihr nicht.

Ihre Freundin versuchte, ihr klarzumachen, dass sie in sich selbst schauen sollte, um zu erkennen, ob sich im Spiel ihre eigene Lage irgendwie widerspiegelte. Bei dieser Anspielung verlangte die Frau ihr Geld zurück. Sie sagte, dass gerade die Idee, dass das Spiel ihre eigene Lage widerspiegeln könnte, lächerlich sei. Das Geld wurde ihr sofort zurückgegeben und sie ging.

Seit 1984 habe ich Millionen damit verdient, nur das zu tun, was das Schulsystem nicht leistet. In der Schule halten die meisten Lehrer Vorlesungen. Als Student hasste ich Vorlesungen, sie haben mich schnell gelangweilt und meine Gedanken schweiften ab.

Daher habe ich damit begonnen, mit Spielen und Simulationen zu unterrichten. Ich ermunterte erwachsene Studenten immer, sich Spiele anzusehen, weil diese das widerspiegeln, was sie wussten und was sie lernen mussten. Genau dieses Widerspiegeln des menschlichen Verhaltens ist das Wichtigsten dabei: Es ist ein System mit sofortiger Rückmeldung. Anstatt dass Ihnen der Lehrer eine Vorlesung hält, gibt Ihnen das Spiel über die direkte Rückmeldung eine auf Sie zugeschnittene Lektion und wird so eine genau für Sie gemachte Spezialanfertigung.

Die Freundin der Frau, die weggegangen war, rief mich später an, um mir den neuesten Stand zu berichten. Sie sagte, dass es ihrer Freundin gut ginge und dass sie sich beruhigt hätte. In ihrem entspannten Zustand hatte sie eine gewisse Beziehung zwischen dem Spiel und ihrem Leben erkennen können.

Wenn sie und ihr Mann auch kein Boot hatten, besaßen sie doch alles mögliche andere. Sie war nach der Scheidung sowohl deswegen wütend, weil er mit einer jüngeren Frau durchgebrannt war, als auch deshalb, weil sie nach zwanzig

Ehejahren kaum wirkliche Vermögenswerte angehäuft hatten. Es gab tatsächlich nichts, was sie teilen konnten. In ihren zwanzig Ehejahren hatten sie unglaublich viel Spaß, aber alles, was sie angehäuft hatten, waren Dinge, mit denen sie nun nichts mehr anfangen konnten und die eigentlich völlig wertlos waren.

Sie erkannte, dass ihr Ärger beim Umgang mit Zahlen – die Gewinn- und Verlustrechnung sowie die Bilanz – aus ihrer Beschämung darüber kam, dies nicht zu verstehen. Sie hatte geglaubt, dass die Finanzen Sache des Mannes wären. Sie hielt das Haus in Ordnung und kümmerte sich um Geselligkeit, und er befasste sich mit den Finanzen. Jetzt war sie fast sicher, dass er in den letzten fünf Ehejahren Geld von ihr auf seine Seite gebracht hatte. Sie war über sich selbst verärgert, sowohl weil sie nicht besser aufgepasst hatte, wo das Geld hingegangen war, als auch, weil sie nichts von der anderen Frau gewusst hatte.

Genau wie ein Brettspiel versorgt uns auch die Welt immer mit einer sofortigen Rückmeldung. Wir könnten eine Menge lernen, wenn wir uns mehr darauf einstellen würden. Eines Tages – es ist noch nicht lange her – beklagte ich mich bei meiner Frau darüber, dass die Reinigung meine Hose hatte einlaufen lassen. Meine Frau lächelte milde und stieß mir ihren Finger in den Bauch, um mir klarzumachen, dass nicht die Hose eingelaufen war, sondern dass sich etwas anders ausgedehnt hatte: ich!

Das Spiel „Kapitalfluss“ habe ich entworfen, um jedem Spieler eine persönliche Rückmeldung zu geben. Das Ziel ist, Ihnen Wahlmöglichkeiten zu geben. Wenn Sie die Bootkarte gezogen haben und dadurch in Schulden geraten, lautet die Frage: „Was kann ich jetzt tun?“ Wie viele unterschiedliche finanzielle Optionen können Sie entwickeln? Das ist der Zweck des Spiels: den Spielern beizubringen, sich neue und unterschiedliche finanzielle Optionen auszudenken und zu schaffen.

Ich habe bei mehr als tausend Leuten beobachtet, wie dieses Spiel gespielt wurde. Diejenigen, die in diesem Spiel am schnellsten aus dem „Laufrad“ herauskommen, sind Leute, die Zahlen verstehen und kreative wirtschaftliche Gedanken haben. Sie erkennen verschiedene finanzielle Optionen. Diejenigen hingegen, die am längsten brauchen, sind Personen, die mit Zahlen nicht vertraut sind und häufig die Macht des Investierens nicht verstehen. Reiche Leute sind oft schöpferisch und gehen kalkulierte Risiken ein.

Es gibt Leute, die „Kapitalfluss“ spielen und dabei eine Menge Geld verdienen, aber nicht wissen, was sie damit anfangen können. Die meisten von ihnen sind auch im wirklichen Leben bislang finanziell nicht erfolgreich gewesen. Jeder andere scheint sie zu überholen, obwohl sie Geld haben. Und das gilt auch im wirklichen Leben. Es gibt viele Menschen, die eine Menge Geld haben und doch nicht finanziell vorankommen.

Seine Optionen zu begrenzen ist dasselbe wie an alten Ideen zu hängen. Ich habe einen Freund vom College, der jetzt drei Arbeitsstellen hat. Vor zwanzig Jahren war er der reichste meiner Schulkameraden. Als die lokale Zuckerplantage schloss, schloss mit ihr auch die Firma, für die er arbeitete. In seinem Kopf hatte er nur eine – und zwar die alte Option: arbeite viel. Das Problem war, dass er keine gleichwertige Stelle finden konnte, bei der seine Arbeitsjahre in der alten Firma anerkannt wurden. Als Resultat ist er für seine derzeitigen Stellen überqualifiziert, und so ist seine Bezahlung niedriger. Er braucht nun drei Arbeitsplätze, um genug zum Überleben zu verdienen.

Ich habe Leute beim Spielen des „Kapitalflusses“ beobachtet, die sich beklagen, dass sie nicht die „richtigen“ Gelegenheitskarten in die Hand bekommen. So sitzen sie nur da und warten auf die vermeintlich guten Chancen. Ich kenne Leute, die genau das im wirklichen Leben machen: Sie warten auf die „richtige“ Gelegenheit.

Wenn sie nun im Spiel die „richtige“ Gelegenheitskarte bekommen, haben sie deshalb noch lange nicht genügend Geld. Dann beklagen sie sich, dass sie aus dem Laufrad herausgekommen wären, wenn sie mehr Geld gehabt hätten. So sitzen sie da. Ich kenne Leute im wirklichen Leben, die es genauso machen. Sie sehen all die großen Geschäfte, aber sie haben kein Geld dafür.

Und ich sah Leute, die eine Karte für eine große Gelegenheit ziehen, sie laut lesen und keine Ahnung haben, dass es sich um eine große Gelegenheit handelt. Sie haben das Geld, der Zeitpunkt stimmt, sie haben die Karte, aber sie können die Gelegenheit nicht erkennen, auf die sie starren. Sie können nicht sehen, wie sie in ihrem Plan passt, dem Laufrad zu entkommen. Und ich kenne mehr Leute von dieser Sorte als von allen anderen zusammen. Die meisten Menschen haben eine einmalige Gelegenheit im Leben vor sich und können sie nicht sehen. Jahre später fällt ihnen dann doch auf, was sie versäumt haben, und sie ärgern sich, dass jeder andere reich geworden ist.

Finanzielle Intelligenz heißt einfach, mehrere Optionen zu haben. Wenn Ihnen die Gelegenheiten nicht begegnen, was können Sie sonst machen, um ihre finanzielle Lage zu verbessern? Wenn Ihnen eine Gelegenheit in den Schoß fällt, Sie kein Geld haben und die Bank mit Ihnen nicht reden will, was können Sie sonst tun, um die Gelegenheit zu nutzen? Wenn ihr Gefühl falsch ist und nicht das eintritt, mit dem Sie gerechnet hatten, wie können Sie dann die ganze Sache zum Guten wenden? Das ist finanzielle Intelligenz. Es geht nicht so sehr darum, was passiert, sondern wie viele finanzielle Lösungen Sie sich vorstellen können, um das Beste aus ihrer Situation zu machen. Es geht darum, wie kreativ Sie bei der Lösung finanzieller Probleme sind.

Die meisten Leute kennen nur eine Lösung: arbeite viel, spare und leihe aus.

Warum wünschen Sie sich also, ihre finanzielle Intelligenz zu verbessern? Weil Sie zu der Art von Personen gehören möchten, die ihr eigenes Glück schaffen. Sie akzeptieren zwar alles, was geschieht, wollen es aber für sich nutzen und damit besser machen als die anderen. Wenige Leute erkennen, dass Glück einem nicht in den Schoß fällt, sondern geschaffen wird. So wie Geld. Und wenn Sie glücklicher sein und mehr Geld schaffen wollen, anstatt schwer zu arbeiten, dann ist ihre finanzielle Intelligenz wichtig. Wenn Sie zu denen gehören, die darauf warten, dass das „Richtige" passiert, kann es sein, dass Sie sehr lange warten müssen. Es ist, als ob man davon ausgeht, dass auf einer Strecke von zehn Kilometern alle Verkehrsampeln grün werden und auch bleiben, bevor man die Fahrt antritt.

Als kleine Jungen hörten Mike und ich von meinem reichen Vater ständig, dass „Geld nicht wirklich ist". Mein reicher Vater erinnerte uns gelegentlich daran, wie nah wir dem Geheimnis des Geldes an jenem ersten Tag gekommen waren, als wir uns zusammengesetzt und begonnen hatten, aus Blei „Geld zu machen". „Die Armen und die Mittelschichtler arbeiten für Geld", sagte er. „Die Reichen machen Geld. Je mehr du das Geld für etwas Wirkliches hältst, desto mehr wirst du dafür arbeiten. Wenn du die Idee begreifen kannst, dass Geld nur eine virtuelle Sache ist, wirst du schneller reich werden."

„Was ist es dann?", war eine Frage, auf die Mike und ich immer zurückkamen. „Was ist Geld, wenn es nicht wirklich ist?"

„Was wir vereinbaren, dass es ist" war alles, was mein reicher Vater sagte.

Der einzige wirklich mächtige Vermögenswert, den wir alle haben, ist unser Denken. Wenn es gut trainiert ist, kann es in einem Zeitraum, der wie ein Augenblick erscheint, riesigen Reichtum erschaffen. Reichtum, der die Träume der Könige und Königinnen vor 300 Jahren bei weitem übersteigt. Ein untrainierter Verstand kann jedoch äußerste Armut erschaffen, die sich über mehrere Generationen erstreckt, indem sie in den eigenen Familien weitergegeben wird.

Im Informationszeitalter wächst das Geld exponentiell. Einige wenige Individuen werden aus dem Nichts heraus nur auf Grund von Ideen und Vereinbarungen unglaublich reich. Viele, die beruflich mit Staatspapieren oder anderen Investitionen handeln, sehen es immer wieder. Oft können Millionen in einem Augenblick aus Nichts gemacht werden. Unter „Nichts" verstehe ich, dass kein Geld wirklich ausgetauscht wurde. Es geschieht lediglich auf Grund von Vereinbarungen: Ein Handzeichen in einem Börsensaal, ein leuchtender Punkt auf dem Bildschirm eines Händlers in Lissabon – vom Bildschirm eines Händlers in Toronto gesendet –, ein Anruf bei meinem Händler, zu kaufen, oder einen Moment später, zu verkaufen. Das Geld ist nicht von einer Hand zur anderen gegangen. Vereinbarungen haben das zustandegebracht.

Warum sollten Sie also ihr finanzielles Genie entwickeln? Nur Sie selbst können das beantworten! Ich kann Ihnen nur sagen, warum ich diesen Teil meiner Intelligenz entwickelt habe: weil ich schnell Geld verdienen möchte. Nicht, weil ich es brauche, sondern weil ich es will. Es ist ein faszinierender Lernprozess. Ich entwickle meinen IQ, weil ich am schnellsten und größten Spiel der Welt teilnehmen möchte. Auf meine eigene bescheidene Weise möchte ich ein Teil der beispiellosen Entwicklung der Menschheit sein in dem Zeitalter, in dem die Menschen nur mit ihrem Verstand und nicht mit ihrem Körper arbeiten. Außerdem geschieht es dort, wo „Action" ist. Das macht die Sache echt. Es ist vielleicht erschreckend. Aber es macht Spaß.

Darum investiere ich in meine finanzielle Intelligenz und entwickle den stärksten Vermögenswert, den ich bekommen kann. Ich möchte bei den Leuten sein, die mutig voranschreiten. Ich möchte nicht bei denen sein, die zurückbleiben.

Hier ein einfaches Beispiel, wie man Geld schafft: In den frühen 90er Jahren war die Wirtschaftslage in Phönix fürchterlich. Ich sah die Fernsehshow „Guten Morgen Amerika", als ein Finanzplaner auftrat und die Katastrophe vorhersagte. Sein Rat war, Geld zu sparen. „Wenn Sie monatlich 100 Dollar zur Seite legen, werden Sie in 40 Jahren Multimillionär sein", sagte er.

Nun, jeden Monat Geld auf die Seite zu legen, ist eine gesunde Idee. Es ist eine Option – die Option, die die meisten Leute befürworten. Das Problem besteht darin, dass man auf diese Weise blind wird für das, was in Wirklichkeit vor sich geht. Sie verpassen wichtige Gelegenheiten für ein sehr viel bedeutenderes Wachstum ihres Geldes. Die Welt geht an Ihnen vorbei.

Wie gesagt, war die damalige Wirtschaftslage fürchterlich. Für Kapitalanleger ist das eine perfekte Marktbedingung. Ein großer Batzen meines Geldes war in Aktien und in Wohnhäusern angelegt. Ich hatte jetzt keine flüssigen Mittel mehr. Weil jeder sein Zeug weggab, kaufte ich. Ich sparte kein Geld, ich investierte. Meine Frau und ich hatten mehr als eine Million Dollar flüssig gehabt, die auf einem schnell wachsenden Markt arbeiteten. Es war die beste Gelegenheit zu investieren. Die Wirtschaftslage war katastrophal. Ich konnte diese kleinen Geschäfte wirklich nicht vorbeigehen lassen.

Häuser, die einst 100.000 Dollar kosteten, waren jetzt für 75.000 Dollar zu haben. Aber anstatt beim örtlichen Immobilienbüro begann ich, beim Büro des

Konkursanwalts oder auf der Gerichtstreppe zu kaufen.[3] An diesen Einkaufsorten konnte man manchmal ein 75.000 Dollar-Haus für 20.000 Dollar oder weniger kaufen. Für 2.000 Dollar, die mir ein Freund für 90 Tage und gegen 200 Dollar Zins lieh, gab ich einem Anwalt einen Scheck als Anzahlung. Während der Erwerb über einen Notar abgewickelt wurde, setzte ich eine Annonce in die Zeitung, in der ich ein 75.000 Dollar-Haus für 60.000 Dollar anbot – und keinen Cent weniger. Das Telefon klingelte oft und laut. Potenzielle Käufer wurden geprüft, und alle ernsthaften Interessenten konnten sich das Haus ansehen. Es war eine tolle, aufregende Sache. Das Haus war in kürzester Zeit verkauft. Ich verlangte 2.500 Dollar Gebühren für die Geschäftsabwicklung, die mir gerne gegeben wurden, und der Notar übernahm die Formalitäten. Ich gab meinem Freund die 2.000 Dollar und die geforderten 200 Dollar Zins zurück. Er war glücklich, der Hauskäufer war glücklich, der Notar war glücklich und ich war glücklich. Ich hatte ein Haus für 60.000 Dollar verkauft, das mich 20.000 Dollar gekostet hatte. Die 40.000 Dollar in meiner Aktivaspalte wurden vom Geld des Käufers – in Form eines Schuldscheins – geschaffen. Gesamtarbeitszeit: etwa fünf Stunden.

Da Sie jetzt finanziell gebildet sind und Zahlen lesen können, werde ich Ihnen zeigen, warum dies ein Beispiel für erfundenes Geld ist.

---

[3] Achtung: In Deutschland finden diese Versteigerungen i.A. bei Gericht statt, wobei dies meist der letzte Schritt eines Liquidationsverfahren gegen Personen ist, die ihre Kreditzinsen nicht mehr bezahlen können. Sie **müssen** bei einem solchen Versteigerungstermin 10% der Kaufsumme in bar dabeihaben – bei einer Wohnung, die Sie mit 100.000 Euro ersteigern, sind das 10.000 Euro! Der Gewinn, den Sie durch Weiterverkauf erzielen, ist steuerpflichtig. Konsultieren Sie deshalb ihren Steuerberater, bereits durch Einhalten einiger Fristen kommen Sie in eine steuergünstigere Zone.

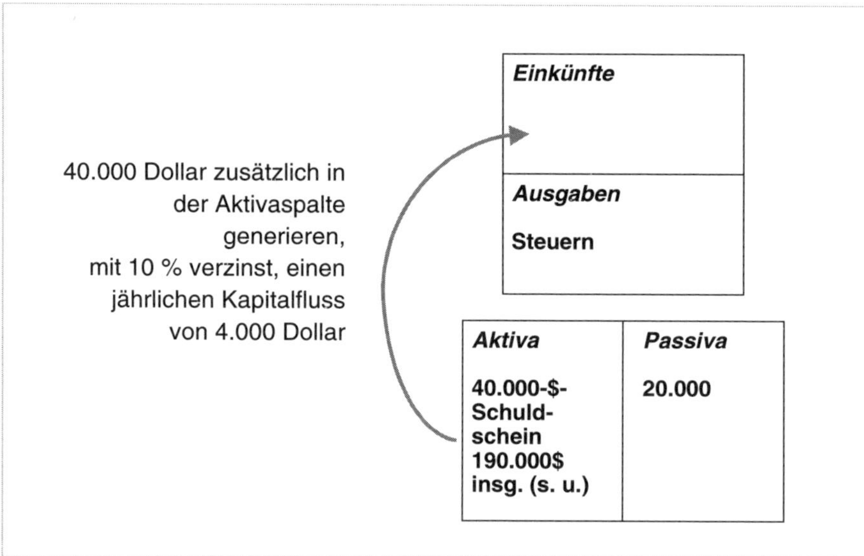

Im Laufe dieser Depression konnten meine Frau und ich in unserer Freizeit sechs solcher einfacher Transaktionen durchführen. Während der Hauptteil unseres Geldes in größeren Immobilien und an der Börse brav arbeitet, war es uns möglich, in diesen sechs Kauf-, Beschaffungs- und Verkaufsaktionen mehr als 190.000 Dollar an Vermögenswerten zu schaffen (Schuldscheine mit 10 % Zinsen). Das ergibt ein Einkommen von annähernd 19.000 Dollar jährlich, wobei viel davon durch unsere privaten Firmen geschützt ist. Ein Großteil dieser jährlichen 19.000 Dollar dient der Bezahlung unserer Firmenwagen, von Benzin, Reisen, Versicherungen, Abendessen mit Klienten und anderen Dingen. Auch wenn sich der Staat im Laufe der Zeit eine Möglichkeit schaffen sollte, dieses Einkommen zu besteuern, nutzt ihm das nichts – es ist schon für gesetzlich zulässige Vorsteuer-Aufwendungen ausgegeben worden.

Das war ein einfaches Beispiel dafür, wie Geld beschafft, angehäuft und geschützt wird, wenn man finanzielle Intelligenz einsetzt. Bei knapp 30 Arbeitsstunden wurden ungefähr 190.000 Dollar in der Aktivaspalte erzeugt!

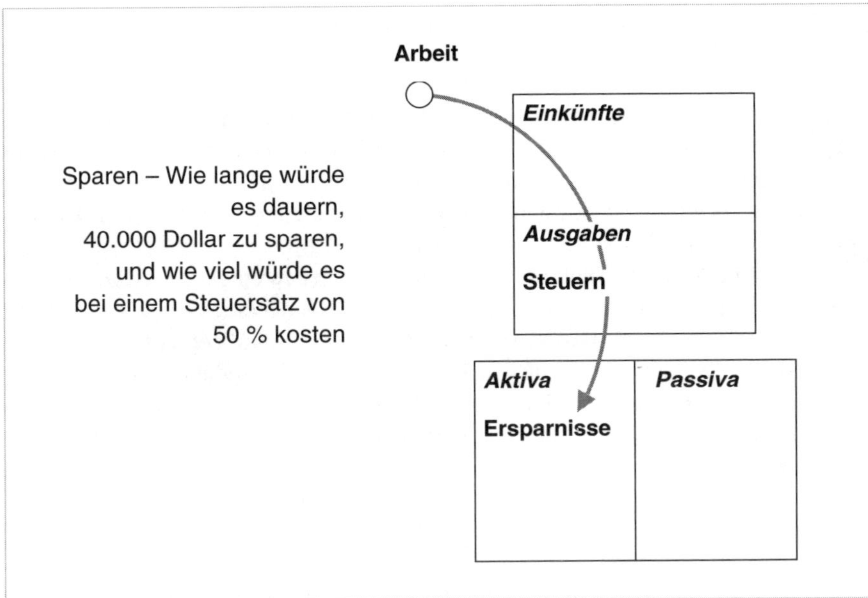

Überlegen wir nun mal, wie lange es dauern würde, um 190.000 Dollar zu sparen. Wie viel könnten Sie monatlich auf die hohe Kanate legen? Würde Ihnen die Bank 10 % Zinsen für ihr Geld zahlen? Meine Schuldverschreibungen laufen 30 Jahre. Ich hoffe, dass mir meine Schuldner nie die 190.000 Dollar bezahlen. Ich muss dann nämlich Steuern entrichten, wenn ich den Kapitalbetrag im Ganzen bekomme, und außerdem sind 19.000 Dollar, die 30 Jahre lang jährlich gezahlt werden, etwas mehr als 500.000 Dollar Einkommen.

Es gibt Leute, die mich fragen, was geschieht, wenn mein Schuldner nicht zahlt. Das kommt vor, und es ist dann eine gute Nachricht, denn das Haus fällt ja wieder zurück an mich. Ich könnte es für 60.000 oder sogar 70.000 Dollar erneut verkaufen, und wieder würden nur etwa 2.500 Dollar an Gebühren für die Kreditabwicklung anfallen. Für den neuen Käufer wäre dies immer noch ein gutes Geschäft, denn das Haus wäre inzwischen noch mehr wert. Und dieser Prozess könnte so weitergehen.

Wie Sie sahen, habe ich das erste Mal, als ich das Haus verkauft habe, die 2.000 Dollar zurückbezahlt. Genau genommen hatte ich kein eigenes Geld in der Transaktion. Meine Anlageverzinsung (ROI – Return on Investment) ist unendlich. Das ist ein Beispiel dafür, wie kein Geld eine Menge Geld erzeugt.

Bei der zweiten Transaktion, beim Wiederverkauf, hätte ich 2.000 Dollar in die Tasche gesteckt und das Darlehen wieder auf 30 Jahre verlängert. Wie hoch wäre mein Investitionsertrag, wenn man mir ein Gehalt zahlen würde, um Geld zu machen? Ich weiß es nicht, aber es wäre vielleicht etwas mehr als eine Ersparnis von 100 Dollar monatlich, die eigentlich mit 150 Dollar monatlich beginnt, weil es sich um ein Nachsteuer-Einkommen für 40 Jahre mit 5 % handelt, und wieder würden Sie für diese 5 % besteuert. Das ist nicht allzu intelligent. Man kann es vorsichtig nennen, aber es ist nicht gescheit.

Während ich dieses Buch schreibe, herrschen genau entgegengesetzte Marktbedingungen als vor fünf Jahren. Die gesamten USA beneiden Phönix um seinen Immobilienmarkt. Jene Häuser, die wir für 60.000 Dollar verkauft haben, sind nun 110.000 Dollar wert. Natürlich könnte ich säumigen Zahlern mit Zwangsvollstreckungen drohen und diese unter Umständen auch bis zum bitteren Ende durchziehen, aber es würde einen wertvollen Vermögenswert, meine Zeit, kosten. Zudem gibt es heute Tausende von Käufern, die nach solchen Geschäften suchen, und nur einige wenige, die finanziell sinnvoll sind. Der Markt hat sich verändert. Es ist Zeit, weiterzugehen und nach anderen Gelegenheiten zu suchen, um sie der Aktivaspalte einzufügen.

„Das können Sie hier nicht machen." „Das ist gegen das Gesetz." „Du lügst." – diese Kommentare höre ich sehr viel öfter als: „Können Sie mir zeigen, wie man das macht?"

Die Rechnung ist einfach. Man braucht weder Algebra noch Infinitesimalrechnung. Ich schreibe nicht viel, weil die Firma, die den hinterlegten Vertrag hat, die legale Transaktion und die Zahlungen tätigt. Ich muss keine Dächer reparieren oder Toiletten renovieren, weil das die Eigentümer machen. Es ist ihr Haus. Gelegentlich zahlt jemand nicht. Und das ist wunderbar, weil es dann Verzugsgebühren gibt, oder sie ziehen aus, und das Eigentum wird erneut verkauft. Die Justiz regelt das.

Es kann sein, dass das in ihrer Gegend nicht funktioniert. Die Marktbedingungen können anders sein. Aber das Beispiel zeigt, wie ein einfacher finanzieller Prozess mit wenig Geld und geringem Risiko Hunderttausende von Dollars entstehen lässt. Es ist ein Beispiel dafür, dass Geld nur auf einer Vereinbarung beruht. Jeder mit finanzieller Bildung kann das schaffen.

Doch die meisten Leute würden das nicht machen. Die meisten hören auf den Standardrat: „Arbeite fleißig und spare Geld."

Was klingt für Sie härter?

1. Arbeite fleißig, zahle 50 % Steuern, spare, was übrigbleibt. Ihre Ersparnisse verdienen Ihnen vielleicht 5 % Zinsen, die auch besteuert werden.

Oder:

2. Nehmen Sie sich die Zeit, ihre finanzielle Intelligenz zu entwickeln und die Macht ihres Gehirns und die Aktivaspalte einzuspannen.
   Denken Sie dabei bitte auch an die Zeit – einen ihrer größten Vermögenswerte –, die Sie brauchen, um 190.000 Dollar zu sparen, falls Sie sich für Option 1 entscheiden.

Jetzt können Sie verstehen, warum ich stumm den Kopf schüttle, wenn ich Eltern reden höre: „Meinem Kind geht es in der Schule gut, und es bekommt eine gute Ausbildung." Sie kann gut sein, aber ist sie angemessen?

Ich weiß, dass die oben genannte Investitionsstrategie bescheiden ist. Sie dient dazu, zu zeigen, wie etwas Kleines zu etwas Großem wachsen kann. Mein Erfolg spiegelt wieder einmal die Bedeutung einer soliden finanziellen Grundlage wider, die mit einer soliden finanziellen Ausbildung beginnt. Ich habe es bereits gesagt, und es ist wert, wiederholt zu werden – finanzielle Intelligenz besteht aus diesen vier Grundfähigkeiten in folgenden Bereichen:

1. Finanzielle Kenntnisse. Die Fähigkeit, Zahlen zu lesen.
2. Investitionsstrategien. Die Wissenschaft, wie Geld Geld erzeugt.
3. Markt. Angebot und Nachfrage. Alexander Graham Bell gab dem Markt, was er verlangte, ebenso Bill Gates. Ein für 60.000 Dollar angebotenes 75.000 Dollar – Haus, das 20.000 Dollar kostete, ist das Ergebnis, wenn man eine vom Markt geschaffene Chance wahrnehmen kann. Einer verkaufte und ein anderer kaufte.
4. Das Gesetz. Das Wissen über Buchhaltung, Unternehmen sowie nationale Regeln und Vorschriften. Ich empfehle, nach den Regeln zu spielen.

Dies ist das grundlegende Fundament oder die Kombination dieser Fähigkeiten, die man braucht, um beim Streben nach Reichtum – ob durch den Kauf kleiner Häuser, großer Wohnungen, Firmen, Aktien, Schuldverschreibungen, offener Investmentfonds, Edelmetalle, Baseballkarten oder ähnlichem – erfolgreich zu sein.

Gegen 1996 hatte sich der Immobilienmarkt erholt, und jeder beteiligte sich daran. Der Aktienmarkt erlebte einen Boom, und jeder machte mit. Die US-Wirtschaft kam wieder auf die Beine. Ich begann 1996 zu verkaufen und reiste nun nach Peru, Norwegen, Malaysia und auf die Philippinen. Die Investitionen hatten sich verändert. Wir waren aus dem Immobilienmarkt heraus, soweit es den Kauf betraf. Jetzt beobachte ich nur die Werte in der Aktivaspalte beim Wachsen und werde vermutlich später mit dem Verkaufen beginnen. Das hängt hier von einigen Gesetzesänderungen ab, die vom Kongress verabschiedet werden können. Ich vermute, dass einige dieser sechs kleinen Immobilien schrittweise verkauft werden und die Schuldverschreibungen in Bares umgewandelt werden. Ich muss meinen Steuerberater anrufen, um vorbereitet zu sein und nach Wegen zu suchen, das Bargeld zu schützen.

Der folgende Punkt ist sehr wichtig: Investitionen kommen und gehen, der Markt expandiert und schrumpft und die Wirtschaft wächst und bricht wieder zusammen. Die Welt bietet Ihnen ihr ganzes Leben hindurch Chancen, jeden Tag ihres Lebens, allzu oft jedoch werden sie nicht wahrgenommen. Aber sie sind da. Und je mehr sich die Welt und die Technologie verändern, desto mehr Gelegenheiten wird es geben, die es Ihnen und ihrer Familie gestatten, sich und die kommenden Generationen finanziell abzusichern.

Warum sollen Sie sich also den Kopf zerbrechen, um ihre finanzielle Intelligenz zu entwickeln? Wiederum können nur Sie diese Frage beantworten. Ich weiß, warum ich weiterhin lerne und mich entwickle. Ich mache es, weil ich mir bewusst bin, dass Änderungen kommen. Ich begrüße Veränderungen eher, als dass ich an der Vergangenheit hänge. Ich weiß, dass es Marktbooms und Marktzusammenbrüche geben wird. Ich möchte meine finanzielle Intelligenz laufend verbessern, weil bei jeder Veränderung auf dem Markt einige Leute auf den Knien um Arbeit betteln werden. Andere werden währenddessen die Zitronen ergreifen, die ihnen das Leben gibt – und wir alle bekommen gelegentlich Zitronen – und sie in Millionen verwandeln. Das ist finanzielle Intelligenz.

Ich werde oft nach meinen Millionengeschäften gefragt. Allerdings führe ich ungern weitere Beispiele eigener Investitionen an. Ich zögere, weil ich fürchte, dass es als Angeberei verstanden werden könnte. Das ist nicht meine Absicht. Ich führe die Beispiele nur zur zahlenmäßigen oder chronologischen Illustration konkreter und einfacher Fälle an. Ich verwende sie, weil ich Ihnen zeigen will, dass es einfach ist. Es ist umso einfacher, je vertrauter sie mit den vier Säulen finanzieller Intelligenz sind.

Was mich betrifft, verwende ich für finanzielles Wachstum zwei Mittel: Immobilien und Aktien kleiner Firmen. Immobilien sind mein Fundament. Dieses Eigentum bringt Tag für Tag einen Kapitalfluss hervor und gelegentlich einen unerwarteten Wertzuwachs. Die kleinen Aktiengesellschaften sind für das schnelle Wachstum.

Ich empfehle nichts von dem, was ich mache. Die Beispiele sind auch nur als solche gedacht. Wenn eine sich bietende Möglichkeit zu komplex erscheint und ich die Investition nicht verstehe, lasse ich es. Einfache Mathematik und gesunder Menschenverstand sind alles, was man braucht, damit es einem finanziell gut geht.

Warum also führe ich Beispiele an?

1. Um die Leute zu inspirieren, mehr zu lernen,
2. den Leuten zu sagen, dass es einfach ist, wenn die Grundlage stabil ist,
3. zu zeigen, dass jeder großen Reichtum erlangen kann,
4. zu zeigen, dass es Millionen Wege gibt, seine Ziele zu erreichen, und
5. zu zeigen, dass es sich nicht um Raketenforschung handelt.

1989 joggte ich immer durch eine hübsche Gegend in Portland, Oregon. Es war ein Randviertel mit Lebkuchenhäuschen – klein und niedlich. Ich erwartete fast, Rotkäppchen die Straße entlang auf dem Weg zu seiner Großmutter springen zu sehen.

Überall waren Schilder, auf denen „Zu verkaufen" stand. Der Markt für Bauholz war fürchterlich, der Aktienmarkt war gerade zusammengebrochen, und die Wirtschaft befand sich in der Depression. In einer Straße bemerkte ich ein Verkaufsschild, das offensichtlich länger als die anderen da stand. Es sah alt aus. Als ich eines Tages vorbeilief, traf ich den Besitzer, der besorgt aussah.

„Was wollen Sie für das Haus?", fragte ich.

Der Eigentümer wandte sich mir zu und lächelte müde. „Machen Sie mir ein Angebot", antwortete er. „Es ist seit über einem Jahr zu verkaufen. Niemand kommt vorbei, um es sich auch nur anzuschauen."

„Ich werde es mir ansehen", sagte ich und kaufte eine halbe Stunde später das Haus für 20.000 Dollar unter dem geforderten Preis.

Es handelte sich um ein niedliches Haus mit Lebkuchen-Zierleisten an allen Fenstern. Es war hellblau mit grauen Tönungen und um 1930 gebaut worden. Drinnen befanden sich ein schöner Steinkamin sowie zwei winzige Schlafzimmer. Es war ein perfektes Mietshaus.

Ich gab dem Eigentümer eine Anzahlung von 5.000 Dollar für ein 45.000 Dollar-Haus, das eigentlich 65.000 Dollar wert war, das aber niemand kaufen wollte. Der Eigentümer – glücklich, frei zu sein – zog innerhalb von nur einer Woche aus, und mein erster Mieter, ein College-Professor, zog ein. Nachdem die

Hypothek, die Kosten und die Abwicklungsgebühren bezahlt waren, steckte ich am Ende jedes Monats etwas weniger als 40 Dollar in die Tasche. Das war kaum aufregend.

Ein Jahr später begann sich der Immobilienmarkt von Oregon, der sich bis dahin in einer Depressionsphase befunden hatte, zu erholen. Kapitalanleger aus Kalifornien, voller Geld aus ihrem noch florierenden Immobilienmarkt, zogen nach Norden und kauften Oregon und Washington.

Dieses kleine Haus überließ ich zwei jungen Leuten aus Kalifornien für 95.000 Dollar, die das für einen guten Handel hielten. Meine Kapitalgewinne von annährend 40.000 Dollar wurden steuersicher geparkt, und ich machte mich auf die Suche nach einem neuen Objekt für mein Geld. Nach etwa einem Monat fand ich ein Mietshaus mit 12 Wohneinheiten in der Nähe der Intel-Fabrik in Beaverton in Oregon. Es war etwa 450.000 Dollar wert. Die Eigentümer lebten in Deutschland, hatten keine Vorstellung davon und wollten das Gebäude unbedingt loswerden. Ich bot ihnen 275.000 Dollar, wir einigten uns auf 300.000 Dollar. Ich kaufte es und behielt es zwei Jahre. Dann verkauften wir – unter Ausnützung sämtlicher steuersparender Möglichkeiten – das Gebäude für 495.000 Dollar und erwarben ein Wohnhaus mit 30 Einheiten in Phoenix, Arizona. Wir waren schon nach Phoenix umgezogen und wollten ohnehin verkaufen. Wie vorher der Markt in Oregon, befand sich nun auch der Immobilienmarkt in Phoenix in einer Depressionsphase. Der Preis des Wohnhauses mit 30 Einheiten in Phoenix betrug 875.000 Dollar mit einer Anzahlung von 225.000 Dollar. Der Kapitalfluss dieser 30 Wohneinheiten betrug etwas mehr als 5.000 Dollar monatlich. Der Markt in Arizona begann sich aufwärts zu bewegen, und 1996 bot mir ein Kapitalanleger aus Colorado 1,2 Millionen Dollar für den Besitz.

Meine Frau und ich zogen den Verkauf in Betracht, aber wir entschieden uns zu warten, um zu sehen, ob das Gesetz über Kapitalgewinne vom Kongress geändert wird. Wenn es geändert wird, vermuten wir, dass der Wert des Besitzes nochmals um 15 bis 20 % wachsen wird. Abgesehen davon bringen die 5.000 Dollar monatlich einen hübschen Kapitalfluss hervor.

Der Punkt, auf den es bei diesem Beispiel ankommt, ist, wie ein kleiner Betrag zu einem großen Betrag anwachsen kann. Wieder geht es darum, Bilanzen, Investitionsstrategien und die Gesetze zu verstehen sowie ein Gefühl für den Markt zu haben. Wenn man auf diesen Gebieten nicht beschlagen ist, muss man dem Standarddogma folgen, das da lautet, auf Sicherheit zu spielen, Risiken zu streuen und nur in sichere Anlagen zu investieren. Das Problem „sicherer“ Investitionen ist, dass sie häufig keimfrei gemacht werden, d. h. so sicher, dass die Gewinne entsprechend niedrig sind.

Die meisten großen Brokerfirmen werden, um sich und ihre Klienten zu schützen, keine allzu spekulativen Transaktionen durchführen. Das ist eine durchaus kluge Politik.

Die wirklich heißen Geschäfte werden nicht Anfängern angeboten. Häufig sind die besten Geschäfte, die die Reichen noch reicher machen, für die reserviert, die das Spiel verstehen. Genau genommen verstößt es gegen die guten Sitten, jemandem, der nicht für „gescheit" gehalten wird, solche spekulativen Geschäfte anzubieten, aber es kommt natürlich vor.

Je „gescheiter" – wie man so sagt – ich wurde, desto mehr Gelegenheiten ergaben sich. Die Entwicklung ihrer finanzieller Intelligenz im Verlauf ihres Lebens ergibt sich einfach dadurch, dass Ihnen mehr Gelegenheiten geboten werden.

Und je größer ihre finanzielle Intelligenz ist, desto leichter fällt es Ihnen, zu sagen, ob ein Geschäft gut ist. Es ist ihre Intelligenz, die ein schlechtes Geschäft spüren oder in ein gutes verwandeln kann. Je mehr ich lerne – und es gibt viel zu lernen –, desto mehr Geld verdiene ich, einfach deshalb, weil ich im Lauf der Jahre Erfahrung und Weisheit sammle. Ich habe Freunde, die auf Sicherheit spielen, indem sie in in ihrem Beruf viel arbeiten und es nicht schaffen, finanzielle Weisheit zu erwerben, denn es braucht Zeit, diese zu entfalten.

Meine generelle Philosophie besteht darin, Samen in meine Aktivaspalte zu säen. Das ist mein Rezept. Ich fange klein an und setze Samen. Einige wachsen, einige nicht.

In unserer Immobilienfirma haben wir ein Vermögen von mehreren Millionen Dollar. Es ist unser eigener Immobilien-Investment-Trust. Der wichtigste Punkt dabei ist, dass die meisten dieser Millionen als kleine 5.000-Dollar- bis 10.000-Dollar-Investitionen begonnen haben. Alle diese Anzahlungen hatten das Glück, von einem schnell expandierenden Markt zu profitieren, steuerfrei zu wachsen und jahrelang mehrere Male hin und her gehandelt zu werden.

Wir besitzen auch ein Aktien-Portefeuille, das in einer Firma steckt, die meine Frau und ich als unseren persönlichen offenen Investmentfond bezeichnen. Wir haben Freunde, die speziell mit Anlegern wie uns, die wir jeden Monat Extrageld zum Investieren haben, Geschäfte machen. Wir kaufen hochriskante Gesellschaften mit beschränkter Haftung, die gerade dabei sind, in den USA oder in Kanada an die Börse zu gehen. Ein Beispiel dafür, wie schnelle Gewinne gemacht werden, sind 100.000 Anteile, die vor dem Börsengang einer Firma für einen Stückpreis von 25 Cents verkauft wurden. Sechs Monate später ist die Firma notiert, und die 100.000 Anteile sind nun jeweils zwei Dollar wert. Wenn die Firma gut geführt wird, wird der Preis weiter steigen und der Bestand kann auf

20 Dollar und mehr pro Aktie wachsen. Es gibt Jahre, in denen 25.000 Dollar in weniger als einem Jahr auf eine Million gestiegen sind.

Es ist kein Glücksspiel, wenn man weiß, was man tut. Es ist ein jedoch Glücksspiel, wenn man einfach Geld in ein Geschäft steckt und betet. In jeder Sache ist es wichtig, ihr fachliches Wissen, ihre Weisheit und ihre Liebe für das Spiel zu nutzen, um die Verlustchancen gering zu halten und das Risiko zu senken.

Natürlich gibt es immer ein Risiko. Finanzielle Intelligenz verbessert aber die Chancen. Deshalb ist das, was für eine Person hoch riskant ist, für eine andere leicht überschaubar. Das ist der wesentliche Grund, warum ich die Leute ständig ermutige, mehr in ihre finanzielle Bildung als in Aktien, Immobilien oder andere Märkte zu investieren. Je klüger Sie sind, desto bessere Chancen haben Sie, die schlechten Karten zu stechen.

Die Aktienspiele, in die ich selbst investiere, sind für die meisten Leute höchst riskant und absolut nicht zu empfehlen. Ich spiele dieses Spiel seit 1979 und habe sehr viel Lehrgeld bezahlt. Aber wenn Sie nochmals lesen, warum solche Investitionen für die meisten Menschen zu riskant sind, werden Sie vielleicht in der Lage sein, sich ihr Leben anders einzurichten, sodass die Fähigkeit, 25.000 Dollar zu nehmen und innerhalb eines Jahres in eine Million zu verwandeln, ein geringes Risiko für Sie sein wird.

Wie bereits dargelegt, ist nichts von dem, was ich geschrieben habe, eine Empfehlung. Alles wurde lediglich als Beispiel für das, was einfach und möglich ist, benutzt. Was ich mache, sind Kleinigkeiten im Gesamtzusammenhang, und doch ist für den durchschnittlichen Menschen ein passives Einkommen von mehr als 100.000 Dollar jährlich erstrebenswert und nicht schwierig zu erreichen. Abhängig vom Markt und davon, wie klug Sie vorgehen, könnte es in fünf bis zehn Jahren der Fall sein. Wenn Sie ihre Lebenshaltungskosten niedrig halten, sind 100.000 Dollar als zusätzliches Einkommen angenehm, unabhängig davon, ob Sie arbeiten. Sie können weiter arbeiten gehen oder sich nur noch mit ihren Hobbies beschäftigen, wenn Sie wollen, und gleichzeitig das staatliche Steuersystem zu ihren Gunsten zu nutzen, statt sich zu ihrem Nachteil benutzen zu lassen.

Meine persönliche Grundlage sind Immobilien. Ich liebe Immobilien, weil sie beständig sind und sich langsam bewegen. Ich behalte eine solide Grundlage. Der Kapitalfluss ist ziemlich konstant, und bietet – richtig gehandhabt – eine gute Chance, im Wert zu steigen. Das Schönste an einer soliden Immobiliengrundlage ist, dass sie es mir gestattet, etwas risikofreudiger mit den spekulativeren Aktien umzugehen, die ich kaufe.

Wenn ich an der Börse große Gewinne mache, zahle ich auf den Gewinn meine Kapitalertragssteuer und reinvestiere den Rest in Immobilien, wiederum um meine Grundlage an Vermögenswerten weiter zu sichern.

Ein letztes Wort über Immobilien. Ich bin in der ganzen Welt umhergereist und habe über Investieren unterrichtet. In jeder Stadt höre ich Leute sagen, dass man Immobilien nicht billig kaufen kann. Das entspricht nicht meiner Erfahrung. Sogar in New York oder in Tokio oder einfach in den Vororten der nächsten Stadt werden erstklassige Gelegenheiten von den meisten Leuten übersehen. In Singapur, wo zurzeit hohe Immobilienpreise herrschen, kann man immer noch innerhalb einer kurzen Fahrentfernung Geschäfte machen. Wann immer ich also jemanden auf mich zeigend „Das kann man hier nicht machen" höre, erinnere ich ihn daran, dass die eigentliche Aussage lauten müsste: „Ich weiß nicht, wie man das hier machen kann … noch nicht."

Gute Chancen entdecken Sie nicht mit den Augen. Sie werden mit dem Verstand entdeckt. Die meisten Leute werden einfach deshalb nie reich, weil sie finanziell nicht trainiert sind, um Gelegenheiten direkt vor ihnen zu erkennen.

Ich werde oft gefragt: „Wie fange ich an?"

Im letzten Kapitel zeige ich Ihnen zehn Schritte, denen ich auf dem Weg zu meiner finanziellen Freiheit gefolgt bin. Aber denken Sie daran, Spaß zu haben. Es ist nur ein Spiel. Manchmal gewinnen Sie und manchmal lernen Sie. Aber Spaß sollte schon dabei sein. Die meisten Leute gewinnen nie, weil sie zu viel Angst vor dem Verlieren haben.

Darum habe ich die Schule als so albern empfunden. In der Schule lernen wir, dass Fehler schlimm sind und dass wir dafür bestraft werden. Aber wenn wir die Art betrachten, in der es den Menschen bestimmt ist zu lernen, erkennen wir, dass der Lernprozess darin besteht, Fehler zu machen. Wir lernen laufen, indem wir hinfallen. Wenn wir nie gefallen wären, würden wir nie laufen. Dasselbe gilt fürs Fahrradfahren. Ich habe immer noch Narben an den Knien, aber heute kann ich Fahrradfahren ohne zu denken.

Und dasselbe gilt fürs Reichwerden. Unglücklicherweise sind die meisten in der Tat deshalb nicht reich, weil sie so viel Angst vor dem Verlieren haben. Siegern macht es nicht viel aus zu verlieren. Aber die Verlierer haben Angst davor. Misserfolg ist nun mal ein Teil des Erfolgsprozesses. Leute, die den Misserfolg vermeiden, weichen auch dem Erfolg aus.

Ich betrachte das Geld wie mein Tennisspiel. Ich spiele ernsthaft, mache Fehler, korrigiere sie, mache andere Fehler, korrigiere diese und werde besser. Wenn ich das Spiel verliere, lange ich über das Netz, schüttle meinem Gegner die Hand, lächle und sage: „Wir sehen uns am nächsten Samstag."

Es gibt zwei Arten von Kapitalanlegern:

1. Am häufigsten sind die Leute, die ein Investmentpaket kaufen. Sie rufen einen Händler, etwa eine Immobilienfirma, einen Börsenbroker oder einen Finanzplaner an und kaufen etwas. Es könnte ein offener Investmentfond, ein Immobilien-Investment-Trust, eine Anleihe oder eine Obligation sein. Es ist eine gute, einfache und saubere Art zu investieren. Im übertragenen Sinne sind das Käufer, die in einen Computerladen gehen und einen Computer direkt vom Regal kaufen.
2. Der zweite Typ sind Kapitalanleger, die Investitionen schaffen. Dieser Anleger stellt üblicherweise ein Geschäft zusammen, so wie jemand, der Computerteile kauft und selbst zusammenmontiert. Es ist wie ein Maßanzug. Ich verstehe zwar überhaupt nichts über den Zusammenbau von Computerteilen. Aber ich weiß, wie man Teile von Chancen zusammenlegt oder kenne Leute, die das machen.

Gerade dieser zweite Typ des Kapitalanlegers ist höchstwahrscheinlich ein professioneller Investor. Manchmal kann es Jahre dauern, bis alle Teile beisammen sind. Und manchmal kommen sie nie zusammen. Mein reicher Vater ermutigte mich, zum zweiten Anlegertyp zu gehören. Es ist wichtig zu lernen, wie man die Teile zusammensetzt, weil man so zu riesigen Gewinnen kommt, manchmal aber auch zu riesigen Verlusten, wenn die Strömung gegen einen ist.

Wenn Sie zum zweiten Typ Anleger gehören wollen, müssen Sie drei Hauptfähigkeiten entwickeln. Diese Fähigkeiten sind zusätzlich zu den bereits beschriebenen notwendig, um finanziell erfolgreich zu werden:

1. Wie man eine Chance findet, die alle anderen übersehen haben. Sie sehen mit ihrem Verstand, was andere mit ihren Augen übersehen. So kaufte beispielsweise einer meiner Freunde ein heruntergekommenes altes Haus. Es sah gespenstisch aus. Jeder wunderte sich, warum er es gekauft hatte. Im Unterschied zu uns hatte er jedoch gesehen, dass zu dem Haus zusätzlich auch vier unbebaute Grundstücke gehörten. Er hatte das erkannt, als er mit dem Eigentümer, einer Firma, dort war. Nachdem er das Haus gekauft hatte, riss er es ab und verkaufte einem Bauherrn die fünf Grundstücke für dreimal so viel, wie er dafür gezahlt hatte. Er bekam 75.000 Dollar für nur zwei Monate Arbeit. Es ist vielleicht nicht sehr viel Geld, aber es übertrifft sicher den Mindestlohn und es ist technisch nicht schwierig.

2. Wie man Geld vermehrt. Der Durchschnittsmensch geht nur zur Bank. Der zweite Typ des Kapitalanlegers muss wissen, wie man das Kapital vermehrt, und es gibt viele Wege, die keine Bank erfordern. Zunächst habe ich gelernt, wie man Häuser ohne eine Bank kauft. Nicht so sehr die Häuser, sondern die erlernte Fähigkeit der Geldvermehrung ist unbezahlbar.

Viel zu oft höre ich Leute sagen: „Die Bank wollte mir das Geld nicht leihen“ oder: „Ich habe nicht das Geld, um das zu kaufen.“ Wenn Sie ein Kapitalanleger des zweiten Typs sein wollen, müssen Sie lernen, wie man noch nicht vorhandenes Geld aktiviert und vermehrt. Mit anderen Worten: Die meisten Menschen lassen zu, dass sie ihr Geldmangel daran hindert, ein Geschäft zu machen. Wenn Sie diese Hürde meistern können, werden Sie denjenigen um Millionen voraus sein, die sich diese Fähigkeit nicht antrainieren.

Schon oft kaufte ich ein Haus, eine Anleihe oder einen Wohnblock ohne einen Penny von der Bank. Ich habe einmal einen Wohnblock für 1,2 Millionen Dollar erstanden. Ich tat das, was man „knebeln“ nennt, mit einem schriftlichen Vertrag zwischen Verkäufer und Käufer. Dann habe ich ein Depot über 100.000 Dollar angelegt, das mir 90 Tage verschaffte, um den Rest des Geldes aufzutreiben. Warum habe ich das gemacht? Einfach weil ich wusste, dass der Wohnblock zwei Millionen wert war. Ich habe das Geld nie beschafft. Stattdessen gab mir die Person, die die 100.000 Dollar bereitstellte, 50.000 Dollar dafür, dass ich dieses Bombengeschäft gefunden hatte. Sie übernahm meine Position und ich verschwand. Gesamtarbeitszeit: drei Tage. Wieder einmal kommt es mehr darauf an, was man weiß, als was man kauft. Investieren heißt nicht kaufen. Es ist mehr eine Sache des Wissens.

3. Wie man kluge Leute organisiert. Intelligente Leute sind diejenigen, die mit einer intelligenteren Person als sie selbst zusammenarbeiten oder sie einstellen. Wenn sie Rat brauchen, vergewissern sie sich, dass sie sich ihren Ratgeber klug auswählen.

Es gibt eine Menge zu lernen, aber die Belohnungen können astronomisch sein. Wenn Sie diese Fähigkeiten nicht lernen wollen, dann wird Ihnen hiermit dringend nahegelegt, ein Kapitalanleger vom Typ 1 zu sein. Das, was Sie wissen, ist ihr größter Reichtum. Das, was Sie nicht wissen, ist ihr größtes Risiko.

Es gibt immer ein Risiko, also lernen Sie, damit umzugehen, anstatt es bloß zu vermeiden.

Kapitel sieben

Lektion sechs: Arbeiten Sie, um zu lernen – arbeiten Sie nicht für Geld

1995 gab ich ein Interview für eine Zeitung in Singapur. Die junge Reporterin war pünktlich und das Interview begann zügig. Wir saßen beim Kaffee in der Halle eines Luxushotels und sprachen über den Zweck meines Besuchs in Singapur. Ich teilte das Podium mit Zig Ziglar. Er sprach über Motivation und ich sprach über „Die Geheimnisse der Reichen".

„Eines Tages möchte ich Bestseller schreiben wie Sie", sagte sie. Ich hatte einige der Artikel gesehen, die sie für die Zeitung geschrieben hatte, und war beeindruckt. Sie hatte einen knallharten, klaren Stil. Ihre Artikel hielten das Interesse der Leser wach.

„Sie haben einen großartigen Stil", antwortete ich. „Was hindert Sie daran, ihren Traum zu erreichen?"

„Meine Arbeit scheint nicht voranzugehen", sagte sie leise. „Jeder sagt, dass meine Geschichten ausgezeichnet sind, aber es passiert nichts. So bleibe ich bei der Zeitung. Wenigstens kann ich damit die Rechnungen zahlen. Haben Sie irgendwelche Ideen?"

„Ja, die habe ich", entgegnete ich heiter. „Einer meiner Freunde hier in Singapur betreibt eine Schule, die den Leuten das Verkaufen beibringt. Er gibt Verkaufstrainingskurse für viele der wichtigsten Firmen hier in Singapur, und ich glaube, es würde ihre Karriere sehr fördern, wenn Sie einen seiner Kurse besuchten."

Sie versteifte sich: „Wollen Sie sagen, dass ich in die Schule gehen soll, um verkaufen zu lernen?"

Ich nickte.

„Sie meinen das nicht ernst, nicht wahr?"

Wieder nickte ich und konterte: „Was ist daran falsch?" Sie war verletzt, und nun wünschte ich, dass ich nichts gesagt hätte. In meinem Bemühen, zu helfen, musste ich nun meinen Vorschlag verteidigen.

„Ich habe einen M.A. in Englischer Literatur. Warum sollte ich in die Schule gehen und Verkäuferin lernen? Ich bin Akademikerin. Ich bin zur Schule gegangen, um eine fachliche Ausbildung zu erhalten und brauche deshalb keine Verkäuferin sein. Ich hasse Verkäufer. Alles was sie wollen, ist Geld. Sagen Sie mir, warum ich Verkauf studieren soll?“ Sie griff heftig nach ihrer Aktentasche. Das Interview war vorbei.

Auf dem niedrigen Tisch lag ein Exemplar meines ersten Buches: *If You Want To Be Rich And Happy … Don't Go To School?* (Wenn Sie reich und glücklich sein wollen … Nicht in die Schule gehen?). Ich hob es mit den Notizen auf, die sie sich auf ihren Block gemacht hatte. „Sehen Sie das?“, sagte ich, indem ich auf ihre Notizen wies.

Sie sah darauf. „Was denn?“, fragte sie verwirrt.

Ich wies nochmals bewusst auf ihre Aufzeichnungen. Auf ihren Block hatte sie geschrieben: „Robert Kiyosaki, Bestseller-Autor.“

„Das bedeutet doch: meistverkaufter Autor, und nicht bestschreibender Autor.“

Sogleich wurden ihre Augen groß.

„Ich bin ein schlechter Autor. Sie sind eine gute Autorin. Ich bin auf eine Verkäuferschule gegangen. Sie haben den M.A. gemacht. Wenn Sie das zusammenwerfen, werden Sie eine bestverkaufende und bestschreibende Autorin.“

Ihre Augen flackerten zornig. „Ich werde mich nie so weit erniedrigen, um zu lernen, wie man verkauft. Leute wie Sie sind nicht Berufsschriftsteller. Ich bin eine ausgebildete Autorin und Sie sind ein Verkäufer. Das ist nicht fair.“

Sie steckte den Rest ihrer Notizen weg und eilte durch die großen Glastüren hinaus in den feuchten Morgen Singapurs.

Wenigstens schrieb sie am nächsten Morgen eine faire und günstige Pressemeldung.

Die Welt ist voll mit klugen, talentierten, gebildeten und begabten Leuten. Wir treffen sie täglich. Sie umgeben uns ständig.

Vor einiger Zeit war mein Auto nicht in Ordnung. Ich brachte es zur Werkstatt, und der junge Mechaniker hatte es in wenigen Minuten gerichtet. Er erkannte den Fehler durch bloßes Hören des Motorgeräusches. Ich war erstaunt.

Die traurige Wahrheit ist jedoch, dass ein großes Talent allein nicht reicht.

Ich bin immer wieder schockiert, wie wenig die talentierten Leute verdienen. Ich habe vor ein paar Tagen gehört, dass weniger als 5 % aller Amerikaner mehr als 100.000 Dollar jährlich verdienen. Ich habe brillante, gut ausgebildete Leute getroffen, die weniger als 20.000 Dollar im Jahr verdienen. Ein Wirtschaftsberater, spezialisiert auf Handel im medizinischen Bereich, erzählte mir, wie viele

Ärzte, Zahnärzte und Chiropraktiker sich finanziell abmühen. Damals dachte ich, dass die Dollars nach ihrem Abschluss hereinströmen würden.

Es war dieser Wirtschaftsberater, der mir die Redensart: „Sie sind eine Fähigkeit weit weg vom großen Reichtum" eingab. Diese Redensart bedeutet, dass die meisten Leute nur eine weitere Fähigkeit lernen und beherrschen müssten, damit ihr Einkommen auf einmal anfängt, exponentiell zu wachsen. Ich habe bereits erwähnt, dass finanzielle Intelligenz eine Synergie von Buchhaltung, Investieren, Marketing und Recht ist. Wenn man diese vier technischen Fähigkeiten kombiniert, ist es leichter, Geld mit Geld zu verdienen. Wenn es ums Geld geht, ist die einzige Fähigkeit, die die meisten Leute kennen, nur die, viel zu arbeiten.

Das klassische Beispiel der Synergie von Fähigkeiten ist das der jungen Journalistin. Wenn sie die Fähigkeiten Verkauf und Marketing fleißig lernen würde, würde sich ihr Einkommen beeindruckend erhöhen. Wenn ich sie wäre, würde ich einige Kurse in Werbung, Verlagsrecht und auch im Verkauf belegen. Dann würde ich, statt bei der Zeitung zu arbeiten, eine Stelle bei einer Werbeagentur suchen. Selbst wenn sie Abstriche beim Gehalt hätte, würde sie lernen, in „Spots", wie sie in einer erfolgreichen Werbung üblich sind, zu kommunizieren. Sie würde auch Zeit damit verbringen, Öffentlichkeitsarbeit – eine wichtige Fähigkeit – zu lernen. Sie würde lernen, Millionen in der freien Werbung zu machen. Dann könnte sie nachts und an den Wochenenden ihren großen Roman schreiben. Wenn er fertig wäre, könnte sie ihr Buch besser verkaufen. Vielleicht wäre sie dann in kurzer Zeit eine Bestseller-Autorin.

Als ich mich erstmals mit meinem Buch *Wenn Sie reich und glücklich sein wollen ... Nicht in die Schule gehen?* vorstellte, schlug ein Verleger vor, den Titel in: „Die Ökonomie der Ausbildung" abzuändern. Ich sagte ihm, dass ich mit einem Titel wie diesem zwei Bücher verkaufen würde, eines an meine Familie, und eines an meinen besten Freund. Das Problem wäre dann nur, dass sie nichts dafür zahlen würden.

Der provokative Titel „Wenn Sie reich und glücklich sein wollen ... Nicht in die Schule gehen?" wurde gewählt, weil wir wussten, dass wir damit massenhaft Publicity bekommen würden. Ich bin für Ausbildung und glaube an die Möglichkeit der Weiterentwicklung jeder Unterrichtsform. Warum sollte ich sonst weiterhin auf eine Reform unseres veralteten Ausbildungssystems drängen? Deshalb wählte ich einen Titel, der mich in mehr Fernseh- und Radioshows bringen würde, einfach, weil ich provozieren wollte. Viele Leute dachten, dass ich ein Witzbold wäre, aber das Buch verkaufte sich weiter und weiter. Das war der Grund, warum es von der ersten Woche an ein „Bestseller" war.

Als ich 1969 meinen Abschluss an der US-Handelsmarine machte, war mein gebildeter Vater glücklich. Standard Oil of California hatte mich für seine Öltankerflotte angeheuert. Ich war dritter Maat, und die Bezahlung war im Vergleich zu meinen Klassenkameraden niedrig, aber es war für die erste richtige Stelle nach dem College in Ordnung. Mein Anfangsgehalt betrug etwa 42.000 Dollar im Jahr, einschließlich Überstunden, und ich musste nur sieben Monate arbeiten. Ich hatte fünf Monate Urlaub. Wenn ich interessiert gewesen wäre, hätte ich für die Fahrt nach Vietnam bei einer Tochterreederei anheuern können und statt der fünf Monate Urlaub meine Bezahlung leicht verdoppeln können.

Ich hatte eine tolle Karriere vor mir, und doch kündigte ich nach sechs Monaten bei der Firma und ging zum Marinecorps, um Fliegen zu lernen. Mein gebildeter Vater war am Boden zerstört. Mein reicher Vater beglückwünschte mich.

In der Schule und am Arbeitsplatz ist die Idee der „Spezialisierung" Allgemeingut. Das bedeutet, dass man sich spezialisieren muss, um mehr Geld zu verdienen oder befördert zu werden. Deshalb versuchen sich Ärzte sofort zu spezialisieren. Dasselbe gilt für Buchhaltungsfachkräfte, Architekten, Anwälte, Piloten und andere.

Mein gebildeter Vater glaubte an dieses Dogma. Deshalb war er außer sich vor Freude, als er schließlich promovierte. Häufig stimmte er zu, dass die Schulen Leute belohnen, die immer mehr von immer weniger studieren.

Mein reicher Vater ermutigte mich, genau das Gegenteil zu machen. Seine Devise war, dass „man wenig von viel wissen sollte". Deshalb habe ich jahrelang in unterschiedlichen Abteilungen seiner Firmen gearbeitet. Eine Zeitlang war ich in der Buchhaltung. Obwohl ich wahrscheinlich niemals ein Buchhalter sein sollte, wollte er, dass ich gewissermaßen durch Osmose lerne. Mein reicher Vater wusste, dass ich den „Jargon" und ein Gespür dafür, was wichtig und was unwichtig ist, aufnehmen würde. Ich habe auch als Busschaffner und auf dem Bau gearbeitet, ebenso im Verkauf, im Einkauf und im Marketing. Er bereite Mike und mich vor. Deshalb bestand er darauf, dass wir bei den Sitzungen mit seinen Bankberatern, Anwälten, Buchhaltungsspezialisten und Maklern dabeisaßen. Er wollte, dass wir ein wenig über alles in seinem Imperium wussten.

Als ich meine gut bezahlte Stellung bei Standard Oil aufgab, hatte mein gebildeter Vater ein offenes Gespräch mit mir. Er war bestürzt. Er konnte meine Entscheidung nicht verstehen, eine Karriere aufzugeben, die eine gute Bezahlung, großzügige Sachleistungen, viel Freizeit und Beförderungschancen bot. Als er mich eines Abends fragte: „Warum hast du gekündigt?", konnte ich es ihm nicht erklären, so sehr ich es auch versuchte. Meine Logik passte nicht zu seiner Logik.

Das große Problem dabei war, dass meine Logik die Logik meines reichen Vaters war.

Für meinen gebildeten Vater bedeutete Arbeitsplatzsicherheit alles, für meinen reichen Vater war Lernen das Wichtigste.

Mein gebildeter Vater dachte, dass ich zur Schule ging, um mich zum Schiffsoffizier ausbilden zu lassen. Mein reicher Vater wusste, dass ich zur Schule ging, um internationalen Handel zu studieren. So nahm ich als Student an Frachterreisen teil, fuhr auf großen Frachtern, Öltankern und Passagierschiffen nach Fernost und in den Südpazifik. Mein reicher Vater legte Wert darauf, dass ich im Pazifik bleiben sollte, anstatt Schiffe nach Europa zu übernehmen, weil er wusste, dass die aufstrebenden Nationen in Asien und nicht in Europa waren. Während die meisten meiner Mitschüler, einschließlich Mike, in ihren Verbindungshäusern Parties feierten, studierte ich alles über Handel, Menschen, Geschäftsstile und Kultur in Japan, Taiwan, Thailand, Singapur, Hongkong, Vietnam, Korea, Tahiti, auf Samoa und auf den Philippinen. Ich feierte auch Parties, aber nicht in irgendeinem Verbindungshaus. Ich wuchs schnell heran.

Mein gebildeter Vater konnte nicht verstehen, warum ich mich entschied zu kündigen und zum Marinecorps zu gehen. Ich sagte ihm, dass ich fliegen lernen wollte, aber in Wirklichkeit wollte ich Truppenführung lernen. Mein reicher Vater erklärte mir, dass der schwierigste Teil der Firmenführung darin besteht, Menschen anzuleiten. Er hatte drei Jahre in der Armee verbracht. Mein gebildeter Vater war von der Wehrpflicht befreit. Mein reicher Vater erzählte mir, wie wichtig es war zu lernen, Männer in gefährlichen Situationen zu führen. „Als nächstes solltest du Führung lernen", sagte er. „Wenn du kein guter Führer bist, wirst du hinterrücks abgeschossen, gerade so wie im Geschäftsleben."

Als ich 1973 aus Vietnam zurückkehrte, gab ich mein Offizierspatent zurück, obwohl ich gerne flog. Ich fand eine Stelle bei Xerox. Ich ging aus einem einzigen Grund dorthin – nicht wegen irgendwelcher Sachleistungen, sondern um Verkaufen zu lernen. Ich war schüchtern, und der Gedanke, verkaufen zu müssen, war das schrecklichste Ding auf der Welt. Xerox hatte zu diesem Zeitpunkt eines der besten Verkäuferschulungsprogramme in Amerika.

Mein reicher Vater war stolz auf mich. Mein gebildeter Vater war beschämt. Als Intellektueller war er der Meinung, dass Verkäufer unter ihm standen. Ich arbeitete vier Jahre lang bei Xerox, bis ich meine Furcht überwunden hatte, an Türen zu klopfen und abgewiesen zu werden. In dem Augenblick, als ich dauerhaft zu den fünf besten im Verkauf gehörte, kündigte ich wieder und machte weiter, wobei ich wieder eine große Karriere bei einer ausgezeichneten Firma hinter mir ließ.

1977 gründete ich meine erste eigene Firma. Mein reicher Vater hatte Mike und mich vorbereitet, Firmen zu übernehmen. Deshalb musste ich lernen, sie aufzubauen und zusammenzulegen. Mein erstes Produkt, eine Brieftasche mit Klettverschluss – wurde in Fernost hergestellt und per Schiff zu einem Lager in New York in der Nähe meiner früheren Schule gebracht.

Meine formale Ausbildung war beendet, und nun war es an der Zeit, meine Flügel zu testen. Im Falle eines Misserfolgs war ich pleite. Mein reicher Vater war der Meinung, dass es am besten wäre, vor dem 30. Lebensjahr eine Pleite zu erleben. „Dann hast du Zeit, um wieder hochzukommen“, war sein Rat. Am Vorabend meines 30. Geburtstags verließ meine erste Schiffsladung Korea auf dem Weg nach New York.

Auch heute mache ich noch weltweit Geschäfte. Wie mich mein reicher Vater ermutigt hatte, behalte ich die aufstrebenden Nationen im Auge. Heute arbeitet meine Investmentgesellschaft in Südamerika, Asien, Norwegen und Russland.

Es gibt ein altes Klischee, das da lautet: „Job ist ein Buchstabenwort für JOB, Just Over Broke (gerade über dem Existenzminimum).“ Leider, muss ich sagen, trifft diese Redensart auf Millionen Menschen zu. Da die Schule finanzielle Intelligenz nicht als unterrichtswürdig ansieht, leben die meisten Arbeitnehmer „innerhalb ihrer Möglichkeiten“. Das bedeutet, dass sie arbeiten und Steuern zahlen.

Es gibt eine andere schreckliche Management-Theorie, der zufolge „Arbeitnehmer gerade so viel arbeiten, um nicht entlassen zu werden, und Arbeitgeber gerade so viel zahlen, dass die Arbeitnehmer nicht kündigen“. Wenn man sich die Gehaltslisten der meisten Firmen ansieht, gebe ich zu, dass in dieser Behauptung ein großes Körnchen Wahrheit steckt.

Das Nettoergebnis ist, dass die meisten Arbeitnehmer niemals vorankommen. Sie tun, was man ihnen beigebracht hat zu tun: „Sehen Sie zu, dass Sie eine sichere Arbeit bekommen.“ Die meisten Arbeiter konzentrieren sich darauf, für Bezahlung und Sachleistungen zu arbeiten, was sie kurzfristig belohnt, aber auf lange Sicht häufig verheerend ist.

Stattdessen empfehle ich jungen Leuten, eine Arbeit eher danach auszusuchen, was sie dabei lernen, anstatt danach, was sie dabei verdienen können; sich umzuschauen, was für Fähigkeiten sie vor der Berufswahl erwerben wollen und zwar bevor sie in die Falle des „Laufrades“ geraten.

Wenn die Menschen einmal im lebenslänglichen Prozess des Zahlens von Rechnungen gefangen sind, werden sie wie Hamster in diesen kleinen Metallrädern. Ihre winzigen pelzigen Füßchen wirbeln schnell, das Rad dreht sich mit rasender Geschwindigkeit, aber am nächsten Tag sind sie immer noch im selben Käfig: ein toller Job.

In dem Film *Jerry Maguire* mit Tom Cruise als Hauptdarsteller gibt es viele gute Sprüche. Vielleicht der bemerkenswerteste ist: „Zeig mir das Geld.“ Aber es gibt einen Spruch, den ich als den treffendsten bezeichne. Er kommt in der Szene vor, als Tom Cruise die Firma verlässt. Er ist gerade entlassen worden, und er fragt die ganze Gesellschaft: „Wer will mit mir kommen?“ Und alle sind still und starr. Nur eine Frau meldet sich und sagt: „Ich würde gerne, aber ich werde in drei Monaten befördert.“

Diese Aussage kommt dem wahren Leben am nächsten. Es ist genau die Ausflucht, die die Leute verwenden, um bei der Arbeit auszuhalten, damit sie Rechnungen zahlen können. Ich weiß, dass sich mein gebildeter Vater jedes Jahr auf seine Gehaltserhöhung freute und jedes Jahr enttäuscht war. So ging er zurück auf die Schule, um mehr Qualifikationen zu erwerben, um eine weitere Gehaltserhöhung zu bekommen – und wieder war es eine Enttäuschung.

Ich stelle den Leuten oft die Frage: „Wohin bringt Sie diese tagtägliche Aktivität?“ Wie beim kleinen Hamster frage ich mich, ob die Leute darauf schauen, wohin sie ihre fleißige Arbeit bringt. Was hält die Zukunft für sie bereit?

Cyril Brickfield, der frühere Executive-Director der American Association of Retired People (der Amerikanischen Pensionistenvereinigung) berichtet, dass sich die privaten Pensionen in einem chaotischen Zustand befänden. Vor allem haben heute 50 % der Arbeitskräfte in Amerika keine Rentenansprüche. Allein dies sollte sehr besorgniserregend sein. Von den anderen 50 % haben 75 bis 80 % unzureichende Pensionen von monatlich 55 Dollar, 150 Dollar oder 300 Dollar.

In seinem Buch: *The Retirement Myth* (Der Ruhestandsmythos) schreibt Craig S. Karpel: „Ich habe die Zentrale einer der größten nationalen Rentenberatungsfirmen besucht und bin mit einer Hauptgeschäftsführerin zusammengetroffen, die sich auf die Gestaltung lohnender Pläne für den Ruhestand des Spitzenmanagements spezialisiert hatte. Als ich sie fragte, welche Pensionen Leute ohne Chefbüros zu erwarten haben, sagte sie mit einem entwaffnenden Lächeln: ‚Die silberne Kugel.‘

‚Was ist die silberne Kugel‘, fragte ich.

Sie zuckte die Achseln. ‚Wenn die im Baby-Boom Geborenen darauf kommen, dass sie im Alter nicht genug Geld zum Leben haben, können sie sich immer noch eine Kugel durch den Kopf jagen.‘“

Karpel fährt fort, die Zukunftsaussichten für die meisten derzeit arbeitenden Menschen zu verdeutlichen. Zu den Problemen mit den Pensionszahlungen, die viel zu niedrig sein werden, gesellen sich die Kosten im Gesundheitswesen: Wenn z. B. im Alter ein langfristiger Aufenthalt im Pflegeheim notwendig wird, bietet sich ein erschreckendes Bild. In seinem 1995 erschienenen Buch zeigt er, dass sich die Aufwendungen für ein Pflegeheim zwischen 30.000 Dollar und 125.000 Dollar jährlich bewegen. Er sah sich ein sauberes, nicht sonderlich luxuriöses Pflegeheim in seiner Umgebung an und ermittelte für 1995 jährliche Kosten von 88.000 Dollar.

Schon müssen viele Krankenhäuser in Ländern mit verstaatlichtem Gesundheitswesen harte Entscheidungen darüber fällen, wer leben und wer sterben soll. Sie fällen diese Entscheidungen einzig und allein danach, wie viel Geld sie haben und wie alt die Patienten sind. Wenn der Patient alt oder arm ist, bekommt oft ein Jüngerer oder Reicherer die medizinische Versorgung. Die älteren armen Patienten kommen ans Ende der Warteschlange. Ebenso wie sich die Reichen eine bessere Ausbildung leisten können, werden sie auch in der Lage sein, am Leben zu bleiben, während die weniger Wohlhabenden sterben werden.

So frage ich mich, ob die Arbeiter in die Zukunft schauen – oder nur bis zu ihrem nächsten Gehaltsstreifen und sich dabei nie fragen, wohin sie sich bewegen.

Wenn ich zu Erwachsenen spreche, die mehr Geld verdienen wollen, empfehle ich immer dasselbe. Ich schlage ihnen vor, ihr Leben langfristig zu planen. Anstatt einfach für Geld und Sicherheit zu arbeiten, die zugegebenermaßen wichtig sind, schlage ich ihnen vor, eine zusätzliche Arbeit anzunehmen, die ihnen eine zweite Fertigkeit vermitteln kann. Ich empfehle häufig, bei einem Strukturvertrieb, auch Multilevel-Marketing genannt, mitzumachen, wenn sie Verkaufsgeschick lernen wollen. Einige dieser Firmen haben ausgezeichnete Trainingsprogramme, die den Leuten helfen, ihre Ängste vor Misserfolg und Abweisung zu überwinden, die die Hauptursachen für Erfolglosigkeit sind. Auf lange Sicht ist Ausbildung wichtiger als Geld.

Wenn ich diesen Vorschlag mache, kann ich häufig als Antwort hören: „Das macht zu viel Kopfzerbrechen“ oder: „Ich möchte nur etwas tun, was mich interessiert“.

Bei der Aussage „Das macht zu viel Kopfzerbrechen“ frage ich: „Also würden Sie lieber ihr ganzes Leben arbeiten und 50 % dessen, was Sie verdienen, dem Staat geben?“ Bei der anderen Aussage – „Ich mache nur, was mich interessiert“ – sage ich: „Ich habe kein Interesse daran, zum Sport zu gehen, aber ich mache es, weil ich mich besser fühlen und länger leben möchte.“

Leider enthält das alte Sprichwort „Man kann einem alten Hund keine neuen Kunststücke beibringen“ ein Körnchen Wahrheit. Wenn jemand nicht an Veränderungen gewöhnt ist, ist es schwer, etwas zu verändern.

Aber denjenigen, die bereit sind, wenn es darum geht, zu arbeiten, um etwas Neues zu lernen, biete ich dieses ermutigende Wort an: „Das Leben ist ähnlich, wie zum Sport zu gehen." Das Härteste ist, den „inneren Schweinehund" zu überwinden und hinzugehen. Wenn man da durch ist, wird es leicht. Es gibt viele Tage, an denen ich mich scheue, zum Sport zu gehen, aber wenn ich dort bin und mich bewege, ist es ein Vergnügen. Wenn das Konditionstraining vorbei ist, bin ich immer froh, dass ich mich überwunden habe und hingegangen bin.

Wenn Sie unwillig sind zu arbeiten, um etwas Neues zu lernen, und stattdessen darauf bestehen, sich auf ihrem Gebiet stark zu spezialisieren, sollten Sie sicher sein, dass das Unternehmen, in dem Sie arbeiten, gewerkschaftlich organisiert ist. Es ist kennzeichnend für die Gewerkschaften, dass sie Spezialisten schützen.

Mein gebildeter Vater wurde, nachdem ihm der Gouverneur seine Gnade entzogen hatte, Vorsitzender der Lehrervereinigung auf Hawaii. Er erzählte mir, dass das die schwierigste Arbeit war, die er jemals gehabt hatte. Mein reicher Vater bemühte sich sein ganzes Leben, seine Unternehmen vor einer gewerkschaftlichen Organisierung zu bewahren Er hatte Erfolg. Obwohl ihm die Gewerkschaften auf den Pelz rückten, gelang es ihm immer wieder, sie abzuwehren.

Persönlich beziehe ich hier keine Stellung, weil ich die Bedürfnisse und Vorteile für beide Seiten sehe. Wenn Sie den Empfehlungen der Schule folgen, sich stark zu spezialisieren, sollten Sie den Schutz der Gewerkschaften suchen. Hätte ich beispielsweise meine Fliegerkarriere fortgesetzt, hätte ich eine Firma mit einer starken Pilotengewerkschaft gesucht. Warum? Weil mein Leben darauf ausgerichtet gewesen wäre, etwas zu lernen, das nur in einem Berufszweig Wert hatte. Wenn ich aus diesem Beruf herausgedrückt worden wäre, wären meine Fertigkeiten für einen anderen Beruf nicht so wertvoll gewesen. Ein abgeschobener älterer Pilot – mit 100.000 Flugstunden auf einem großen Flugzeug und einem Verdienst von 150.000 Dollar – würde es schwer haben, eine ähnlich gut bezahlte Stelle als Lehrer zu finden. Seine gesammelte Erfahrung lässt sich nicht notwendigerweise von einem Bereich in einen anderen übertragen, weil die Kenntnisse, für die die Piloten in der Luftfahrtindustrie bezahlt werden, beispielsweise im Schulsystem nicht so wichtig sind.

Dasselbe gilt heutzutage sogar für Ärzte. Auf Grund all der Neuerungen in der Medizin müssen sich viele Ärzte medizinischen Organisationen wie der Human Medicine Organisation HMO (Organisation für Humanmedizin) anschließen. Lehrer müssen auf jeden Fall Gewerkschaftsmitglieder sein. Derzeit ist in Amerika die Lehrergewerkschaft die größte und reichste Gewerkschaft überhaupt. Die National Education Association (NEA) – der Nationale Erziehungsbund – hat einen ungeheuren politischen Einfluss. Lehrer benötigen den Schutz ihrer Gewerkschaft, weil ihre Fähigkeiten ebenfalls von begrenztem Wert für einen Beruf außerhalb des Erziehungswesens sind. Damit gilt die Faustregel: „Wenn hochspezialisiert, dann gewerkschaftlich organisiert." Es ist klug, danach zu handeln.

Wenn ich in meinen Klassen frage: „Wie viele von Ihnen können bessere Hamburger als McDonalds machen?", heben jedes Mal fast alle Studenten die Hand. Dann frage ich: „Wenn die meisten von Ihnen bessere Hamburger machen können, wie kommt es dann, dass McDonalds mehr Geld verdient als Sie?"

Die Antwort ist offensichtlich: McDonalds hat hervorragende Geschäftssysteme. Es sind so viele talentierte Leute arm, weil sie sich darauf konzentrieren, bessere Hamburger zu machen, aber wenig oder nichts über Geschäftssysteme wissen.

Einer meiner Freunde auf Hawaii ist ein großer Künstler. Er verdient ziemlich viel Geld. Eines Tages rief ihn der Anwalt seiner Mutter an, um ihm mitzuteilen, dass sie ihm 35.000 Dollar hinterlassen hatte. Das war vom ganzen Vermögen übrig geblieben, nachdem der Rechtsanwalt und der Staat ihre Anteile genommen hatten.

Sofort sah mein Freund eine Möglichkeit, sein Geschäft zu vergrößern, indem er einen Teil seines Geldes für Reklame ausgab. Zwei Monate später erschien sein erstes vierfarbiges ganzseitiges Inserat in einer teuren Zeitschrift, die als Zielgruppe die ganz Reichen hatte. Das Inserat lief drei Monate lang. Er erhielt auf die Anzeige keine Zuschriften, und sein ganzes Erbe ist nun dahin. Er möchte nun die Zeitschrift wegen falscher Darstellung verklagen.

Dies ist der übliche Fall von jemandem, der einen wunderschönen Hamburger macht, aber wenig vom Geschäft versteht. Als ich ihn gefragt habe, was er gelernt hat, antwortete er nur, dass Anzeigenverkäufer Gauner seien. Als ich ihn dann fragte, ob er bereit wäre, einen Lehrgang im Verkaufen und einen im Direktmarketing zu machen, war seine Antwort: „Dazu habe ich keine Zeit, und ich möchte mein Geld nicht verschwenden."

Die Welt ist voll von talentierten armen Leuten. Viel zu häufig sind sie arm, weil sie ihre Talente nicht umzusetzen wissen. Sie haben finanzielle Schwierigkeiten oder verdienen weniger, als sie könnten. Sie konzentrieren sich eher darauf, ihre Fertigkeiten, einen besseren Hamburger zu machen, zu vervollkommnen, als ihre Fähigkeiten, den Hamburger zu verkaufen und auszuliefern. Vielleicht macht McDonalds nicht die besten Hamburger, aber sie sind die besten darin, einen durchschnittlichen Burger zu verkaufen und auszuliefern.

Mein armer Vater wollte, dass ich mich spezialisiere. Das war seiner Meinung nach die einzige Möglichkeit, wie man mehr bezahlt bekommen könnte. Sogar nachdem ihm vom Gouverneur von Hawaii mitgeteilt worden war, dass er nicht länger beim Bundesstaat arbeiten könne, fuhr mein gebildeter Vater fort, mich zu Spezialisierung zu ermutigen. Er nahm dann die Klage der Lehrergewerkschaft auf, die eine Kampagne für den Kündigungsschutz und ähnliche Vorteile für die qualifizierten und ausgebildeten Fachleute durchführte. Wir haben dies oft erörtert, aber er konnte niemals zugeben, dass Überspezialisierung den Bedarf nach gewerkschaftlichem Schutz verursacht hatte. Er verstand nie, dass man umso abhängiger von dieser Spezialisierung wird, je mehr man sich spezialisiert.

Mein reicher Vater riet Mike und mir, uns selbst heranzubilden. Viele Gesellschaften tun dasselbe. Sie finden einen jungen klugen Absolventen einer Wirtschaftsschule und beginnen damit, diese Person heranzubilden, damit sie eines Tages die Firma übernehmen kann. Diese jungen ausgezeichneten Angestellten spezialisieren sich nicht auf einen Bereich. Sie werden von einem Bereich in den anderen versetzt, um alle Aspekte des Geschäftssystems kennen zu lernen. Die Reichen bilden oft ihre Kinder oder die Kinder anderer heran. Damit erhält der Nachwuchs ein umfassendes Wissen über die Geschäftstätigkeiten und von den Wechselwirkungen zwischen den Bereichen.

Für die Weltkriegsgeneration galt es als „schlecht", von einer Firma zu einer anderen zu wechseln. Heute wird das für gescheit gehalten. Wenn Leute eher von Unternehmen zu Unternehmen springen, als sich stärker zu spezialisieren, warum sollte man dann nicht danach trachten, mehr zu lernen als zu verdienen? Auf kurze Sicht kann es sein, dass Sie weniger verdienen. Auf lange Sicht wird sich das in hohen Dividenden auszahlen.

Die wichtigsten Managementfertigkeiten für den Erfolg sind:

1. Das Management des Kapitalflusses.
2. Das Management von Systemen (einschließlich der eigenen Person und der Zeit mit der Familie).
3. Menschenführung.

Die wichtigsten speziellen Fertigkeiten sind Verkauf und Marketingverständnis. Die Fähigkeit zu verkaufen – also mit einem anderen menschlichen Wesen zu kommunizieren, sei es ein Kunde, ein Arbeitnehmer, ein Vorgesetzter, ein Ehegatte oder ein Kind – ist die grundlegende Voraussetzung für den persönlichen

Erfolg. Es sind kommunikative Fertigkeiten wie Schreiben, Reden und Verhandeln, die entscheidend für ein erfolgreiches Leben sind. Es ist eine Fähigkeit, die ich beständig trainiere, indem ich Kurse besuche oder Weiterbildungskassetten kaufe, um mein Wissen zu erweitern.

Wie ich erwähnt habe, hat mein gebildeter Vater umso mehr gearbeitet, je fachkundiger er wurde. Er war auch umso mehr gefangen, je mehr er sich spezialisierte. Wenn auch sein Gehalt stieg, so verminderten sich doch seine Auswahlmöglichkeiten. Bald nachdem er die Arbeit beim Staat verloren hatte, entdeckte er, wie verwundbar er in beruflicher Hinsicht war. Es war wie bei Berufssportlern, die sich plötzlich verletzen oder zu alt werden. Ihre einst hochbezahlte Position ist weg, und sie haben nur begrenzte Möglichkeiten zurückzukommen. Ich glaube, das war der Grund, warum mein gebildeter Vater danach so auf Gewerkschaften auswich. Er erkannte, wie viel ihm eine Gewerkschaft genützt hätte.

Mein reicher Vater ermutigte Mike und mich, wenig über viel zu wissen. Er ermutigte uns, mit Menschen zu arbeiten, die gescheiter waren als wir, und gescheite Leute zusammenzubringen, um als Team zu arbeiten. Heute würde man das als Synergie von Fachbereichen bezeichnen.

Heute treffe ich ehemalige Lehrer, die jährlich hunderttausende von Dollars verdienen. Sie verdienen so viel, weil sie sowohl über spezielle Kenntnisse auf ihren Gebieten als auch über andere Kenntnisse verfügen. Sie können genauso gut unterrichten wie verkaufen und kaufen. Ich kenne keine anderen Fähigkeiten, die wichtiger sind als Verkauf und Marketing. Diese Fähigkeiten sind für die meisten Menschen auf Grund ihrer Angst vor Zurückweisung zunächst schwierig. Je besser Sie mit dem Kommunizieren, mit dem Verhandeln und mit ihrer Angst vor Zurückweisung umgehen, desto leichter ist das Leben.

Ebenso wie ich das jener Journalistin riet, die eine „bestverkaufende" Autorin werden wollte, rate ich das auch jedem anderen. Technische Spezialisierung hat sowohl ihre Stärken als auch ihre Schwächen. Ich habe Freunde, die Genies sind, sich anderen jedoch nicht effektiv mitteilen können und – als Ergebnis davon – erbärmlich bezahlt werden. Ich rate ihnen, ein ganzes Jahr damit zu verbringen, das Verkaufen zu lernen. Auch wenn sie nichts verdienen, wird sich ihre Kommunikationsfähigkeit verbessern. Und das ist unbezahlbar.

Außerdem sollte jeder nicht nur ein jederzeit Lernender, ein Verkäufer und ein Händler sein – ebenso wichtig ist es, ein guter Lehrer zu sein. Um wirklich reich zu sein, muss man genauso in der Lage sein, zu lehren wie zu lernen. In Fällen finanzieller und beruflicher Schwierigkeiten besteht häufig ein Mangel von Geben und Nehmen. Ich kenne viele Leute, die arm sind, weil sie weder gute Schüler noch gute Lehrer sind.

Beide meiner Väter waren großzügige Männer. Beide übten sich darin, als Erste zu geben. Lehren war eine ihrer Möglichkeiten zu geben. Je mehr sie gaben, desto mehr empfingen sie. Ein deutlicher Unterschied bestand im Geldgeben. Mein reicher Vater gab viel Geld. Er spendete für seine Kirche, für wohltätige Zwecke und für seine Stiftung. Er wusste, dass man, um Geld zu bekommen, es auch geben musste. Geld zu geben ist das Geheimnis der meisten großen reichen Familien.

Hier liegt die Basis für Einrichtungen wie die Rockefeller-Stiftung oder die Ford-Stiftung. Diese Organisationen sind sowohl dazu da, ihren Reichtum zu vermehren, als auch, ihn immer wieder weiterzugeben. Mein gebildeter Vater sagte immer: „Wenn ich etwas Geld übrig habe, werde ich es spenden." Das Problem war, dass nie etwas übrig geblieben ist. So arbeitete er eher noch fleißiger, um mehr Geld herauszuziehen, anstatt sich auf die wichtigste Geldregel zu konzentrieren: „Gib, und du wirst bekommen." Stattdessen glaubte er: „Bekomme, und dann kannst du geben."

Schließlich wurde ich wie beide Väter. Ein Teil von mir ist ein hartherziger Kapitalist, der das Spiel, mit Geld Geld zu machen, liebt. Der andere Teil ist ein sozial verantwortungsvoller Lehrer, der sich intensiv mit der sich immer mehr öffnenden Kluft zwischen Besitzenden und Besitzlosen beschäftigt. Persönlich halte ich vor allem das archaische Bildungssystem für diese wachsende Kluft verantwortlich.

Ab ins wahre Leben!

Kapitel acht
Hindernisse überwinden

Nachdem Sie nun dazugelernt haben und sich jetzt in finanziellen Angelegenheiten auskennen, gibt es noch einige Hindernisse auf dem Weg zur finanziellen Unabhängigkeit. Es sind fünf Hauptgründe, warum finanziell gebildete Leute keine üppigen Aktivaspalten entwickeln, die große Beträge an Kapitalfluss hervorbringen könnten und die es ihnen ermöglichen könnten, das Leben zu führen, von dem sie träumen, anstatt die ganze Zeit zu arbeiten und Rechnungen zu bezahlen.

Die fünf Gründe sind:

1. Angst
2. Zynismus
3. Faulheit
4. schlechte Angewohnheiten
5. Überheblichkeit

Zu Grund Nr. 1. Die Angst, Geld zu verlieren, muss man überwinden lernen. Ich habe noch nie jemanden getroffen, der wirklich gerne Geld verlieren möchte. Und in all den Jahren habe ich noch keinen Reichen getroffen, der niemals Geld verloren hatte. Aber ich habe viele Arme getroffen, die niemals einen Pfennig in Investitionen verloren haben ... So ist es.

Die Furcht vor dem Geldverlust ist eine Urangst. Jeder hat sie. Auch die Reichen. Aber das ist nicht das Problem. Wichtig ist, wie man mit der Angst und mit dem Verlust umgeht. Wie man Misserfolge verarbeitet, macht den Unterschied im Leben aus. Dies gilt für alles im Leben, nicht nur für Geld. Der grundlegende Unterschied zwischen einem reichen und einem armen Menschen ist, wie beide mit ihrer Angst umgehen.

Es ist ganz normal, ängstlich zu sein. Es ist in Ordnung, ein Feigling zu sein, wenn es um Geld geht. Sie können noch immer reich werden! Wir alle sind manchmal Helden und manchmal Feiglinge. Die Frau meines Freundes ist Krankenschwester in einer Notdienststation. Wenn sie Blut sieht, wird sie aktiv. Wenn ich etwas über Geldanlagen erwähne, rennt sie weg. Wenn ich Blut sehe, laufe ich nicht, ich werde ohnmächtig.

Mein reicher Vater verstand die Ängste ums Geld. „Einige Leute fürchten sich schrecklich vor Schlangen, einige davor, Geld zu verlieren. In beiden Fällen handelt es sich um Phobien“, sagte er. Seine Lösung der Phobie vor Geldverlust drückte sich in dem kurzen Reim aus: „Magst du nicht Risiko und Müh – dann beginne früh!“

Das ist der Grund, warum Banken empfehlen, sich das Sparen früh anzugewöhnen. Wenn man früh beginnt, ist es leicht, reich zu werden. Ohne hier weiter darauf einzugehen: Es besteht ein großer Unterschied zwischen einer Person, die mit 20 Jahren mit dem Sparen beginnt, und einer, die mit 30 Jahren anfängt. Es ist ein Unterschied, bei dem einem schwindlig wird.

Man sagt, dass eines der Weltwunder die Macht der Zinseszinsen ist. Es heißt, dass der Kauf der Insel von Manhattan eines der größten Geschäfte aller Zeiten war. New York wurde für 24 Dollar in wertlosem Schmuck und Perlen gekauft. Hätte man aber die 24 Dollar zu 8 % jährlich angelegt, wären daraus bis 1995 mehr als 28 Trillionen Dollars geworden. Manhattan könnte nochmals gekauft werden, und es würde Geld übrigbleiben, um einen Großteil von Los Angeles zu kaufen, besonders wenn man die Liegenschaftspreise von 1995 zu Grunde legen würde.

Mein Nachbar arbeitet seit 25 Jahren für eine größere Computerfirma. In weiteren fünf Jahren wird er die Firma mit 4 Millionen Dollar aus seinem Pensionsplan verlassen. Das Geld ist hauptsächlich in schnell wachsenden offenen Investmentfonds angelegt, die er in festverzinsliche Obligationen und staatliche Wertpapiere umtauschen möchte. Er wird erst 55 sein, wenn er aufhört, und er wird einen passiven Kapitalfluss von mehr als 300.000 Dollar jährlich haben, mehr als heute sein Gehalt beträgt. So kann es gehen, auch wenn man Verluste und Risiken hasst. Aber Sie müssen früh beginnen, definitiv einen Pensionsplan aufzustellen und einen Finanzplaner anheuern, dessen Führung sie sich anvertrauen, bevor Sie in irgendetwas investieren.

Aber was ist, wenn Sie nur noch wenig Zeit haben oder früher in den Ruhestand wollen? Wie gehen Sie dann mit der Angst um, Geld zu verlieren?

Mein armer Vater tat nichts. Er ging der Sache einfach aus dem Weg und weigerte sich, darüber zu reden.

Mein reicher Vater empfahl dagegen, wie ein Texaner zu denken. „Ich mag Texas und die Texaner“, sagte er immer. „In Texas ist alles größer. Wenn Texaner gewinnen, gewinnen sie gewaltig. Und wenn sie verlieren, ist es spektakulär.“

„Mögen sie es, wenn sie verlieren?“, fragte ich.

„Das will ich nicht sagen. Niemand möchte verlieren. Zeige mir einen glücklichen Verlierer, und ich zeige dir einen, der nie gewinnen wird“, sagte mein reicher Vater. „Es ist die Einstellung der Texaner gegenüber Risiko, Lohn und Misserfolg, über die ich rede. Es ist die Art, wie sie mit dem Leben umgehen. Sie leben auf großem Fuß.

Nicht wie die meisten Leute hier, die wie Schaben leben, wenn sie zu Geld kommen. Schaben erschrecken, wenn jemand einen Lichtstrahl auf sie richtet. Sie winseln, wenn ihnen der Angestellte im Lebensmittelgeschäft 25 Cent zu wenig herausgibt.“

Mein reicher Vater fuhr mit seiner Erklärung fort: „Am meisten mag ich die texanische Haltung. Sie sind stolz, wenn sie gewinnen, und sie prahlen, wenn sie verlieren. Die Texaner haben eine Redensart: ‚Wenn du pleite machst, dann groß. Du möchtest doch wohl nicht zugeben müssen, dass du mit einem Zweifamilienhaus pleite gegangen bist.‘ Die meisten Leute hier fürchten sich so sehr vor dem Verlieren, dass sie nicht einmal ein Zweifamilienhaus haben, um pleite zu gehen.“

Er sagte Mike und mir immer wieder, der Hauptgrund für die finanzielle Erfolglosigkeit der meisten Leute sei, dass sie zu sehr auf Sicherheit spielten. „Die Leute fürchten sich so sehr vor dem Verlieren, dass sie zwangsläufig verlieren“, waren seine Worte.

Fran Tarkenton, ein ehemals bedeutender Football-Abwehrspieler, drückte es anders aus: „Gewinnen heißt, keine Angst vor dem Verlieren zu haben.“

Im Verlauf meines Lebens habe ich erfahren, dass das Gewinnen gewöhnlich dem Verlieren folgt. Bevor ich endlich das Radfahren lernte, fiel ich erst viele Male hin. Ich habe noch keinen Golfspieler getroffen, der nie einen Golfball verloren hatte. Ich habe nie Leute getroffen, die sich verliebt haben, ohne vorher Liebeskummer zu haben. Und ich habe nie einen Reichen getroffen, der noch nie Geld verloren hat.

Für die meisten Leute gilt, dass sie finanziell nichts gewinnen, weil der Schmerz, Geld zu verlieren, weit größer ist als die Freude, reich zu sein. Eine weitere Redensart in Texas lautet z. B.: „Jeder möchte in den Himmel kommen, aber niemand möchte sterben.“ Die meisten Leute träumen davon, reich zu sein, aber sie haben entsetzliche Angst, Geld zu verlieren. So kommen sie nie in den Himmel.

Mein reicher Vater erzählte Mike und mir Geschichten über seine Reisen nach Texas: „Wenn ihr wirklich lernen wollt, mit Risiken, Verlusten und Misserfolgen umzugehen, dann fahrt nach San Antonio und besucht Alamo. Alamo ist die berühmte Geschichte tapferer Menschen, die sich entschlossen haben zu kämpfen, obwohl sie wussten, dass es angesichts einer überwältigenden Überzahl keinerlei Erfolgsaussichten gab. Sie haben sich entschieden zu sterben, statt sich zu ergeben. Es ist eine inspirierende Geschichte, die es wert ist, dass man sich damit befasst. Dennoch handelt es sich um eine tragische militärische Niederlage. Man hat sie aufgerieben. Wenn ihr so wollt – ein Misserfolg. Sie haben verloren. Wie gehen also die Texaner mit Misserfolgen um? Sie rufen immer noch: ‚Erinnere dich an Alamo!'"

Mike und ich hörten diese Geschichte oft. Er erzählte sie uns immer dann, wenn er davor war, ein großes Geschäft zu machen, und unter Spannung stand. Nachdem er alles getan hatte, was in seiner Macht stand, und die Sache jetzt entweder gutgehen oder misslingen konnte, jedesmal, wenn er Angst hatte, einen Fehler zu machen oder Geld zu verlieren, erzählte er uns diese Geschichte. Sie gab ihm Kraft, denn sie erinnerte ihn daran, dass er einen Geldverlust in einen finanziellen Gewinn umwandeln konnte. Mein reicher Vater wusste, dass ihn ein Misserfolg nur stärker und gescheiter machen würde. Es ist nicht so, dass er verlieren wollte, er wusste nur, wer er war und wie er auf einen Verlust reagieren würde. Er würde einen Verlust akzeptieren und daraus einen Gewinn machen. Das ist es, was ihn zu einem Gewinner und andere zu Verlierern machte. Es gab ihm den Mut, die Grenze zu überschreiten, wenn andere davonliefen. „Das ist der Grund, warum ich Texas so liebe. Sie machen aus einer großen Niederlage eine Touristenattraktionen, die ihnen Millionen bringt."

Aber diejenigen seiner Worte, die mir heute wahrscheinlich am meisten bedeuten, sind: „Texaner begraben ihre Niederlagen nicht, sie lassen sich von ihnen inspirieren. Sie wandeln ihre Niederlagen in aufrüttelnde Herausforderungen um. Niederlagen inspirieren die Texaner, Sieger zu werden. Aber das ist nicht nur das Rezept für die Texaner, das ist das Rezept für alle Sieger."

Eben habe ich gesagt, dass das Herunterfallen vom Fahrrad Teil des Lernens war. Ich erinnere mich, dass mich das nicht entmutigte, sondern noch entschlossener machte, Radfahren zu lernen. Ich erwähnte auch, dass ich noch keinen Golfspieler getroffen hätte, der nie einen Ball verloren hätte. Einen Spitzengolfer inspiriert der Verlust eines Balles oder eines Turniers, besser zu sein, härter zu trainieren und mehr zu lernen. Das ist es, was ihn besser macht. Gewinner werden durch Verlieren inspiriert, Verlierer hingegen vernichtet.

Um John D. Rockefeller zu zitieren: „Ich habe immer versucht, aus jeder Niederlage eine Chance zu machen."

Als Japan-Amerikaner darf ich folgendes sagen: Viele Leute sind der Meinung, dass Pearl Harbour ein amerikanischer Fehler war. Ich sage, dass es ein japanischer Fehler war. Im Film *Tora, Tora, Tora* sagte ein finsterer japanischer

Admiral zu seinen jubelnden Untergebenen: „Ich fürchte, wir haben einen schlafenden Riesen geweckt.“

„Denkt an Pearl Harbour“ wurde eine aufrüttelnde Herausforderung. Sie machte aus einer der größten Niederlagen Amerikas den Ansporn, zu gewinnen. Diese große Niederlage gab Amerika Kraft, und es wurde bald darauf zu einer Weltmacht.

Misserfolge inspirieren Sieger und vernichten Verlierer. Das ist das größte Geheimnis der Sieger. Verlierer kennen es nicht. Das größte Geheimnis der Sieger ist, dass Misserfolge zum Siegen inspirieren; und deshalb haben sie keine Angst vor dem Verlieren. Wir erinnern uns an Fran Tarkentons Zitat: „Gewinnen bedeutet, keine Angst vor dem Verlieren zu haben.“ Leute wie er fürchten sich nicht, weil sie wissen, wer sie sind. Sie hassen es zu verlieren und deshalb wissen sie, dass es sie nur anregt, besser zu werden. Es ist ein großer Unterschied, das Verlieren zu hassen oder Angst davor zu haben. Viele Leute haben so viel Angst vor jeglichem Geldverlust, dass sie verlieren. Sie gehen mit weniger als einem Zweifamilienhaus pleite. Sie planen ihre Lebensfinanzen zu sicher und zu klein. Sie kaufen große Häuser und große Autos, aber sie machen keine großen Investitionen. Über 90 % der Amerikaner sind in finanziellen Schwierigkeiten, und hauptsächlich deshalb, weil sie spielen, um nicht zu verlieren. Sie spielen nicht, um zu gewinnen.

Sie gehen zu ihren Finanzplanern, Wirtschaftsprüfern oder Börsenbrokern und kaufen ein ausgewogenes Portefeuille. Die meisten von ihnen haben eine Menge Schatzbriefe, mit nicht nennenswertem Zinssatz; offene Investmentfonds, die innerhalb einer Fondsfamilie gehandelt werden können; und einige wenige Einzelaktien. Es ist ein sicheres und vernünftiges Portefeuille, aber es ist kein Portefeuille mit Gewinnchancen. Es ist das Portefeuille von jemand, der spielt, um nicht zu verlieren.

Verstehen Sie mich nicht falsch. Es ist wahrscheinlich ein besseres Portefeuille als die Rücklagen der Mehrheit der Bevölkerung, und genau das ist erschreckend: weil ein sicheres Portefeuille viel besser ist als gar keines. Es ist ein bestimmt großartiges Portefeuille für jemanden, der Sicherheit liebt.

Aber auf Nummer Sicher zu gehen und nach einem ausgewogenen Investment-Portefeuille zu streben ist nicht die Art, wie erfolgreiche Investoren das Spiel betreiben. Wenn Sie wenig Geld haben und reich werden wollen, müssen Sie erst „gezielt“, nicht „ausgewogen“ vorgehen. Wenn Sie sich irgendeinen Erfolgreichen ansehen, werden Sie bemerken, dass er zu Beginn nicht ausgewogen war. Ausgewogene Leute gehen nirgendwo hin. Sie bleiben auf einem Fleck. Um voranzukommen, müssen Sie erst aus dem Gleichgewicht kommen. Schauen Sie nur darauf, wie Sie beim Gehen vorankommen.

Thomas Edison war nicht ausgewogen. Er arbeitete gezielt. Bill Gates war nicht ausgewogen. Er arbeitete gezielt. Donald Trump arbeitet gezielt. George Patton zog seine Panzer nicht weit auseinander. Er konzentrierte sie und brach durch die Schwachpunkte in der deutschen Front. Die Franzosen haben sich an der Maginot-Linie weitläufig verteilt, und Sie wissen, was ihnen passiert ist.

Wenn Sie irgendwie den Wunsch haben, reich zu sein, müssen Sie sich konzentrieren. Legen Sie viele ihrer Eier in wenige Körbe. Machen Sie nicht das, was arme Leute und Leute aus der Mittelschicht tun, nämlich dass Sie ihre wenigen Eier in viele Körbe legen.

Wenn Sie das Verlieren hassen, wenn es Sie schwächt, spielen Sie auf Sicherheit. Machen Sie es mit ausgewogenen Investitionen. Wenn Sie älter als 25 sind und schreckliche Angst davor haben, Risiken auf sich zu nehmen, ändern Sie nichts. Gehen Sie auf Nummer Sicher, aber fangen Sie früh an. Beginnen Sie rechtzeitig damit, ihre Spargroschen zu sammeln, weil es Zeit braucht.

Aber wenn Sie Träume von Freiheit haben – davon, dem Laufrad zu entkommen – ist die erste Frage, die Sie sich stellen sollten: „Wie reagiere ich auf einen Misserfolg?“ Wenn Sie ein Misserfolg zum Gewinnen inspiriert, sollten Sie sich auf ihn einlassen – aber nur vielleicht. Wenn Sie ein Misserfolg schwächt oder dazu führt, dass Sie Wutanfälle bekommen – wie streitlustige Bälger, die jedesmal, wenn etwas nicht nach ihrem Kopf geht, einen Rechtsanwalt rufen, um eine Prozessklage einzureichen –, dann spielen Sie auf Sicherheit. Behalten Sie ihre feste Arbeit. Oder kaufen Sie Obligationen oder offene Investmentfonds. Aber denken Sie daran, dass auch bei diesen finanziellen Instrumenten ein Risiko besteht, obwohl sie sicherer sind.

Ich sage dies alles, wobei ich Texas und Fran Tarkenton erwähne, weil es leicht ist, die Aktivaspalte aufzustellen. Es ist eigentlich ein Spiel ohne hohe Befähigungsansprüche. Man braucht keine besondere Ausbildung. Mathematikkenntnisse der fünften Klasse reichen. Aber die Aufstellung der Spalte der Einkünfte ist ein Spiel, das die richtige Einstellung erfordert. Man braucht Mumm, Geduld und eine souveräne Einstellung zum Versagen. Verlierer vermeiden das Versagen. Versagen macht jedoch Verlierer zu Gewinnern. Erinnern Sie sich an Alamo.

Zu Grund Nr. 2. Man muss seinen Zynismus überwinden. „Der Himmel stürzt ein, der Himmel stürzt ein.“ Die meisten von uns kennen die Geschichte vom

„Hühnchen Klein“, das herumrannte und den Bauernhof vor dem bevorstehenden Weltuntergang warnte. Wir alle kennen Leute, die sich so verhalten.

Aber wir alle haben ein „Hühnchen Klein“ in uns. Der Zyniker ist in Wirklichkeit so ein kleines Hühnchen. Wir alle werden so, wenn Angst und Zweifel die Oberhand gewinnen.

Alle von uns haben Zweifel. „Ich bin nicht gescheit.“ „Ich bin nicht gut genug.“ „Der und der ist besser als ich.“ Unsere Zweifel lähmen uns oft. Wir spielen das „Was passiert wenn..?“-Spiel. „Was passiert, wenn die Wirtschaft zusammenbricht, gerade wenn ich investiert habe?“ „Was passiert, wenn ich die Kontrolle verliere und das Geld nicht zurückzahlen kann?“ „Was passiert, wenn sich die Dinge nicht wie geplant entwickeln?“ Oder wir haben Freunde oder Verwandte, die uns – unabhängig davon, ob wir sie fragen – an unsere Unzulänglichkeiten erinnern. Sie sagen oft: „Warum glaubst du, dass du das tun kannst?“ „Wenn das so eine gute Idee ist, warum hat es dann nicht schon jemand anderes gemacht?“ „Das wird niemals funktionieren. Du weißt nicht, wovon du redest.“

Diese zweifelnden Worte hallen in uns selbst so oft wider, dass wir nicht handeln. Ein scheußliches Gefühl macht sich im Magen breit. Manchmal können wir nicht schlafen. Wir kommen nicht voran. So bleiben wir bei dem, was sicher ist, und die Gelegenheiten gehen vorbei. Wir beobachten, wie das Leben vorüberzieht, während wir unbeweglich mit einem kalten Klumpen im Magen dasitzen. Wir haben das alle irgendwann in unserem Leben gefühlt, einige mehr als andere.

Peter Lynch vom „Offenen Fidelity Magellan Investmentfond“ hält Warnungen, dass der Himmel einstürzt, für ein „Geschrei“, und wir alle hören es. Dieses „Geschrei“ entsteht entweder in unseren Köpfen oder kommt von außerhalb – häufig von Freunden, der Familie, Mitarbeitern oder den Medien. Lynch erinnert an die Zeit in den 50er Jahren, als die Furcht vor einem Atomkrieg in den Medien so vorherrschend war, dass die Leute angefangen haben, Schutzbunker gegen radioaktiven Staub zu bauen sowie Nahrungsmittel und Wasser zu horten. Wenn sie das Geld klug im Markt investiert hätten, anstatt Schutzbunker zu bauen, wären sie wahrscheinlich heute finanziell unabhängig.

Als vor einigen Jahren die Unruhen in Los Angeles ausbrachen, nahmen die Gewehrverkäufe im ganzen Land zu. Jemand stirbt am rohem Hamburgerfleisch in Washington, und das Gesundheitsamt in Arizona weist die Restaurants an, nur gut gekochtes Rindfleisch zu verwenden. Eine Arzneimittelfirma lässt eine landesweite Fernsehwerbung laufen, wobei Leute gezeigt werden, die sich die Grippe holen. Die Werbung läuft im Frühling. Die Erkältungen steigen ebenso an wie der Verkauf der Erkältungsmedizin.

Viele Leute sind arm, weil die Welt, wenn es ums Investieren geht, voll ist von lauter Hühnchen Kleins, die schreiend herumrennen: „Der Himmel stürzt ein, der Himmel stürzt ein." Und die Hühnchen Kleins sind einflussreich, weil jeder von uns so ein kleines Hühnchen in sich herumträgt. Es erfordert oft großen Mut, nicht zuzulassen, dass Gerüchte und Geschwätz vom Jüngsten Gericht und von Trübsal ihre Zweifel und Ängste beeinflussen.

1992 kam ein Freund namens Richard aus Boston, um mich und meine Frau in Phoenix zu besuchen. Er war davon beeindruckt, was wir durch Aktien und Immobilien erreicht hatten. Die Immobilienpreise in Phoenix waren gesunken. Wir verbrachten zwei Tage mit ihm und zeigten ihm, was wir für ausgezeichnete Gelegenheiten für Kapitalfluss und Wertsteigerung hielten.

Meine Frau und ich sind keine Immobilienmakler. Wir sind nur Anleger. Nachdem wir ein Objekt in einem Erholungsort gefunden hatten, riefen wir einen Agenten an, der es unserem Freund am Nachmittag verkaufte. Der Preis betrug lediglich 42.000 Dollar für ein Stadthaus mit zwei Schlafzimmern. Vergleichbare Objekte wurden für 65.000 Dollar gehandelt. Es war eine Gelegenheit. Aufgeregt kaufte er es und kehrte nach Boston zurück.

Zwei Wochen später rief der Agent an, um uns zu sagen, dass unser Freund ausgestiegen war. Ich rief sofort an, um den Grund herauszufinden. Es war nur aus ihm herauszubekommen, dass er mit seinem Nachbarn geredet hätte, und der hätte ihm gesagt, dass es ein schlechtes Geschäft gewesen sei. Er hätte zuviel gezahlt. Ich fragte Richard, ob sein Nachbar ein Kapitalanleger sei. Richard verneinte. Als ich ihn fragte, warum er auf ihn gehört hatte, ging er in die Defensive und sagte nur, dass er weiter schauen wolle.

Der Immobilienmarkt in Phönix wandelte sich, und bis 1994 wurde dieses kleines Objekt für 1.000 Dollar monatlich – und für 2.500 Dollar in den Wintermonaten – vermietet. 1995 war das Objekt 95.000 Dollar wert. Alles, was Richard hätte hinterlegen müssen, wären 5.000 Dollar gewesen, und er hätte einen Start gehabt, um aus dem Laufrad herauszukommen. Heute hat er immer noch nichts getan. Und die Geschäfte in Phönix sind noch da. Man muss sich nur viel intensiver umschauen.

Richards Ausstieg überraschte mich nicht. Man nennt das „Käuferskrupel", und sie beeinflussen uns alle. Es sind diese Zweifel, die uns angreifen und je nach Persönlichkeit die Oberhand gewinnen. Das kleine Hühnchen siegte, und eine Chance zur Freiheit wurde vertan.

In einem anderen Fall habe ich einen kleinen Teil meiner Vermögenswerte in Steuer-Pfandrecht-Zertifikaten angelegt. Ich bekomme für mein Geld 16 % jährlich, was sicher die üblichen Zinsen der Sparguthaben übersteigt. Die Sicherheit für die Zertifikate stellen die Immobilien, und ihre Gültigkeit wird durch die Gesetzgebung des Bundesstaates garantiert, die besser ist als die der meisten Banken. Das Rezept, mit dem sie gekauft sind, macht sie sicher. Es mangelt ihnen nur an Liquidität. So betrachte ich sie als Einlagebriefe mit zwei- bis siebenjähriger Laufzeit.

Fast jedesmal, wenn ich jemandem erzähle – besonders solchen, die Geld in Schatzbriefen haben –, dass ich mein Geld auf diese Weise festlege, wird mir gesagt, dass das riskant sei. Mir wird erklärt, warum ich das nicht tun sollte. Wenn ich sie frage, woher sie ihre Information haben, sagen sie: von einem Freund oder einem Investment-Magazin. Sie haben es nie gemacht, und sie erzählen jemandem, der es macht, dass er es nicht machen sollte. Der geringste Ertrag, den ich erwarte, sind 16 %; aber Leute, die voller Bedenken sind, sind bereit, 5 % zu akzeptieren. Bedenken sind teuer.

Ich bin überzeugt davon, dass es diese Bedenken und dieser Zynismus sind, die die meisten Leute veranlassen, arm zu bleiben und auf Sicherheit zu spielen. Die wirkliche Welt wartet nur darauf, dass Sie reich werden. Nur dieses Trübsal blasen lässt eine Person arm bleiben. Wie ich schon sagte, ist es technisch leicht, dem Laufrad zu entkommen. Es bedarf dazu nicht viel Ausbildung, aber die Vorbehalte sind für die meisten Leute das größte Hindernis.

„Zyniker gewinnen nie“, sagte mein reicher Vater. „Ungeprüfte Bedenken und Angst bringen einen Zyniker hervor. Zyniker kritisieren und Gewinner analysieren“, war eine weitere seiner bevorzugten Redensarten. Mein reicher Vater erklärte, dass Pessimismus blind macht, während die Analyse die Augen öffnet. Sie erlaubt es Gewinnern zu sehen, dass Kritiker blind sind und dass es Gelegenheiten gibt, die jeder andere verpasst. Und das zu finden, was andere versäumen, ist der Schlüssel zu jedem Erfolg.

Immobilien sind ein einzigartiges, mächtiges Investitionsinstrument für jeden, der nach finanzieller Unabhängigkeit und Freiheit strebt. Doch wenn ich Immobilien als Mittel erwähne, höre ich oft: „Ich möchte keine Toiletten reparieren.“ Das ist das, was Peter Lynch als „Geschrei“ bezeichnet. Das ist, was mein reicher Vater „Zynikergeplauder“ nennen würde. Jemand, der nur kritisiert und nicht analysiert. Jemand, der zulässt, dass seine Bedenken und Ängste den Geist verschließen, anstatt die Augen zu öffnen.

Wenn also jemand sagt: „Ich möchte keine Toiletten reparieren“, würde ich am liebsten zurückschießen: „Warum glauben Sie, dass ich das möchte?“ Sie drücken damit doch bloß aus, dass ihnen eine Toilette wichtiger ist als das, was sie eigentlich wollen: die Befreiung vom Laufrad – und sie konzentrieren sich auf Toiletten. Das ist das Denkmuster, das die meisten Leute arm bleiben lässt. Sie kritisieren, statt zu analysieren.

„Ich-will-nicht-Sätze halten den Schlüssel des Erfolgs fest", würde mein reicher Vater sagen.

Weil auch ich keine Toiletten reparieren möchte, bemühe ich mich, einen Immobilienverwalter zu finden, der sich um diese Reparaturen kümmert. Und indem ich einen besonders guten finde, der Häuser und Wohnungen gut instandhält, nimmt mein Kapitalfluss zu. Aber noch wichtiger ist, dass es mir ein geschickter Immobilienverwalter erlaubt, viele weitere Immobilien zu kaufen, da ich mich nicht um Kleinkram kümmern muss. Ein talentierter Immobilienverwalter ist bei Immobilien der Schlüssel zum Erfolg. Einen guten zu finden ist für mich wichtiger als die Immobilie selbst. Ein geschickter Immobilienverwalter hört oft noch vor den Maklern von großen Geschäften, was ihn dann noch wertvoller macht.

Das ist es, was mein reicher Vater mit der Aussage „Ich-will-nicht-Sätze halten den Schlüssel des Erfolgs fest" meinte. Weil ich auch keine Toiletten reparieren möchte, habe ich darüber nachgedacht, wie man mehr Immobilien kaufen und das Entkommen aus dem Laufrad beschleunigen kann. Die Leute, die immer sagen: „Ich möchte nicht Toiletten reparieren", versagen sich oft selbst den Gebrauch dieses mächtigen Investitionsinstruments: Toiletten sind ihnen wichtiger als ihre Freiheit.

An der Börse höre ich oft Leute sagen: „Ich möchte kein Geld verlieren." Nun, was bringt sie dazu zu glauben, dass ich oder irgendjemand anders Geld verlieren möchte? Sie kommen nicht zu Geld, weil sie es vorgezogen haben, kein Geld zu verlieren. Anstatt zu analysieren, verschließen sie ihren Geist vor einem anderen mächtigen Investitionsinstrument, der Börse.

Im Dezember 1996 fuhr ich mit einem Freund an einer Tankstelle in der Umgebung vorbei. Er blickte auf und sah, dass der Benzinpreis stieg. Mein Freund ist jemand, die sich ständig Sorgen macht – ein „Hühnchen Klein". Für ihn ist der Himmel immer am Einstürzen, und normalerweise stürzt er – auf ihn.

Als wir zu Hause waren, zählte er mir alle Gründe auf, warum der Benzinpreis in den nächsten fünf Jahren steigen würde. Es waren Statistiken, die ich niemals zuvor gesehen hatte, obwohl ich einen erheblichen Anteil an einer Ölgesellschaft besaß. Mit dieser Information begann ich sofort zu suchen, und ich fand eine neue unterbewertete Ölgesellschaft, die dabei war, einige Öllagerstätten zu erschließen. Mein Broker war bezüglich dieser neuen Gesellschaft ziemlich aufgeregt, und ich kaufte 15.000 Anteile für einen Stückpreis von 65 Cents.

Im Februar 1997 fuhren derselbe Freund und ich bei derselben Tankstelle vorbei, und natürlich war der Preis um fast 15 % gestiegen. Wiederum jammerte und klagte „Hühnchen Klein". Ich lächelte, weil diese kleine Ölgesellschaft im Januar auf Öl gestoßen war und diese 15.000 Anteile auf mehr als drei Dollar pro Anteil gestiegen waren, seitdem er mir damals den Tipp gegeben hatte. Und wenn mein Freund Recht hat, wird der Ölpreis weiter steigen.

Anstatt zu analysieren, verschließt bei den meisten das kleine Hühnchen den Geist. Wenn sie jedoch verstehen würden, wie ein „Stop" bei einer Börseninvestition wirkt, gäbe es mehr Leute, die investieren, um zu gewinnen – anstatt zu investieren, um nicht zu verlieren. Ein „Stop" ist einfach nur ein Computerbefehl, der die Anteile einer Person automatisch verkauft, wenn der Preis zu fallen beginnt, um auf diese Weise ihre Verluste zu minimieren und Gewinne zu maximieren. Es ist ein tolles Werkzeug für diejenigen, die Verlieren zum Gewinnen nutzen.

Immer, wenn ich Leute höre, die ihr „Ich will nicht" mehr betonen als ihr „Ich möchte", weiß ich, dass das Geschrei in ihrem Kopf laut sein muss. Hühnchen Klein hat von ihrem Verstand Besitz ergriffen: „Der Himmel fällt herunter und die Toiletten gehen kaputt." So vermeiden sie zwar, was sie nicht wollen, aber sie zahlen einen sehr hohen Preis. Möglicherweise bekommen sie nie, was sie sich im Leben gewünscht haben.

Mein reicher Vater zeigte mir, wie ich Hühnchen Klein betrachten sollte: „Mach einfach das, was Colonel Sanders gemacht hat. Im Alter von 66 Jahren verlor er seine Beschäftigung und musste von der Sozialhilfe leben. Es reichte nicht. Also fuhr er im ganzen Land umher, um sein Brathühnchenrezept zu verkaufen. Er wurde 1009mal hinausgeworfen, bevor jemand ‚ja' sagte. Und er wurde in einem Alter, in dem die meisten Leute in den Ruhestand gehen, Multimillionär. Er war ein tapferer und beharrlicher Mann", urteilte mein reicher Vater über Harlan Sanders.

Wenn Sie also zweifeln und sich ein wenig bange fühlen, dann machen Sie das, was Colonel Sanders mit seinem kleinen Hühnchen getan hat: Er briet es.

Zu Grund Nr. 3. Heilen Sie ihre Faulheit. Emsige Leute sind häufig die faulsten. Wir alle kennen Leute, die viel arbeiten, um Geld zu verdienen. Ein Mann arbeitet schwer, um ein guter Ernährer seiner Frau und seiner Kinder zu sein. Er verbringt viele Stunden im Büro und nimmt an den Wochenenden Arbeit mit nach Hause. Eines Tages kommt er in ein leeres Haus heim. Seine Frau hat ihn mit den

Kindern verlasen. Er wusste, dass er und seine Frau Probleme hatten, aber anstatt die Beziehung zu stärken, flüchtete er sich in die Arbeit. Darüber bestürzt, sinkt seine Arbeitsleitung und er verliert seine Stelle.

Ich treffe heutzutage häufig Leute, die zu beschäftigt sind, um sich um ihren Wohlstand zu kümmern. Und es gibt Leute, die zu beschäftigt sind, um sich um ihre Gesundheit zu kümmern. Der Grund ist der gleiche. Sie sind beschäftigt und sie bleiben beschäftigt, um zu vermeiden, sich mit Dingen auseinander zu setzen, die sie nicht wahrhaben wollen. Das braucht ihnen aber eigentlich niemand zu sagen, denn tief in ihrem Innersten wissen sie es. Wenn man sie jedoch daran erinnert, reagieren sie oft ärgerlich oder irritiert.

Wenn sie sich nicht mit der Arbeit oder den Kindern beschäftigen, sind sie oft beim Fernsehen, beim Angeln, beim Golfspielen oder beim Einkaufen. Und doch, tief im Innersten, wissen sie, dass sie dabei sind, etwas Wichtiges zu vermeiden. Dies ist die verbreitetste Art der Faulheit: faul sein, indem man sich ständig beschäftigt.

Was ist also das Heilmittel gegen Faulheit? Die Antwort: ein wenig Gier.

Viele von uns sind damit aufgewachsen, Gier oder Verlangen für schlecht zu halten. „Gierige Leute sind schlechte Leute“, sagte meine Mutter immer. Und dennoch haben wir in uns die Sehnsucht, hübsche, neue oder aufregende Dinge zu besitzen. Um diese Gefühle unter Kontrolle zu halten, finden Eltern häufig Möglichkeiten, dieses Verlangen mit Schuldgefühlen zu unterdrücken. „Du denkst nur an dich selbst. Weißt du nicht, dass du Brüder und Schwestern hast?“, war einer der Lieblingssätze meiner Mutter. „Du willst, dass ich dir etwas kaufe?“, war der Lieblingssatz meines Vaters. „Glaubst du, dass das Geld auf den Bäumen wächst? Du weißt, dass wir keine reichen Leute sind.“

Es waren weniger die Worte als die damit verbundenen zornigen Schuldvorwürfe, die mich trafen.

Ebenfalls beliebt ist die elterliche Opferhaltung: „Ich opfere mein Leben, um dir das zu kaufen. Ich kaufe das für dich, weil ich es nie so schön hatte, als ich ein Kind war.“ Ich habe einen Nachbarn, der total pleite ist, aber seinen Wagen nicht in die Garage stellen kann, weil sie mit dem Spielzeug der Kinder vollgestopft ist. Diese verwöhnten Bälger bekommen alles, was sie sich wünschen. „Ich möchte nicht, dass sie das Gefühl des Mangels kennen lernen“, sind seine täglichen Worte. Er hat nichts für ihre College-Ausbildung oder für seine Altersversorgung beiseite gelegt, aber seine Kinder haben jedes Spielzeug, das je hergestellt wurde. Neulich hat er mit der Post eine neue Kreditkarte bekommen und seine Kinder zum Besuch von Las Vegas mitgenommen. „Ich mache das für die Kinder“, sagte er mit großer Opferbereitschaft.

Mein reicher Vater verbat die Worte: „Ich kann es mir nicht leisten." In meinem eigentlichen Zuhause war das alles, was ich hörte. Mein reicher Vater forderte stattdessen seine Kinder auf zu fragen: „Wie kann ich mir das leisten?" Seiner Denkweise nach legen die Worte: „Ich kann es mir nicht leisten" das Gehirn still. Es braucht nicht mehr zu denken. „Wie kann ich mir das leisten?" öffnet das Gehirn. Es zwingt es zum Denken und dazu, nach Antworten zu suchen.

Aber am wichtigsten war zu fühlen, dass die Worte „Ich kann es mir nicht leisten" eine Lüge sind. Und unser Gehirn weiß das. „Der menschliche Geist ist sehr, sehr mächtig", pflegte er zu sagen. „Er weiß, dass er alles kann." Wenn man einen faulen Verstand hat, der sagt: „Ich kann es mir nicht leisten", bricht im Inneren ein Krieg aus. Ihr Geist wird zornig, und ihr fauler Verstand muss seine Lügen verteidigen. Der Geist schreit: „Vorwärts. Gehen wir zum Turnen und trainieren wir." Und der faule Verstand sagt: „Aber ich bin müde. Ich habe heute wirklich schwer gearbeitet." Oder der menschliche Geist sagt: „Ich leide darunter und bin es satt, arm zu sein. Machen wir uns auf, um reich zu werden." Woraufhin der faule Verstand sagt: „Reiche Leute sind gierig. Außerdem ist es eine zu große Plage. Es ist nicht sicher. Ich könnte Geld verlieren. Ich arbeite sowieso genug. Ich habe bei der Arbeit ohnehin zu viel zu tun. Schau, was ich heute Nacht tun muss. Mein Chef möchte, dass es bis morgen fertig ist."

„Ich kann es mir nicht leisten" bringt auch Traurigkeit mit sich, d. h. eine Hilflosigkeit, die zu Verzagtheit und häufig zu Depression führt. Apathie ist ein anderes Wort dafür. „Wie kann ich es mir leisten?" eröffnet uns Möglichkeiten, Anreize und Träume. Es interessierte meinen reichen Vater nicht so sehr, was man sich kaufen wollte, sondern dass das „Wie kann ich es mir leisten?" einen stärkeren Verstand und einen dynamischen Geist hervorbrachte.

Somit gab er Mike und mir kaum etwas. Stattdessen sagte er: „Wie kannst du es dir leisten?", und das schloss eine College-Ausbildung ein, die wir selbst bezahlten. Er wollte, dass wir nicht das Ziel, sondern den Prozess der Erreichung des erstrebten Ziels lernten.

Das Problem, das ich heute sehe, ist, dass es Millionen Menschen gibt, die sich wegen ihrer Gier schuldig fühlen. Es ist eine alte Konditionierung aus ihrer Kindheit. Ihr Verlangen, die besten Dinge zu haben, die das Leben bietet, stufen sie als negativ und unpassend ein und fühlen sich daher schuldig. Manche sind unbewusst konditioniert worden zu sagen: „Du kannst das nicht haben" oder: „Du wirst dir das nie leisten können."

Als ich mich entschieden habe, das Laufrad zu verlassen, war der Auslöser nur einfach die Frage: „Wie kann ich es mir leisten, nie wieder arbeiten zu müssen?" Und mein Verstand begann, Antworten und Lösungen auszusondern. Der härteste Teil bestand darin, die Dogmen meiner eigenen Eltern wie „Wir können es uns nicht leisten“, „Hör damit auf, nur an dich zu denken“, „Warum denkst du nicht an andere?“ und ähnliche Sätze zu bekämpfen, die dazu dienten, Schuldgefühle zur Unterdrückung meiner Gier zu erzeugen.

Wie kann man also Faulheit überwinden? Die Antwort ist wie gesagt: Mit ein wenig Gier. Es gibt bei uns eine Radiosendung *What's In It – For Me?* (Was ist für mich drin?). Eine Person muss sich hinsetzen und fragen: „Was ist für mich drin, wenn ich gesund, sexy und gutaussehend bin?“ oder „Wie würde mein Leben sein, wenn ich nie wieder arbeiten müsste?“ oder „Was würde ich machen, wenn ich all das Geld hätte, das ich brauche?“

Ohne das bisschen Gier, den Wunsch, etwas Besseres zu haben, gibt es keinen Fortschritt. Unsere Welt entwickelt sich weiter, weil wir alle ein besseres Leben wünschen. Es wird immer wieder etwas Neues erfunden, weil uns das Alte nicht mehr gut genug erscheint. Wir gehen in die Schule und lernen fleißig, weil wir etwas Besseres wollen. Wann immer Sie sich also dabei ertappen, dass Sie etwas vermeiden, von dem Sie wissen, dass Sie es tun sollten, dann sollten Sie sich fragen: „Was ist für mich drin?“ Seien Sie ein wenig gierig. Es ist das beste Heilmittel gegen Faulheit.

Zu viel Gier ist jedoch – wie alles im Übermaß – nicht gut. Aber erinnern Sie sich daran, was Michael Douglas in dem Film *Wall Street* gesagt hat: „Gier ist gut.“ Mein reicher Vater drückte es anders aus: „Schuldgefühle sind schlechter als Gier. Denn Schuld beraubt den Körper seiner Seele.“ Und Eleanor Roosevelt sagte es am besten: „Mach, was du im Herzen für richtig hältst – denn du wirst auf jeden Fall kritisiert. Du wirst verurteilt, wenn du es tust, und verurteilt, wenn du es nicht tust.“

Zu Grund Nr. 4. Ändern Sie ihre Gewohnheiten. Unser Leben spiegelt mehr unsere Gewohnheiten als unsere Erziehung wider. Nachdem er den Film *Conan* mit Arnold Schwarzenegger gesehen hatte, sagte ein Freund: „Ich hätte gerne einen Körper wie Schwarzenegger.“ Die meisten Kumpels nickten zustimmend.

„Ich habe gerade gehört, dass er früher einmal schwächlich und dünn gewesen ist“, fügte ein anderer Freund hinzu.

„Ja, ich habe das auch gehört“, ergänzte ein anderer. „Er soll die Angewohnheit haben, fast jeden Tag zu trainieren.“

„Ja, ich wette, er muss es tun.“

„Nee“, sagte der Spötter der Gruppe. „Ich wette, dass er so geboren wurde. Abgesehen davon, hören wir auf, über Arnold zu reden und trinken wir ein paar Bier.“

Dies ist ein Beispiel dafür, wie Gewohnheiten das Verhalten beherrschen. Ich erinnere mich, wie ich meinen reichen Vater nach den Gewohnheiten der Reichen gefragt habe. Anstatt mir direkt zu antworten, wollte er, dass ich – wie gewöhnlich – durch ein Beispiel lernte.

„Wann zahlt dein Vater seine Rechnungen?", fragte mein reicher Vater.

„Am Monatsersten", antwortete ich.

„Bleibt ihm irgendetwas übrig?", wollte er wissen.

„Sehr wenig", sagte ich.

„Das ist der Hauptgrund, warum er kämpft", meinte mein reicher Vater. „Er hat eine schlechte Angewohnheit. Dein Vater zahlt erst jeden anderen aus. Er bezahlt sich selbst zuletzt, aber nur, wenn ihm etwas übrig bleibt."

„Was gewöhnlich nicht der Fall ist", sagte ich. „Aber er muss doch seine Rechnungen zahlen, nicht wahr? Meinen Sie, dass er seine Rechnungen nicht zahlen sollte?"

„Natürlich nicht", erwiderte mein reicher Vater. „Ich halte sehr viel davon, meine Rechnungen rechtzeitig zu zahlen. Nur bezahle ich mich zuerst. Sogar bevor ich den Staat bezahle."

„Aber was passiert, wenn Sie nicht genug Geld haben?", fragte ich. „Was machen Sie dann?"

„Das Gleiche", sagte mein reicher Vater. „Ich zahle immer noch mich selbst zuerst aus. Auch wenn ich knapp bei Kasse bin. Meine Spalte der Einkünfte ist mir viel wichtiger als der Staat."

„Aber", wollte ich wissen, „sind sie dann nicht hinter Ihnen her?"

„Ja, wenn du nicht zahlst", antwortete mein reicher Vater. „Schau, ich habe nicht gesagt, dass man nicht zahlen soll. Ich habe nur gesagt, dass ich erst mich selbst auszahle, auch wenn ich knapp bei Kasse bin."

„Aber wie machen Sie das?", entgegnete ich.

„Es geht nicht um das Wie. Die Frage ist:Warum", meinte mein reicher Vater.

„O.K., warum?"

„Motivation", sagte er. „Wer, glaubst du, wird sich lauter beklagen, wenn ich sie nicht zahle – ich oder meine Gläubiger?"

„Ihre Gläubiger werden bestimmt lauter brüllen als Sie", sagte ich, das Offensichtliche erwidernd. „Sie selber würden überhaupt nichts sagen, wenn Sie sich nicht selbst bezahlen würden."

„Also siehst du, dass, nachdem ich mich selbst bezahlt habe, der Druck, meine Steuern und die Gläubiger zu bezahlen, so groß ist, dass er mich zwingt, nach anderen Arten von Einkünften zu suchen. Der Druck zu zahlen wird meine Motivation. Ich habe zusätzliche Arbeiten angenommen, weitere Firmen gegründet,

Börsengeschäfte gemacht, alles andere, nur um sicher zu gehen, dass diese Kerle nicht anfangen, mich anzubrüllen. Dieser Druck hat dazu geführt, dass ich mehr gearbeitet habe, er hat mich zum Denken gezwungen, und alles in allem hat er mich schlauer und aktiver gemacht, wenn es um Geld geht. Wenn ich mich selbst zuletzt bezahlt hätte, hätte ich keinen Druck gefühlt, aber ich würde pleite sein."

„Also ist die Angst vor dem Staat oder vor anderen Leuten, denen Sie Geld schulden, das, was Sie antreibt?"

„Das ist richtig", sagte mein reicher Vater. „Siehst du, die staatlichen Geldeintreiber in Amerika sind sehr brutale Kerle. So sind Geldeintreiber im Allgemeinen. Die meisten Leute geben diesen Kerlen nach. Sie bezahlen sie und gönnen sich selbst niemals etwas. Kennst du die Geschichte von dem 48-Kilo-Schwächling, dem man Sand ins Gesicht geworfen hat?"

Ich nickte. „Ich sehe diese Anzeige für Gewichtheben und Bodybuildingkurse immer in den Comicbüchern."

„Nun, die meisten Leute lassen es zu, dass ihnen die Kerle Sand ins Gesicht werfen. Ich habe mich entschieden, die Angst vor dem brutalen Kerl dazu zu nutzen, mich stärker zu machen. Andere werden schwächer. Wenn ich mich dazu zwinge, darüber nachzudenken, wie ich zu zusätzlichem Geld komme, ist das wie zum Turnen zu gehen und Gewichtheben zu trainieren. Je mehr ich meine geistigen Geldmuskeln trainiere, desto stärker werde ich. Nun fürchte ich mich nicht mehr vor diesen Kerlen."

Es gefiel mir, was mein reicher Vater sagte. „Also, wenn ich mich selbst zuerst bezahle, werde ich finanziell stärker, sowohl geistig als auch wenn es um die Steuern geht."

Mein reicher Vater nickte.

„Und wenn ich mich selbst zuletzt bezahle oder überhaupt nicht, werde ich schwächer. Somit schubsen mich Leute wie Vorgesetzte, Manager, Steuereintreiber, Geldeintreiber und Vermieter mein ganzes Leben lang umher. Nur, weil ich keine guten Geldangewohnheiten habe."

Mein reicher Vater nickte. „Genau wie den 48-Kilo-Schwächling."

Zu Grund Nr. 5. Überheblichkeit ist Einbildung plus Unwissenheit.

„Was ich weiß, bringt mir Geld. Was ich nicht weiß, lässt mich Geld verlieren. Jedesmal, wenn ich überheblich war, habe ich Geld verloren. Weil ich, wenn ich überheblich bin, aufrichtig glaube, dass das, was ich nicht weiß, unwichtig ist." Das sagte mir mein reicher Vater häufig.

Ich habe herausgefunden, dass viele Leute Überheblichkeit benutzen, um ihre eigene Unwissenheit zu verbergen. Dies geschieht oft, wenn ich Bilanzen mit Wirtschaftsprüfern oder sogar mit anderen Kapitalanlegern diskutiere.

Sie versuchen, in der Diskussion eine gute Figur zu machen. Es ist mir klar, dass sie nicht wissen, worüber sie reden. Sie lügen nicht, aber sie sagen auch nicht die Wahrheit.

Es gibt viele Leute in der Welt des Geldes, der Finanzen und der Investitionen, die überhaupt keine Vorstellung davon haben, worüber sie sprechen. Die meisten Leute im Geldgewerbe speien ihre Werbespots aus wie Gebrauchtwagenhändler.

Wenn Sie wissen, dass Sie über ein Thema nichts wissen, sollten Sie sich selbst weiterbilden, indem Sie einen Experten auf diesem Gebiet oder ein Buch über das Thema suchen und weiterlernen.

Kapitel neun
Der Start

Ich wünschte, ich könnte sagen, dass es mir leicht fiel, Reichtum zu erwerben, aber das war nicht der Fall.

Somit empfehle ich als Antwort auf die Frage „Wie beginne ich?“ den Denkprozess, den ich selbst Tag für Tag abarbeite. Es ist eigentlich einfach, große Geschäfte zu finden – das verspreche ich Ihnen. Es ist gerade so wie beim Radfahren. Nach ein wenig Schwanken ist es wie Kuchen essen. Beim Geld ist der Entschluss, durch das Schwanken hindurchzukommen, eine persönliche Sache.

Um Millionen-Dollar-Geschäfte ihres Lebens zu finden, ist es nötig, unseren finanziellen Genius anzurufen. Ich glaube, dass jeder von uns einen solchen in sich hat. Das Problem ist, dass unser finanzieller Genius schläft und darauf wartet, aufgeweckt zu werden. Er schläft, weil uns unsere Kultur dazu erzogen hat, daran zu glauben, dass die Liebe zum Geld die Wurzel alles Bösen ist. Sie hat uns ermutigt, einen Beruf zu lernen, damit wir für Geld arbeiten können, aber sie hat uns nicht beigebracht, Geld zu haben, das für uns arbeitet. Sie hat uns gelehrt, uns nicht um unsere finanzielle Zukunft zu sorgen. Unsere Firma oder der Staat würden sich am Ende unserer Arbeitstage um uns kümmern. Es sind jedoch unsere im selben Schulsystem ausgebildeten Kinder, die letztendlich dafür zahlen werden. Die Botschaft lautet immer noch, viel zu arbeiten, Geld zu verdienen und auszugeben, und wenn es zu Ende geht, können wir immer neues leihen.

Unglücklicherweise stimmen 90 % der Leute in der westlichen Welt dem obigen Dogma zu, einfach deshalb, weil es leichter ist, eine Stelle zu finden und für Geld zu arbeiten. Wenn Sie nicht zu den Massen gehören wollen, biete ich Ihnen die folgenden zehn Schritte an, um ihren finanziellen Genius aufzuwecken. Es sind einfach die Schritte, die meine finanzielle Ausbildung bestimmten. Wenn Sie einigen davon folgen wollen, toll! Wenn nicht, gehen Sie ihre eigenen Schritte. Ihr finanzieller Genius ist schlau genug, um seine eigene Liste zu entwickeln.

In Peru habe ich einen 45-jährigen Bergmann in einem Goldbergwerk gefragt, warum er so zuversichtlich sei, eine Goldmine zu finden. Er antwortete: „Es gibt überall Gold. Die meisten Leute sind nicht geübt, es zu sehen.“

Ich möchte sagen, das stimmt. Bei Immobilien kann ich mich auf den Weg machen und an einem Tag manchmal vier oder fünf große Geschäfte an Land ziehen, während sich durchschnittliche Leute aufmachen und nichts finden würde. Auch wenn sie dieselbe Umgebung betrachten. Der Grund dafür ist, dass der finanzielle Genius der meisten Menschen keine Zeit bekam, sich zu entwickeln.

Ich biete Ihnen die folgenden zehn Schritte als einen Prozess an, um ihre gottgegebenen Kräfte zu entwickeln. Es sind Kräfte, die nur Sie beherrschen:

1. Ich brauche ein Motiv, das stärker als die Wirklichkeit ist: Die Macht des Geistes. Wenn man die Leute fragt, ob sie reich oder finanziell unabhängig sein möchten, sagen die meisten ja. Aber dann setzt die Wirklichkeit ein. Der Weg erscheint zu lang, mit zu vielen Hindernissen und Fallen. Es ist eben leichter, für Geld zu arbeiten und den Überschuss ihrem Broker zu überlassen.

Ich habe einmal eine junge Frau getroffen, die davon träumte, im US-Olympia-Team zu schwimmen. Im wirklichen Leben musste sie jeden Morgen um vier Uhr aufstehen und drei Stunden schwimmen, bevor sie zur Schule ging. Sie traf sich nicht mit ihren Freunden am Samstagabend. Sie musste lernen und wie jeder andere ihre Noten halten.

Als ich sie fragte, was sie zu so übermenschlichem Ehrgeiz und so großer Opferbereitschaft zwang, sagte sie nur: „Ich mache es für mich und die Menschen, die ich liebe. Es ist Liebe, die mich die Hürden und Opfer überwinden lässt."

Ein Motiv oder ein Zweck ist eine Kombination von Wünschen und Abneigungen. Wenn mich Leute nach dem Motiv fragen, warum ich reich sein möchte, handelt es sich um eine Kombination von emotional tief verwurzelten Wünschen und Abneigungen.

Ich möchte einige aufzählen. Zunächst die Abneigungen, denn sie bringen die Wünsche hervor: Ich möchte nicht mein ganzes Leben lang arbeiten. Ich möchte nicht das, was meine Eltern für mich erstrebten, nämlich eine sichere Arbeit und ein Haus in einem Vorort. Ich möchte kein Angestellter sein. Ich hasste es, dass mein Vater immer bei meinen Fußballspielen fehlte, weil er so eifrig für seine Karriere arbeitete. Ich hasste es, dass mein Vater sein ganzes Leben lang schwer arbeitete und der Staat ihm bei seinem Tod das meiste nahm, für das er gearbeitet hatte. Als er starb, konnte er nicht einmal das, für das er so viel gearbeitet hatte, weitergeben. Bei den Reichen ist es nicht so. Sie arbeiten viel und vererben es an ihre Kinder.

Nun zu den Wünschen. Ich möchte frei sein, um die Welt zu bereisen und in dem Lebensstil zu leben, den ich mag. Ich möchte das in jungen Jahren machen. Ich möchte einfach unabhängig sein. Ich möchte die Kontrolle über meine Zeit und über mein Leben haben. Ich möchte, dass das Geld für mich arbeitet.

Das sind meine tiefsitzenden emotionalen Motive. Was sind ihre? Wenn sie nicht stark genug sind, dann ist der Weg zu schwer für ihre Motive. Ich habe oft Geld verloren und Rückschläge erlitten, aber es waren die emotional tief verwurzelten Motive, die mich dazu gebracht haben, wieder aufzustehen und voranzuschreiten. Ich wollte mit 40 frei sein, aber ich habe, mit vielen Lernerfahrungen unterwegs, bis 47 gebraucht.

Wie ich schon sagte, wünschte ich, sagen zu können, dass es leicht war. Es war nicht leicht, aber es war auch nicht schwer. Aber ohne ein starkes Motiv oder ein großes Ziel ist alles im Leben schwer.

Wenn Sie kein starkes Motiv haben, macht es keinen Sinn, weiterzulesen. Es wird zu viel Arbeit sein.

2. Ich entscheide mich täglich: Die Macht der Wahl. Das ist der Hauptgrund, warum die Leute in einem freien Land leben wollen. Wir wollen die Macht haben, frei zu wählen.

Mit jedem Dollar, den wir in unsere Hände bekommen, haben wir die Macht, für unsere Zukunft Reichtum, Armut oder die Zugehörigkeit zur Mittelschicht zu wählen. Unsere Ausgabegewohnheiten zeigen, wer wir sind. Arme Leute haben einfach schlechte Ausgabegewohnheiten.

Als Junge spielte ich immer gerne Monopoly. Niemand sagte mir, dass Monopoly nur für Kinder sei, und so spielte ich es auch als Erwachsener. Ich hatte einen reichen Vater, der mich auf den Unterschied zwischen einem Vermögenswert und einer Verbindlichkeit hinwies. So entschied ich mich vor langer Zeit, als kleiner Junge, reich zu sein, und ich wusste, dass ich nur zu lernen brauchte, Vermögenswerte – wirkliche Vermögenswerte – zu erwerben. Meinem besten Freund Mike wurde eine Aktivaspalte übergeben, aber er musste trotzdem erst noch lernen, sie auch zu behalten. Viele reiche Familien verlieren ihre Vermögenswerte in der nächsten Generation nur deshalb, weil der Nachwuchs nicht gut vorbereitet ist, ihre Aktiva zu verwalten.

Die meisten Leute entscheiden sich dafür, nicht reich zu sein. Für 90 % der Bevölkerung bedeutet reich sein „zu viel Kopfzerbrechen". So erfinden sie Sprüche wie „Ich bin an Geld nicht interessiert", „Ich werde nie reich sein", „Ich muss mir keine Sorgen machen, weil ich noch jung bin", „Wenn ich zu Geld komme, denke ich über meine Zukunft nach" oder „Mein Mann (meine Frau) kümmert sich um die Finanzen". Das Problem mit diesen Aussagen ist, dass sie der Person, die so denkt, zwei Dinge raubt: das eine ist die Zeit, die ihr kostbarster Vermögenswert ist, und das andere ist das Lernen. Gerade weil Sie kein Geld haben, sollte das keine Rechtfertigung sein, nicht zu lernen. Aber das ist die Entscheidung, die wir alle täglich treffen: die Wahl, was wir mit unserer Zeit, mit unserem Geld und mit dem, was wir im Kopf haben, anfangen. Das ist die Macht der Wahl. Alle von uns können wählen. Ich wähle einfach, reich zu sein, und ich treffe diese Wahl jeden Tag.

Investieren Sie zunächst in ihre Ausbildung: In Wirklichkeit ist der einzige wirkliche Vermögenswert, den Sie besitzen, ihr Verstand – das mächtigste Werkzeug, das wir beherrschen.

Wie ich eben über die Macht der Wahl gesagt habe, steht jeder von uns vor der Entscheidung darüber, was wir in unserem Gehirn speichern, wenn wir reif genug sind. Sie können jeden Tag Musikvideos ansehen, Golfzeitschriften lesen, Keramikkurse besuchen oder etwas über Finanzplanung lernen. Sie wählen aus. Die meisten Leute kaufen eher Investmentpapiere, als dass sie zuerst einmal ins Lernen investieren, um mehr über Finanzen zu wissen.

Bei einer Freundin, einer reichen Frau, wurde kürzlich in ihre Wohnung eingebrochen. Die Einbrecher nahmen ihren Fernseher und ihren Videorecorder mit und ließen ihre Bücher zurück. Wir stehen alle vor dieser Wahl. 90 % der Bevölkerung kaufen Fernsehgeräte und nur ungefähr 10 % kaufen Fachbücher über Wirtschaft oder Tonbänder über Investitionen.

Was mache ich also? Ich besuche Seminare. Ich mag es, wenn sie wenigstens zwei Tage dauern, weil ich mich gerne in ein Thema vertiefe. Es war 1973, als im Fernsehen ein Kerl für ein dreitägiges Seminar über den Kauf von Immobilien ohne Anzahlung Reklame machte. Ich gab 385 Dollar aus, und dieser Kurs brachte mir im Endeffekt wenigstens zwei Millionen Dollar, wenn nicht mehr. Aber noch wichtiger war, dass er mir damit Lebenszeit kaufte: Aufgrund dieses Kurses muss ich für den Rest meines Lebens nicht mehr arbeiten. Ich besuche jährlich mindestens zwei solcher Seminare.

Ich mag Tonbänder. Der Grund: Ich kann sie schnell zurückspulen. Ich hörte ein Band mit Peter Lynch, und er sagte etwas, mit dem ich überhaupt nicht einverstanden war. Anstatt überheblich und kritisch zu werden, drückte ich einfach auf die Rücklauftaste und hörte diesen fünfminütigen Abschnitt wenigstens zwanzig Mal an. Vielleicht auch öfter. Indem ich meinen Geist offen hielt, verstand ich plötzlich, warum er das alles sagte. Es war wie Magie. Ich fühlte, als ob ich ein Fenster in den Geist eines der größten Kapitalanlegers unserer Zeit hätte. Ich gewann eine ungeheuere Tiefe und Einsicht in die riesigen Schätze seiner Bildung und Erfahrung.

Der Effekt: Ich habe noch die gewohnte Art zu denken, und ich verfüge zusätzlich über Peters Blickwinkel, dasselbe Problem oder dieselbe Situation anzusehen. Ich verfüge über zwei Denkweisen statt nur einer. Mit jeder neuen Weise, ein Problem oder eine Entwicklung zu analysieren, die ich von Fachleuten lerne, bekomme ich mehr Entscheidungsmöglichkeiten, und das ist unbezahlbar. Jetzt sage ich oft: „Wie würde Peter Lynch dies machen, oder Donald Trump, Warren Buffett oder George Soros?“ Um Zugang zu ihrer enormen geistigen Macht zu finden, muss man folgenden Weg gehen: bescheiden genug zu sein, zu lesen oder zu hören, was sie zu sagen haben. Überhebliche oder kritische Leute haben oft eine geringe Selbstachtung –, sie fürchten sich, etwas zu riskieren. Sie sollten begreifen, dass es – wenn Sie etwas Neues lernen – erforderlich ist, Fehler zu machen, um völlig zu verstehen, was Sie gelernt haben.

Wenn Sie bis hierher gelesen haben, ist Überheblichkeit nicht eines ihrer Probleme. Überhebliche Leute lesen wenig oder kaufen kaum Tonbänder. Warum sollten sie auch? Sie sind der Mittelpunkt des Universums.

Es gibt so viele „intelligente“ Leute, die sofort ihren Standpunkt erörtern oder verteidigen, wenn eine neue Idee ihrer Art zu denken widerspricht. In diesem Fall ist ihre so genannte „Intelligenz“ kombiniert mit „Überheblichkeit“ gleich „Unwissenheit“. Jeder von uns kennt Leute, die hochgebildet sind oder sich für gescheit halten, doch ihre Bilanz vermittelt ein ganz anderes Bild. Eine wirklich intelligente Person begrüßt neue Ideen, denn diese können die Synergie anderer angesammelter Ideen erweitern. Zuhören ist wichtiger als reden. Wenn das nicht stimmte, hätte uns Gott nicht zwei Ohren und nur einen Mund gegeben. Zu viele Leute denken mit ihrem Mund, anstatt zuzuhören und neue Ideen und Möglichkeiten aufzunehmen. Sie machen Einwendungen, anstatt Fragen zu stellen. Kennen Sie den Spruch: Wie kann ich wissen,was ich denke, bevor ich höre, was ich sage? Er trifft genau auf diesen Menschenschlag zu.

Ich nehme mir Zeit für die Grundlagen meines Reichtums. Ich bin kein Anhänger der „Werde schnell reich“-Mentalität der meisten Lottospieler oder Casinobesucher. Vielleicht mache ich mit Aktien Gewinne oder Verluste, aber zuerst brauche ich eine lange Lernzeit. Wenn Sie ein Flugzeug steuern wollen, rate ich Ihnen, zuerst Unterricht zu nehmen – sonst ist der Absturz vorprogrammiert. Ich bin immer über Leute entsetzt, die Aktien oder Immobilien kaufen, ohne in ihren größten Vermögenswert, ihren Verstand, investiert zu haben. Nur weil Sie ein oder zwei Häuser gekauft haben, sind Sie noch kein Immobilienexperte.

3. Wählen Sie ihre Freunde sorgfältig aus: Die Macht der Assoziation. Zuallererst: ich wähle meine Freunde nicht auf Grund ihrer finanziellen Abschlüsse aus. Ich habe Freunde, die tatsächlich das Gelübde der Armut abgelegt haben und ebenso Freunde, die jedes Jahr Millionen verdienen. Das Entscheidende ist, dass ich von ihnen allen lerne, und dafür strenge ich mich bewusst an.

Ich gebe zu, dass es Leute gibt, die ich eigentlich ausgewählt habe, weil sie Geld hatten. Aber es war nicht wegen ihres Geldes. Ich suchte ihr Wissen. In einigen, aber nicht in allen Fällen, wurden sie liebe Freunde.

Aber es gibt einen Unterschied, den ich hervorheben möchte. Ich habe festgestellt, dass meine Freunde mit Geld gerne über Geld reden. Ich meine nicht Prahlerei. Sie sind am Thema interessiert. Somit lerne ich von ihnen und sie lernen von mir. Die Freunde, von denen ich weiß, dass sie in finanziell grässlichen Verhältnissen leben, reden nicht gerne über Geld, Geschäfte und Investieren. Sie glauben oft, dass das unanständig und nicht intellektuell ist. Somit lerne ich auch von meinen Freunden, die in finanziellen Schwierigkeiten sind. Ich finde heraus, was ich nicht tun sollte.

Ich habe Freunde, die innerhalb ihrer kurzen Lebensspanne über eine Milliarde Dollar verdient haben. Drei davon berichten über dasselbe Phänomen: ihre Freunde, die kein Geld haben, sind niemals zu ihnen gekommen, um sie zu fragen, wie sie es gemacht haben. Aber sie kommen und bitten um eine von zwei Sachen – oder um beide: 1. ein Darlehen oder 2. eine Stelle.

Eine wichtige Warnung: Hören Sie nicht auf arme oder ängstliche Leute. Ich habe solche Freunde und ich liebe sie sehr, aber sie sind die „Hühnchen Klein" des Lebens. Wenn es um Geld geht, speziell um Investitionen, „stürzt der Himmel immer ein". Sie können Ihnen immer erzählen, warum etwas nicht funktioniert. Das Problem ist dabei, dass die Leute, die ihre Weltuntergangsinformation blind akzeptieren, auch lauter „Hühnchen Klein" sind. Wie der alte Spruch bei uns sagt: „Hühnchen derselben Art sind alle derselben Meinung."

Auf CNBC, einer Goldgrube für Investment-Informationen, gibt es oft eine Diskussionsrunde so genannter „Experten". Einer meint, dass der Markt bald zusammenbricht, und der andere sagt einen Aufschwung voraus. Wenn Sie gescheit sind, hören Sie beiden zu. Halten Sie ihren Geist wach, denn beide vertreten begründete Positionen. Bedauerlicherweise hören die meisten armen Leute auf „Hühnchen Klein".

Ich habe mehrere enge Freunde gehabt, die versuchten, mir ein Geschäft oder eine Investition auszureden. Vor einigen Jahren erzählte mir ein Freund, dass er ganz aufgeregt sei, weil er einen 6-%-Schatzbrief entdeckt habe. Ich erzählte ihm, dass ich bei Staatspapieren 16 % bekomme. Am nächsten Tag schickte er mir einen Artikel, warum meine Anlage riskant sei. Ich habe bis jetzt 16 % jährlich erzielt, und er erzielt immer noch 6 %.

Ich würde sagen, dass eines der schwersten Dinge beim Reichwerden ist, zu sich selbst ehrlich zu sein und nicht mit der Masse gehen zu wollen. Denn auf dem Markt erscheint die Masse normalerweise zu spät und zahlt drauf. Wenn ein großes Geschäft auf der ersten Seite steht, ist es in den meisten Fällen bereits gelaufen. Sie sollten nach einem neuen Geschäft suchen. Deshalb sagen wir wie die Surfer: „Es gibt immer eine andere Welle." Leute, die rennen und eine Welle spät erhaschen, sind gewöhnlich die, die weggespült werden.

Gescheite Anleger terminieren die Märkte nicht. Wenn sie eine Welle verpassen, suchen sie nach der nächsten und bringen sich in Warteposition. Warum dies für die meisten Anleger schwer ist, kommt daher, dass es ihnen Angst macht, etwas nicht Populäres zu kaufen. Ängstliche Anleger sind wie Schafe, die mit der Herde laufen. Oder ihre Gier bringt sie dahin, wenn kluge Anleger bereits ihren Profit gemacht haben und schon weiter sind. Kluge Anleger machen eine Investition, wenn sie nicht populär ist. Sie wissen, dass sie ihre Profite machen, wenn sie kaufen, nicht wenn sie verkaufen. Sie warten geduldig. Wie gesagt terminieren sie die Märkte nicht. Genau wie ein Surfer beziehen sie ihre Warteposition für die nächste große Woge.

Dabei ist alles „Insider-Handel". Es gibt Arten des Insider-Handels, die illegal sind, und Arten, die legal sind. Aber in beiden Fällen ist es Insider-Handel. Wie weit Sie von den Eingeweihten weg sind, macht den Unterschied. Warum will man reiche Freunde haben, die den Eingeweihten nahe sind? Weil dort das Geld gemacht wird. Das beruht auf Information. Wenn Sie etwas über den nächsten Aufschwung hören möchten, gehen sie hinein und vor dem nächsten Bankrott wieder heraus. Ich sage nicht, dass Sie es illegal tun sollen, aber je früher Sie es wissen, desto besser sind ihre Chancen für Profite mit minimalem Risiko. Dafür sind Freunde da. Und das ist finanzielle Intelligenz.

4. Beherrschen Sie ein Rezept, und lernen Sie dann ein neues. Die Macht des schnellen Lernens. Um Brot zu backen, folgt jeder Bäcker einem Rezept, auch wenn es nur in seinem Kopf ist. Dasselbe gilt, wenn es darum geht, Geld zu machen. Deshalb wird Geld bei uns oft auch „dough" (Teig) genannt.

Die meisten von uns kennen die Redensart: „Du bist, was du isst." Ich gebrauche gerne eine ähnliche Version: „Du wirst, was du studierst." Mit anderen Worten: Achten Sie darauf, was Sie studieren und lernen, weil ihr Verstand so mächtig ist, dass Sie das werden, was Sie sich in den Kopf setzen. Wenn Sie beispielsweise kochen lernen, streben Sie danach zu kochen. Sie werden ein Koch. Wenn Sie kein Koch sein wollen, müssen Sie etwas anderes studieren, z. B. Lehrer. Und so weiter. Wählen Sie sorgfältig aus, was Sie lernen.

Wenn es um Geld geht, haben die Massen im Allgemeinen nur ein grundlegendes Rezept, das sie in der Schule gelernt haben. Und das lautet: Arbeite für Geld. Ich habe das Gefühl, auf der Welt ist es verbreitet: Jeden Tag machen sich Millionen von Menschen auf und gehen zur Arbeit, verdienen Geld, zahlen Rechnungen, gleichen Konten aus, kaufen einige offene Investmentfonds und gehen wieder an die Arbeit. Das ist das grundlegende Rezept.

Wenn Sie das, was Sie tun, satt haben, oder wenn Sie nicht genug verdienen, kommt es nur darauf an, das Rezept zu ändern, mit dem Sie Geld machen.

Als ich 26 war, nahm ich an einem Wochenendkurs mit dem Titel „Wie man zwangsversteigerte Immobilien kauft“ teil. Ich lernte ein Rezept und wandte den nächsten Trick an: die Disziplin aufzubringen, das Gelernte wirklich in die Tat umzusetzen. An diesem Punkt hören die meisten Leute auf. Drei Jahre lang, während ich bei Xerox arbeitete, verbrachte ich meine Freizeit damit, die Kunst des Kaufs zwangsversteigerter Immobilien zu lernen. Ich habe einige Millionen Dollar mit diesem Rezept verdient, aber heute ist es zu langsam und zu viele andere Leute wenden es an.

Nachdem ich also das Rezept beherrschte, suchte ich nach anderen Rezepten. Bei vielen Kursen benutzte ich die gelernte Information nicht direkt, sondern lernte dabei etwas Neues, das ich auf meine Weise umsetzte.

Ich habe Kurse nur für Händler von Optionen besucht, sowohl Kurse für Waren- als auch für Aktienoptionen, und zusätzlich einen Kurs für Chaosbewältigung. Ich befand mich weit außerhalb meiner eigentlichen Welt, in einem Raum voller Leute mit z. B. einem Doktor in Kernphysik und Weltraumforschung. Und doch habe ich eine Menge gelernt, was meine Aktien- und Immobilieninvestitionen bedeutungsvoller und lohnender gemacht hat.

Kurse über Finanzplanung und den Kauf traditioneller Investitionen werden von diversen Unternehmen angeboten. Es handelt sich hierbei um relativ bedeutende Gebiete für den Anfang.

Ich aber suche immer nach einem schnelleren Rezept. Deshalb verdiene ich ziemlich regelmäßig an einem Tag mehr als viele Leute in ihrem ganzen Leben.

Beachten Sie noch einen anderen Aspekt. In der heutigen, sich schnell ändernden Welt kommt es nicht mehr so sehr darauf an, was Sie wissen, denn das ist oft schon alt. Es kommt darauf an, wie schnell Sie lernen. Diese Fähigkeit ist unbezahlbar. Es ist unbezahlbar beim Finden flotterer Rezepte – wenn Sie besonders viel Teig machen wollen. Viel für Geld zu arbeiten ist ein altes, zur Zeit der Höhlenmenschen entstandenes Rezept.

5. Bezahlen Sie sich selbst zuerst: Die Macht der Selbstdisziplin. Wenn Sie sich nicht selbst beherrschen können, sollen Sie nicht versuchen, reich zu werden. Sie sollten erst z. B. dem Marinecorps oder einem religiösen Orden beitreten, um Selbstbeherrschung zu lernen. Es macht keinen Sinn zu investieren, um zu Geld zu kommen, und es dann bloß zu verpulvern. Es ist der Mangel an Selbstdisziplin, der die meisten Lotteriegewinner bald nach dem Gewinn von Millionen in die Pleite treibt. Es ist der Mangel an Selbstdisziplin, der Leute, die eine Gehaltserhöhung bekommen, dazu bringt, sofort ein neues Auto zu kaufen oder eine Kreuzfahrt zu unternehmen.

Es ist schwer zu sagen, welcher der zehn Schritte der wichtigste ist. Aber dieser Schritt ist wahrscheinlich der am schwierigsten zu meisternde, wenn das nicht schon einer ihrer Charakterzüge ist. Ich wage zu behaupten, dass der Mangel an Selbstdisziplin der Faktor Nr. 1 ist, der die Reichen von den Armen und der Mittelschicht unterscheidet.

Einfach ausgedrückt: Leute, die eine geringe Selbstachtung und eine geringe Toleranz für finanziellen Druck aufweisen, können niemals – und ich meine wirklich niemals – reich sein. Wie gesagt, eine Lektion meines reichen Vaters war, dass „die Welt einen herumschubst". Die Welt schubst die Leute nicht deshalb herum, weil die anderen brutale Kerle sind, sondern weil es dem Einzelnen an innerer Kontrolle und Disziplin mangelt. Menschen, denen diese Stärke fehlt, werden häufig Opfer derjenigen, die Selbstdisziplin haben.

In den Kursen für Existenzgründer, die ich leite, erinnere ich die Leute immer wieder daran, sich nicht auf ihr Produkt, ihr Dienstleistungsangebot oder was immer sie verkaufen möchten, sondern auf die Entwicklung von Managementfähigkeiten zu konzentrieren. Die drei für den Start ihres eigenen Geschäfts wichtigsten Managementfähigkeiten sind:

1. Management des Kapitalflusses
2. Menschenführung
3. persönliches Zeitmanagement

Ich möchte sagen, dass die Fähigkeit, diese drei Dinge zu handhaben, für alles gilt, nicht nur für Unternehmer, z. B. auch wie man sein Leben als Einzelperson oder als Teil einer Familie führt, aber auch, wie man ein Geschäft, eine Wohlfahrtsorganisation, eine Stadt oder eine Nation leitet.

Jede dieser Fähigkeiten wird verstärkt durch die Meisterschaft der Selbstdisziplin. Ich nehme die Redensart „Bezahle dich selbst zuerst" nicht leicht.

Dieser stammt aus *Der reichste Mann von Babylon* von Georg Classen. Millionen Exemplare davon wurden verkauft. Aber während Millionen Menschen diesen aussagekräftigen Satz leicht zitieren können, folgen doch wenige diesem Rat. Wie ich bereits erwähnte, gestattet es finanzielle Bildung, Zahlen zu lesen, und Zahlen erzählen die Geschichte. Indem ich auf die Gewinn- und Verlustrechnung sowie die Bilanz einer Person schaue, kann ich bereits sehen, ob Leute, die die Worte „Bezahlen Sie sich selbst zuerst“ salbadern, auch tatsächlich das tun, was sie predigen.

Ein Bild ist tausend Worte wert. Also lassen Sie uns wieder den finanziellen Status von Leuten, die sich selbst zuerst zahlen, mit dem von Leuten, die das nicht tun, vergleichen.

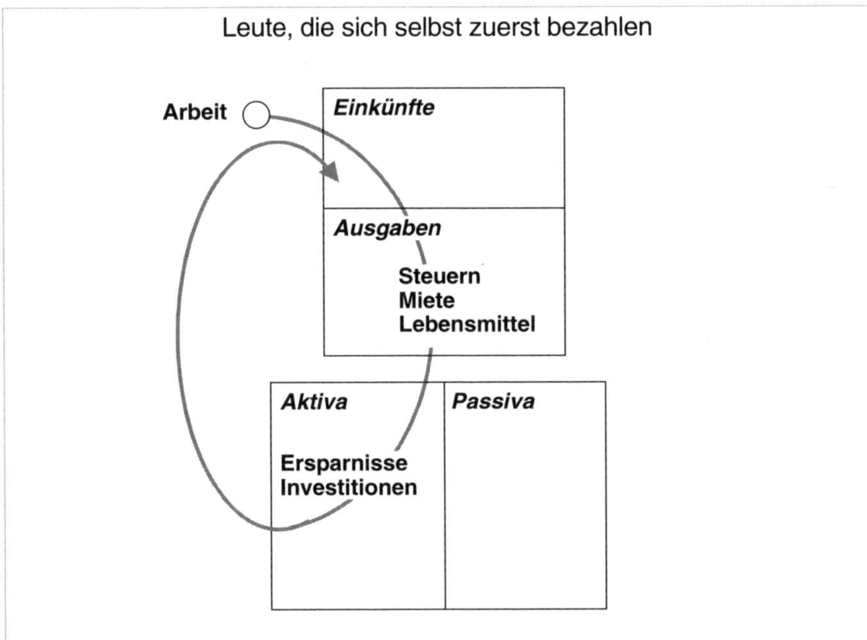

Studieren Sie das Diagramm und achten Sie darauf, ob Sie einige Unterschiede herausfinden. Wieder hat es damit zu tun, den Kapitalfluss zu verstehen, der die Geschichte erzählt. Die meisten Leute schauen auf die Zahlen und lassen sich die Geschichte entgehen. Wenn Sie wirklich anfangen, die Geschichte des Kapitalflusses zu verstehen, werden Sie bald erkennen, was auf dem Bild auf der nächsten Seite nicht stimmt oder warum 90 % der Leute ihr ganzes Leben lang viel arbeiten und dann staatliche Unterstützung wie die Sozialversicherung benötigen, wenn sie nicht mehr arbeiten können.

Sehen Sie es? Das obige Diagramm spiegelt die Handlungen einer Person wider, die sich entschieden hat, sich selbst zuerst zu bezahlen. Jeden Monat teilt sie ihrer Spalte der Einkünfte Geld zu, bevor sie ihre monatlichen Kosten begleicht. Obwohl Millionen von Menschen Classens Buch gelesen und die Worte „Bezahlen Sie sich selbst zuerst" verstanden haben, bezahlen sie sich selbst in Wirklichkeit zuletzt.

Jetzt kann ich den Aufschrei all derjenigen hören, die fest daran glauben, dass man erst seine Rechnungen zahlen sollte. Und ich kann all die „verantwortungsvollen" Leute hören, die ihre Rechnungen rechtzeitig zahlen. Ich sage nicht, dass Sie verantwortungslos sein und ihre Rechnungen nicht zahlen sollen. Ich möchte Ihnen nur nahelegen, das zu tun, was das Buch sagt, also „sich selbst zuerst zahlen". Die eben gezeigte Grafik ist das richtige Buchhaltungsbild dieser Handlungsweise. Nicht das nachstehende.

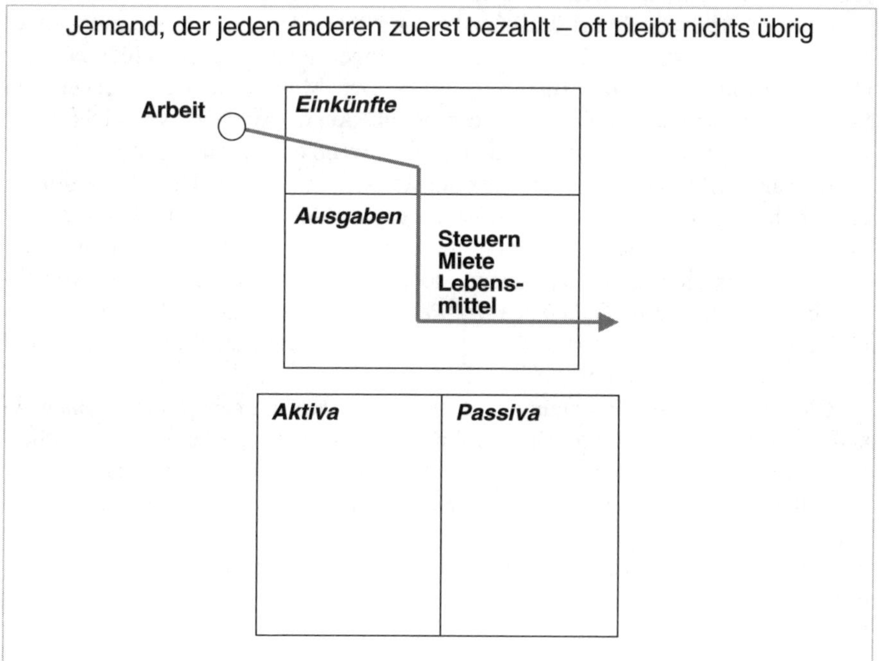

Meine Frau und ich haben viele Buchhalter, Wirtschaftsprüfer und Bankberater gehabt, die ein großes Problem mit dieser Betrachtungsweise und dem „Bezahle dich selbst zuerst“ hatten. Der Grund ist, dass diese Finanzfachleute eigentlich das tun, was die Massen tun, das heißt, jeden anderen zuerst bezahlen und sich selbst zuletzt.

In meinem Leben hat es Monate gegeben, in denen aus irgendwelchen Gründen mein Kapitalfluss weitaus niedriger war als meine Rechnungen. Dennoch habe ich mich selbst zuerst bezahlt. Meine Wirtschaftsprüfer und Buchhalter schrien in Panik: „Sie sind hinter Ihnen her. Das Finanzamt bringt Sie ins Gefängnis.“ „Sie sind dabei, ihre Kreditwürdigkeit zu Grunde zu richten.“ „Sie werden Ihnen den Strom abstellen.“ Ich bezahlte weiterhin zuerst mich selbst.

„Warum?“, fragen Sie. Weil es das ist, von dem die Geschichte *Der reichste Mann von Babylon* handelt, von der Macht der Selbstdisziplin und der Macht der inneren Stärke. In weniger eleganten Worten: vom „Mumm“. Wie mir mein reicher Vater im ersten Monat, den ich für ihn arbeitete, beibrachte, gestatten die meisten Leute der Welt, sie umherzuschubsen. Ein Geldeintreiber ruft an, und Sie „zahlen oder sonst ...“ Also bezahlen Sie sich selbst nicht. Ein Verkäufer meint: „Oh, lassen Sie es doch auf ihre Kundenkarte schreiben.“ ihr Immobilienmakler sagt Ihnen: „Vorwärts – der Staat gewährt Ihnen einen Steuernachlass für ihr Haus.“ Davon handelt das Buch eigentlich. Den Mumm zu haben, gegen den Strom zu schwimmen und reich zu werden. Auch wenn sie vielleicht nicht schwach sind, werden viele Leute doch hilflos, wenn es ums Geld geht.

Ich sage nicht, dass Sie verantwortungslos sein sollen. Der Grund, warum ich keine hohen Schulden jedweder Art habe, ist ganz einfach der, dass ich mich immer erst selbst bezahlen will. Der Grund, warum ich meine Einkünfte minimiere, ist, weil ich es nicht dem Staat geben möchte. Deshalb – für diejenigen von Ihnen, die das Video *Das Geheimnis der Reichen* gesehen haben – kommen meine Einkünfte aus der Aktivaspalte über eine Firma aus Nevada. Wenn ich für Geld arbeite, nimmt es der Staat.

Obwohl ich meine Rechnungen zuletzt zahle, bin ich scharfsinnig genug, in keine schwierige finanzielle Situation zu kommen. Ich mag keine Verbraucherschulden. Ich habe tatsächlich höhere Schulden als 99 % der Bevölkerung, aber ich zahle nicht dafür. Andere Leute zahlen für meine Verbindlichkeiten. Sie heißen Mieter. Somit lautet Regel Nr. 1 beim „sich selbst zuerst bezahlen“: „Gerate erst einmal nicht in Schulden.“ Obwohl ich meine Rechnungen zuletzt zahle, richte ich es so ein, dass ich nur kleine, unbedeutende Rechnungen zu zahlen habe.

Auch wenn ich gelegentlich knapp bei Kasse bin, bezahle ich immer noch zuerst mich selbst. Ich lasse die Gläubiger und sogar den Staat schreien. Ich mag es, wenn sie unangenehm werden. Warum? Weil mir diese Kerle einen Gefallen tun. Sie sind der Auslöser, mich auf den Weg zu machen und mehr Geld zu verdienen. Somit bezahle ich mich selbst zuerst, lege das Geld an und lasse die Gläubiger schreien. In der Regel bezahle ich sie doch irgendwie rechtzeitig. Meine Frau und ich haben einen ausgezeichneten Ruf. Wir geben bei Druck nur nicht klein bei und verwenden nicht unsere Ersparnisse oder machen unsere Aktien flüssig, um Verbraucherschulden zu zahlen. Das ist finanziell nicht allzu intelligent.

Somit kommt es auf Folgendes an:

1. Geraten Sie nicht in große Schulden, für die Sie zahlen müssen. Halten Sie ihre Ausgaben gering. Schaffen Sie erst Vermögenswerte. Dann können Sie das große Haus oder das hübsche Auto kaufen. Im Laufrad steckenbleiben ist nicht intelligent.
2. Wenn Sie knapp bei Kasse sind, lassen Sie den Druck wachsen und greifen Sie nicht ihre Ersparnisse oder Investitionen an. Nutzen Sie den Druck zur Inspiration ihres finanziellen Genius für neue Möglichkeiten, zu Geld zu kommen, und bezahlen Sie dann ihre Rechnungen. Sie haben dann ihre Fähigkeit, Geld zu machen, erhöht und ebenso ihre finanzielle Intelligenz.

So oft ich in finanzielle Schwierigkeiten geraten bin, habe ich meinen Verstand benutzt, um mehr Einkünfte zu erzielen, während ich standhaft die Vermögenswerte in meiner Aktivaspalte verteidigte. Mein Buchhalter hat geschrien und ist in Deckung gegangen, aber ich war wie ein guter Soldat, der ein Fort, das Fort seiner Vermögenswerte, verteidigte.

Arme Leute haben schlechte Gewohnheiten. Eine davon ist weit verbreitet und wird verharmlosend als „greif auf die Ersparnisse zurück" bezeichnet. Die Reichen wissen, dass Ersparnisse nur dazu da sind, um mehr Geld hervorzubringen, nicht um Rechnungen zu bezahlen.

Ich weiß, dass das hart klingt, aber wie gesagt: Wenn Sie nicht innen hart sind, wird Sie die Welt immer irgendwie herumschubsen.

Wenn Sie finanziellen Druck nicht mögen, sollten Sie ein Rezept finden, das für Sie arbeitet. Ein gutes Rezept ist, die Ausgaben zu senken, ihr Geld auf die Bank zu bringen, mehr als ihren gerechten Anteil an Einkommensteuer zu zahlen, sichere Investmentfonds zu kaufen und das Gelübde des Durchschnitts abzulegen. Aber dies verstößt gegen die „Bezahle dich selbst zuerst"-Regel. Sie ermutigt nicht zur Selbstaufopferung oder zur finanziellen Abstinenz. Sie bedeutet nicht, dass man sich zuerst selbst bezahlen und dann hungern soll. Man soll sich des Lebens freuen. Wenn Sie ihren finanziellen Genius anrufen, können Sie all die guten Dinge des Lebens haben, reich werden und Rechnungen zahlen, ohne das gute Leben zu opfern. Das ist finanzielle Intelligenz.

6. Bezahlen Sie ihre Broker gut: Die Macht des guten Rates. Ich sehe oft Leute, die vor ihr Haus ein Schild stellen, auf dem „Vom Besitzer zu verkaufen" steht. Oder ich sehe heutzutage im Fernsehen Personen, die sich als „Billigbroker" anpreisen.

Mein reicher Vater brachte mir bei, den entgegengesetzten Weg zu wählen. Er war dafür, Fachleute gut zu bezahlen, und ich habe diese Politik übernommen. Heute habe ich teure Anwälte, Wirtschaftsprüfer, Immobilienmakler und Broker. Warum? Weil, wenn sie wirklich Fachleute sind, sollten Ihnen ihre Dienste Geld bringen. Und je mehr Geld sie machen, umso mehr Geld mache ich.

Wir leben im Informationszeitalter. Information ist unbezahlbar. Ein guter Broker sollte Sie sowohl mit Information versorgen, als sich auch die Zeit nehmen, Ihnen etwas beizubringen. Ich habe mehrere Broker, die das für mich gerne tun. Viele haben mich beraten, als ich wenig oder kein Geld hatte, und ich arbeite auch heute noch mit ihnen zusammen.

Was ich einem Broker zahle, ist unglaublich wenig im Vergleich zu dem Geld, das ich auf Grund der Information, mit der er mich beliefert, gewinnen kann. Ich mag es, wenn mein Immobilienmakler oder Aktienbroker viel Geld verdient, denn es bedeutet gewöhnlich, dass ich auch viel Geld verdient habe.

Ein guter Broker spart mir außerdem Zeit. Wenn ich ein Stück unbebautes Land für 9.000 Dollar gekauft und unmittelbar darauf für mehr als 25.000 Dollar verkauft habe, kann ich meinen Porsche schneller kaufen.

Ein Broker ist ihr Auge und ihr Ohr am Markt. Broker sind jeden Tag dort, also muss ich nicht da sein. Ich spiele lieber Golf.

Somit bewerten Leute, die ihr Haus selbst verkaufen, ihre Zeit nicht hoch. Warum sollte ich ein paar Dollar sparen, wenn ich diese Zeit nutzen kann, um weitaus mehr Geld zu verdienen oder mit meinen Lieben zu verbringen? Ich finde es ziemlich komisch, dass so viele arme Menschen und Leute aus der Mittelschicht darauf bestehen, in Restaurants auch für schlechten Service 15 bis 20 % Trinkgeld zu geben und sich gleichzeitg darüber beklagen, einem Broker 3 bis 7 % zu bezahlen. Sie freuen sich über Trinkgeldempfänger in der Kostenspalte und sind unfreundlich zu Leuten in der Aktivaspalte. Das ist finanziell höchst unintelligent.

Nicht alle Broker sind gleich. Bedauerlicherweise sind die meisten Broker nur Verkäufer. Ich würde sagen, dass diejenigen Immobilienverkäufer die schlechtesten sind, die verkaufen, aber selbst nur kleine oder gar keine Immobilien besitzen. Es gibt einen riesigen Unterschied zwischen einem Makler, der Häuser, und einem, der Geldanlagen verkauft. Das gilt auch für Makler von Aktien, Obligationen, Investmentfonds und Versicherungen, die sich selbst Finanzplaner nennen. Es ist wie im Märchen, wo man viele Frösche küssen muss, um einen Prinzen zu finden. Erinnern Sie sich an die alte amerikanische Redensart: „Frage nie einen Lexikonverkäufer, wenn du ein Lexikon brauchst."

Wenn ich irgendwelche bezahlten Fachleute frage, finde ich zuerst heraus, wie viel Vermögen oder Aktien sie besitzen und welchen Prozentsatz an Steuern sie bezahlen. Das gilt für meinen Steuerberater ebenso wie für meinen Buchhaltungsexperten. Ich habe eine Fachkraft für Buchhaltung, die sich um ihre eigenen Geschäfte kümmert. Ihr Beruf ist Buchhaltung, aber ihr Geschäft sind Immobilien. Früher hatte ich einen anderen Buchalter, der Fachmann für kleine Unternehmen war, aber er hatte keine Immobilien. Ich suchte jemand anderen, weil wir nicht dasselbe Geschäft liebten.

Finden Sie einen Broker, dem ihre wichtigsten Interessen am Herzen liegen. Viele Broker werden ihre Zeit darauf verwenden, Ihnen etwas beizubringen, und sie könnten ihre besten Aktiva sein, die Sie finden. Seien Sie ehrlich, und die meisten von ihnen werden zu Ihnen ehrlich sein. Wenn Sie nur daran denken, deren Provision zu kürzen, warum sollten sie sich dann gerne um Sie kümmern? Es ist nur einfache Logik.

Wie ich bereits darlegte, ist Menschenführung eine der wichtigen Managementfähigkeiten. Viele Leute führen nur Leute, denen gegenüber sie sich gescheiter fühlen und über die sie Macht haben, etwa Untergebene in einer Arbeitssituation. Viele mittlere Führungskräfte bleiben das und werden nicht befördert, weil sie es zwar verstehen, mit Leuten unter ihnen zu arbeiten, nicht aber mit Leuten über ihnen. Die originäre Fähigkeit besteht darin, die Leute, die auf einem Fachgebiet gescheiter sind als man selbst ist, zu führen und gut zu bezahlen. Darum haben Gesellschaften einen Ausschuss von Direktoren. Sie sollten auch einen haben. Das ist finanzielle Intelligenz.

7. Seien Sie ein „indianischer Geber": Die Macht, etwas für nichts zu bekommen. Als die ersten weißen Siedler nach Amerika kamen, waren sie von einem kulturellen Brauch einiger Indianer überrascht. Wenn ein Siedler beispielsweise fror, gaben ihm die Indianer eine Wolldecke. Da er es irrtümlich für ein

Geschenk hielt, fühlte sich der Siedler oft beleidigt, wenn sie der Indianer zurückverlangte.

Auch der Indianer war empört, wenn er begriff, dass der Siedler sie nicht zurückgeben wollte. Daher kommt der Ausdruck „indianischer Geber“. Ein einfaches kulturelles Missverständnis.

In der Welt der „Aktivaspalte“ ist es für das Reichwerden lebensnotwendig, ein indianischer Geber zu sein. Die erste Frage eines gescheiten Anlegers lautet: „Wie schnell bekomme ich mein Geld zurück?“ Er möchte auch wissen, was er als Teil des Handels gratis bekommt. Darum ist die Anlageverzinsung (ROI) so wichtig.

So fand ich zum Beispiel ein kleines Haus, einige Straßenblocks von mir entfernt, das zwangsversteigert werden sollte. Die Bank wollte 60.000 Dollar, und ich gab ein Angebot für 50.000 Dollar ab, das sie annahm, einfach deshalb, weil meinem Angebot ein Barscheck über 50.000 Dollar beilag. Sie erkannten, dass ich ernsthaft interessiert war. Die meisten Investoren hätten gesagt: Binden Sie damit nicht eine Menge Barmittel? Wäre es nicht besser, ein Darlehen aufzunehmen? Die Antwort lautet: In diesem Fall nicht. Meine Anlagegesellschaft vermietet es im Winter, wenn die „Zugvögel“ nach Arizona kommen, vier Monate im Jahr für monatlich 2.500 Dollar. In der Nebensaison beträgt die Miete nur 1.000 Dollar monatlich. In etwa drei Jahren hatte ich mein Geld zurück. Nun gehört mir dieser Vermögenswert, der mir Monat für Monat Geld bringt.

Dasselbe lässt sich mit Aktien machen. Häufig ruft mich mein Broker an und empfiehlt mir – wie bei der Ankündigung eines neuen Produkts – einen beträchtlichen Geldbetrag in Aktien einer Firma zu investieren, von der er glaubt, dass sie gerade dabei ist, eine Aufwärtsentwicklung zu machen, die die Aktien dann natürlich aufwertet. Ich lege mein Geld eine Woche oder einen Monat lang an, während die Aktien steigen. Dann ziehe ich meinen ursprünglich eingezahlten Dollarbetrag heraus und höre auf, mir Sorgen über Marktschwankungen zu machen, weil ich mein anfänglich investiertes Geld zurück habe und es bereit ist, für einen anderen Vermögenswert zu arbeiten. So fließt mein Geld hinein und fließt heraus, und ich besitze einen praktisch kostenlosen Vermögenswert.

Es ist wahr, ich habe bei manchen Gelegenheiten viel Geld verloren. Aber ich spiele nur mit Geld, das ich mir leisten kann zu verlieren. Ich würde sagen, dass ich im Durchschnitt bei zehn Investitionen zwei oder drei Topgeschäfte schaffe, während fünf oder sechs nichts bringen und ich bei zweien oder dreien verliere. Aber ich begrenze meine Verluste auf das Geld, das ich zu dieser Zeit übrig habe.

Leute, die Risiken hassen, bringen ihr Geld auf die Bank. Und auf lange Sicht sind ein paar Ersparnisse besser als gar keine Ersparnisse. Aber es dauert lange, bis Sie ihr Geld zurückbekommen, und in den meisten Fällen bekommen Sie nichts gratis dazu. Früher haben Banken ihren Kunden größere Geschenke gemacht als heutzutage die Kalender zum Jahreswechsel, aber das kommt jetzt kaum mehr vor.

Bei jeder meiner Investitionen muss zusätzlich etwas herausspringen, etwas muss umsonst dabei sein, sei es ein Doppelhaus, ein kleines Lager, ein Stück freies Land, ein Haus, Aktien oder ein Bürogebäude. Und es muss ein begrenztes Risiko oder ein Vorhaben mit geringem Risiko sein. Es gibt Bücher, die sich nur mit diesem Gebiet befassen. Ray Kroc in der Geschichte von McDonalds verkaufte Hamburger-Franchises, nicht weil er Hamburger liebte, sondern weil er das Grundstück, auf dem das Franchise-Restaurant steht, ohne zusätzliche Bemühungen wollte.

Somit müssen intelligente Investoren auf mehr achten als auf den ROI, die Anlageverzinsung – nämlich auf den Vermögenswert, den sie gratis bekommen, wenn sie ihr Geld zurückerhalten. Das ist finanzielle Intelligenz.

8. Vermögenswerte kaufen Luxusartikel: Die Macht der Konzentration. Der Sohn eines Freundes hatte die unangenehme Angewohnheit entwickelt, Schulden zu machen. Gerade 16 geworden, wollte er natürlich sein eigenes Auto. Die Begründung war: „Alle Eltern meiner Freunde schenken ihren Kindern Autos." Der Junge wollte seine Ersparnisse angreifen und sie für eine Anzahlung benutzen. Das war die Situation, als mich der Vater anrief.

„Meinst du, dass ich ihn das machen lassen sollte, oder sollte ich ihm wie die anderen Eltern einfach ein Auto kaufen?"

Ich antwortete ihm: „Auf kurze Sicht könnte es zur Entspannung beitragen, aber was hast du ihm langfristig damit beigebracht? Kannst du den Wunsch nach einem Auto nutzen und deinen Sohn anregen, etwas zu lernen?" Plötzlich ging ihm ein Licht auf, und er eilte nach Hause.

Zwei Monate später traf ich meinen Freund wieder. „Hat dein Sohn sein neues Auto?", fragte ich.

„Nein, hat er nicht. Aber ich gab ihm 3.000 Dollar für das Auto. Ich sagte ihm, dass er mein Geld nehmen sollte, anstatt das Geld fürs College."

„Das ist großzügig von dir", meinte ich.

„Eigentlich nicht. Das Geld hat einen Haken. Ich habe mich an deinen Rat gehalten, seinen starken Wunsch nach einem Auto zu nutzen und diese Energie dazu zu verwenden, dass er etwas lernen konnte."

„Was war der Haken?", fragte ich.

„Nun, zunächst haben wir dein Spiel ‚Kapitalfluss' wieder hervorgeholt. Wir spielten es und hatten ein langes Gespräch über die kluge Verwendung von Geld. Dann habe ich ihm ein Abonnement für das *Wall Street Journal* und ein paar Bücher über den Aktienmarkt gegeben."

„Was dann? Wie hast du sein Interesse geweckt?"

„Ich sagte ihm, dass ihm die 3.000 Dollar gehören, aber dass er sich damit nicht direkt ein Auto kaufen dürfe. Er könne es benutzen, um Aktien zu kaufen und zu verkaufen, seinen eigenen Aktienbroker zu finden, und wenn er aus den 3.000 Dollar 6.000 Dollar gemacht hätte, würde das Geld für das Auto sein und die anderen 3.000 würden in den Collegefond kommen."

„Und was war das Ergebnis?", wollte ich wissen.

„Nun, anfangs hatte er bei seinem Handel Glück, aber einige Tage darauf verlor er alles, was er verdient hatte. Dann bekam er echtes Interesse. Heute würde ich sagen, er hat 2.000 Dollar verloren, aber sein Interesse ist hoch. Er hat alle Bücher gelesen, die ich ihm gekauft habe, und er ist in die Bibliothek gegangen, um noch mehr zu bekommen. Er liest eifrig das *Wall Street Journal*, um die Indikatoren zu beobachten, und er sieht CNBC anstatt MTV. Es sind ihm nur 1.000 Dollar geblieben, aber sein Interesse und seine Lernbereitschaft sind riesig. Er weiß, dass er noch zwei Jahre zu Fuß gehen wird, wenn er dieses Geld verliert. Aber es scheint ihn nicht kümmern. Er scheint sogar kein Interesse mehr daran zu haben, ein Auto zu bekommen, weil er ein Spiel gefunden hat, das ihm mehr Spaß macht."

„Was passiert, wenn er sein ganzes Geld verliert?", fragte ich.

„Wir reden davon, wenn wir soweit sind. Mir ist es lieber, wenn er jetzt alles verliert, als zu warten, bis er in unserem Alter ist – denn dann wirft ihn dieser Verlust viel weiter zurück als heute, am Anfang seines Lebens. Abgesehen davon sind es die besten 3.000 Dollar, die ich jemals in seine Ausbildung investiert habe. Was er gerade lernt, wird ihm für sein Leben nützen, und es scheint, dass er die Macht des Geldes anders sieht. Ich glaube, er hat damit aufgehört, Schulden zu machen."

Wie ich im Abschnitt „Bezahlen Sie sich selbst zuerst" sagte, ist es für jemanden, der die Macht der Selbstdisziplin nicht meistern kann, am besten, gar nicht erst zu versuchen, reich zu werden. Während nämlich der Entwicklungsprozess des Kapitalflusses aus einer Aktivaspalte in der Theorie leicht ist, ist die geistige Stärke, das Geld in diese Richtung zu lenken, schwierig. Auf Grund äußerer Versuchungen ist es in der heutigen Konsumgesellschaft viel leichter, die Kostenspalte explodieren zu lassen. Auf Grund geringer geistiger Stärke fließt dieses Geld in die Kanäle des geringsten Widerstands. Das ist die Ursache von Armut und finanziellen Schwierigkeiten.

Betrachten Sie bitte dieses Zahlenbeispiel finanzieller Intelligenz, in diesem Fall die Fähigkeit, Geld dazu zu bringen, mehr Geld zu verdienen. Wenn wir 100 Leuten zu Jahresbeginn 10.000 Dollar gäben, würden meiner Meinung nach am Jahresende:

- 80 nichts mehr haben. Tatsächlich würden viele dann größere Schulden infolge von Anzahlungen für neue Autos, Gefriertruhen, Fernseher, Videogeräte oder Urlaubsreisen haben.
- 16 hätten diese 10.000 Dollar um 5 bis 10 % vermehrt.
- 4 hätten sie auf 20.000 oder auf Millionen Dollar vermehrt.

Wir gehen zur Schule, um einen Beruf zu lernen, damit wir für Geld arbeiten können. Meiner Meinung nach ist es auch wichtig, zu lernen, Geld zu haben, das für einen arbeitet.

Ich liebe meine Luxusartikel wie jeder andere auch. Der Unterschied ist, dass einige Leute ihre Luxusartikel auf Kredit kaufen. Es ist eine Falle zu denken, dass man mit all den Menschen um einen herum mithalten müsste. Wenn ich einen Porsche haben möchte, wäre der einfache Weg, meinen Bankberater anzurufen und ein Darlehen zu bekommen. Aber statt mich dafür zu entscheiden, meine Passivaspalte zu erhöhen, konzentriere ich mich darauf, meine Aktivaspalte zu pflegen.

Ich benutze meinen Konsumwunsch, um meinen finanziellen Genius zum Investieren anzuregen und zu motivieren.

Viel zu oft stellen wir uns heute darauf ein, Geld für die Dinge, die wir haben möchten, zu leihen, anstatt unsere Aufmerksamkeit darauf zu richten, Geld zu schaffen. Das eine ist auf kurze Sicht leichter, aber auf lange Sicht schwerer. Es ist eine schlechte Angewohnheit, die wir sowohl als Einzelne als auch als Nation angenommen haben. Erinnern Sie sich daran, dass der leichte Weg oft schwierig und der schwierige Weg oft leicht wird.

Je früher Sie sich selbst und diejenigen, die Sie lieben, schulen können, das Geld zu beherrschen, umso besser. Geld ist eine große Macht. Unglücklicherweise benutzen die Menschen die Macht des Geldes gegen sich. Wenn ihre finanzielle Intelligenz gering ist, wird Ihnen das Geld davonlaufen. Es wird gescheiter als Sie sein. Wenn das Geld gescheiter ist als Sie, werden Sie ihr ganzes Leben dafür arbeiten.

Um Herr des Geldes zu sein, müssen Sie gescheiter sein als das Geld. Dann wird das Geld tun, was ihm gesagt wird. Es wird Ihnen gehorchen. Anstatt sein Sklave zu sein, werden Sie sein Herr sein. Das ist finanzielle Intelligenz.

9. Der Bedarf an Helden: Die Macht des Mythos. Als ich ein Kind war, bewunderte ich die Baseball-Spieler Willie Mays, Hank Aaron und Yogi Berra sehr. Sie waren meine Helden. Als Kind, das „Kleine Liga" spielte, wollte ich genau so sein wie sie. Ich sammelte ihre Baseball-Karten. Ich wollte alles über sie wissen. Ich kannte die Positionen, die Trefferquote der einzelnen Spieler, die durchschnittliche Anzahl ihrer Schläge, wie viel sie bekamen und wie sie von unten hochkamen. Ich wollte alles wissen, weil ich genauso sein wollte wie sie.

Jedes Mal, wenn ich als 9- bis 10-jähriges Kind vortrat, um zu schlagen, das erste Mal zu berühren oder der Fänger zu sein, war ich nicht ich. Ich war Yogi oder Hank. Es ist einer der wirksamsten Wege, die wir lernen, und die wir oft als Erwachsene verlernen. Wir verlieren unsere Helden. Wir verlieren unsere Naivität.

Heute beobachte ich kleine Kinder, die in der Nähe meines Hauses Basketball spielen. Auf dem Platz sind sie nicht der kleine Johnny; sie sind Michael Jordan, Sir Charles oder Clyde. Helden nachzuahmen oder ihnen nachzueifern heißt, wirklich zu lernen, was Macht ist. Und deshalb gibt es einen so ungeheueren Aufschrei, wenn jemand wie O. J. Simpson in Ungnade fällt. Es war mehr als nur ein Gerichtsverfahren. Es war der Verlust eines Helden, d. h. einer Person, mit der Menschen aufwuchsen, zu der sie aufschauten und der sie gleichen wollten. Auf einmal müssen wir uns von dieser Person befreien.

Älter geworden, habe ich andere Helden. Ich habe Golf-Helden wie Peter Jacobsen, Fred Couples und Tiger Woods. Ich ahme ihre Schwünge nach und bemühe mich, alles über sie zu lesen, was ich bekommen kann. Ich habe auch Helden wie Donald Trump, Warren Buffett, Peter Lynch, George Soros und Jim Rogers. Jetzt, wo ich älter bin, kenne ich ihre Positionen genauso wie ich die Trefferquoten meiner Baseball-Helden kannte. Ich folge beim Investieren Warren Buffett und lese alles, was ich über seine Ansicht zum Markt bekommen kann. Ich lese Peter Lynchs Buch, um zu verstehen, wie er Aktien auswählt. Und ich lese über Donald Trump und versuche herauszufinden, wie er verhandelt und Geschäftsvorhaben zusammenstellt.

Genauso wie ich nicht ich selbst war, als ich beim Baseball am Schlagen war, handle ich im Unterbewusstsein mit einer Art Draufgängertum à la Trump, wenn ich auf dem Markt bin oder bei einem Geschäft verhandle.

Wenn ich einen Trend analysiere, betrachte ich ihn, wie es Peter Lynch wohl tun würde. Indem wir Helden haben, zapfen wir eine riesige Quelle originären Geistes an.

Aber Helden tun mehr, als dass sie uns nur inspirieren. Helden lassen Dinge einfach erscheinen. Sie einfach erscheinen zu lassen, überzeugt uns, so wie sie sein zu wollen: „Wenn sie es tun können, kann ich es auch."

Wenn es ums Investieren geht, stellen es sich viele Leute schwer vor, anstatt Helden zu finden, die es leicht erscheinen lassen.

10. Lehre, und Du wirst ernten: Die Macht des Gebens. Meine beiden Väter waren Lehrer. Mein reicher Vater brachte mir eine Lektion bei, die mir mein ganzes Leben lang auf besondere Weise genützt hat, und das war die Notwendigkeit, wohltätig zu sein, also zu geben. Mein gebildeter Vater gab eine Menge in Form von Zeit und Wissen, aber fast nie Geld. Wie ich schon erwähnte, sagte er gewöhnlich, dass er geben würde, wenn er etwas Geld übrig hätte. Natürlich blieb kaum etwas übrig.

Mein reicher Vater gab Geld ebenso wie Bildung. Er glaubte fest an das Wechselspiel von Geben und Nehmen. „Wenn du etwas willst, musst du erst etwas geben", sagte er immer. Wenn er knapp bei Kasse war, spendete er einfach seiner Kirche oder seiner bevorzugten Wohlfahrtseinrichtung.

Und wenn Sie nur eine einzige Idee diese Buches übernehmen wollen, dann bitte folgende: Wann immer Sie sich „knapp" oder einer Sache „bedürftig" fühlen, sollten Sie erst das geben, was Sie möchten, und es wird in Eimern zurückkommen. Das stimmt für Geld, Lächeln, Liebe oder Freundschaft. Ich weiß, dass es oft das Letzte ist, das jemand tun möchte, aber bei mir hat es immer funktioniert. Ich vertraue einfach, dass das Prinzip der Gegenseitigkeit stimmt, und so gebe ich, was ich möchte. Ich möchte Geld, also gebe ich Geld, und es kommt vielfach zurück. Ich möchte Absatz, also helfe ich jemanden anderen, etwas zu verkaufen, und der Absatz kommt zu mir. Ich möchte Kontakte und verhelfe jemand anderem zu Kontakten – und, als wäre es Magie, ergeben sich Kontakte für mich. Vor Jahren hörte ich einen passenden Spruch: „Gott hat es nicht nötig zu empfangen, aber die Menschen haben es nötig zu geben."

Mein reicher Vater sagte oft: „Arme sind gieriger als Reiche." Er erklärte es so: Jemand, der reich ist, stellt etwas bereit, das andere Leute wollen. In meinem Leben, in all den Jahren, bin ich, wann immer ich mich bedürftig, knapp bei Kasse oder hilflos gefühlt habe, darauf gekommen – oder habe es in meinem Herzen gefunden –, was ich wollte, und habe mich entschieden, es erst zu geben. Und als ich es gegeben hatte, ist es immer zurückgekommen.

Es erinnert mich an die Geschichte von dem Kerl, der in einer kalten, eisigen Nacht mit Feuerholz auf den Armen dasitzt und seinen Kanonenofen anschreit: „Wenn du mir etwas Hitze geben würdest, würde ich dir Holz geben.“ Wenn es um Geld, Liebe, Glück, Verkäufe und Kontakte geht, müssen Sie sich nur daran erinnern, dass Sie erst das geben müssen, was Sie möchten, und es kommt in Scharen zurück. Häufig ist es schon das Denken an das, was ich möchte und wie ich jemand anderem genau das geben könnte, das einen Sturzbach an Gaben freisetzt. Immer, wenn ich das Gefühl habe, dass Leute etwas unfreundlich zu mir sind, beginne ich einfach zu lächeln und sage „Hallo“, und wie durch Zauberei gibt es auf einmal mehr fröhliche Menschen um mich. Ihre Welt ist der Spiegel Ihres Selbst.

Deshalb sage ich: „Lehre, und du erhältst.“ Ich habe entdeckt, dass ich umso mehr lerne, je ernsthafter ich denen, die lernen wollen, etwas beibringe. Wenn Sie etwas über Geld lernen wollen, sollten Sie es jemand anderem beibringen. Eine Menge neuer Ideen und feiner Unterschiede wird sich ergeben.

Es gab Zeiten, da habe ich gegeben und nichts zurückbekommen, oder das, was ich bekommen habe, war nicht das, was ich wollte. Aber nach eingehenderer Betrachtung und Seelenprüfung habe ich in diesen Fällen gegeben, um zu bekommen, anstatt zu geben, um zu geben.

Mein Vater lehrte Lehrer und wurde Ausbildungslehrer. Mein reicher Vater lehrte jungen Menschen seinen Weg, Geschäfte zu machen. Rückblickend war es ihre Freigiebigkeit mit dem, was sie wussten, die sie klüger machte. In dieser Welt gibt es Mächte, die viel gescheiter sind als wir. Sie können alleine weiterkommen, aber es ist leichter mit der Hilfe dieser Mächte. Sie müssen nur freigiebig mit dem sein, was Sie haben, und die Mächte werden Ihnen gegenüber freigiebig sein.

Kapitel zehn
Wollen Sie noch mehr?

Hier ist einiges, was Sie tun können

Viele Leute sind vielleicht mit meinen zehn Schritten nicht zufrieden. Sie sehen sie mehr als Philosophie denn als Handlungsanweisung. Ich glaube jedoch, dass das Verstehen der Philosophie genauso wichtig ist wie das Handeln. Da gibt es viele Leute, die handeln wollen, statt zu denken, und dann gibt es Leute, die denken, aber nicht handeln. Ich würde sagen, dass ich beides mag. Ich mag neue Ideen und ich mag handeln.

Somit werde ich – in verkürzter Form – denen, die wissen möchten, was sie für den Anfang tun sollen, einige der Dinge anvertrauen, die ich mache.

- Hören Sie auf, das zu tun, was Sie gerade tun. Mit anderen Worten: Machen Sie eine Pause und überlegen Sie, was funktioniert und was nicht. Eine Definition von Wahnsinn lautet, immer dieselben Dinge zu tun, aber mit einem Mal ein völlig anderes Ergebnis zu erwarten. Hören Sie damit auf, das zu tun, was nicht funktioniert, und halten Sie Ausschau nach etwas Neuem, das Sie tun können.
- Sehen Sie sich nach neuen Ideen um. Für neue Investitionsideen gehe ich in Buchhandlungen und suche nach Büchern über verschiedene und einzigartige Themen. Ich nenne sie Rezepte. Ich kaufe Ratgeber für ein Rezept, von dem ich nichts weiß. So habe ich zum Beispiel in einer Buchhandlung das Buch *Die 16-%-Lösung* von Joel Moskowitz gefunden. Ich habe das Buch gekauft und gelesen.
  Handeln Sie! Am nächsten Donnerstag machte ich genau das, was das Buch sagte. Schritt für Schritt. Ich habe damit auch Immobiliengeschäfte in Rechtsanwaltsbüros und in Banken gemacht. Die meisten Leute werden nicht aktiv, oder sie lassen es zu, dass ihnen jemand – gleichgültig, was sie vorbringen – eine neue Idee ausredet. Mein Nachbar erklärte mir, warum das mit den 16 % nicht funktioniert. Ich habe ihm nicht zugehört, weil er es nie getan hat.
- Finden Sie jemanden, der das getan hat, was Sie tun möchten. Laden Sie ihn zum Mittagessen ein. Bitten Sie ihn um Tipps und kleine Tricks beim Geschäft. Im Zusammenhang mit steuerfreien 16-%-Zertifikaten bin ich zum lo-

kalen Finanzamt gegangen, stieß dort auf eine staatliche Angestellte und lud sie sofort zum Mittagessen ein. Sie war besessen davon, mir alles, was sie wusste, zu erzählen und mir zu sagen, wie ich vorgehen sollte. Nach dem Essen verbrachte sie den ganzen Nachmittag damit, mir alles zu zeigen. Im Laufe des folgenden Tages fand ich mit ihrer Hilfe zwei große Immobilienobjekte und mir sind seitdem immer 16 % Zinsen zugefallen. Ich benötigte einen Tag, um das Buch zu lesen, einen Tag, um zu handeln, eine Stunde fürs Mittagessen und einen Tag, um zwei große Geschäfte zu machen.

- Belegen Sie Kurse und kaufen Sie Tonbänder: Ich durchsuche die Zeitungen nach neuen und interessanten Kursen. Viele sind gratis oder kosten nur eine geringe Gebühr. Ich besuche und bezahle aber auch teure Seminare, bei denen ich etwas lernen möchte. Einfach auf Grund der Kurse, die ich belegt habe, bin ich wohlhabend und frei davon, eine Arbeitsstelle zu brauchen. Ich habe Freunde, die diese Kurse nicht besucht und mir erzählt haben, dass ich mein Geld verschwenden würde – und die immer noch dieselbe Stelle haben.
- Machen Sie viele Angebote: Wenn ich eine Immobilie haben möchte, sehe ich mir viele an und schreibe dann normalerweise ein Angebot. Wenn Sie nicht wissen, was ein Angebot ist – ich weiß es auch nicht. Das ist die Aufgabe eines Immobilienmaklers. Sie machen die Angebote. Ich arbeite so wenig wie möglich.

Eine Freundin wollte, dass ich ihr zeigte, wie man ein Mietshaus kauft. So sahen sie, ihr Makler und ich an einem Samstag sechs Mietshäuser an. Vier waren Nieten, aber zwei waren gut. Ich riet ihr, allen sechs Besitzern Angebote zu schicken und ihnen die Hälfte von dem zu bieten, was sie wollten. Sie und ihr Makler bekamen fast Herzattacken. Sie dachten, dass es grausam sei und dass ich die Verkäufer beleidigen würde, aber ich denke einfach, dass der Makler nicht so viel arbeiten wollte. Also machten sie nichts und suchten nach einem besseren Geschäft.

Es wurden überhaupt keine Angebote gemacht, und die Betreffende sucht immer noch nach dem „richtigen“ Geschäft zum richtigen Preis. Nun, Sie wissen nicht, wie hoch der richtige Preis ist, solange Sie keine Gegenpartei haben, die handeln möchte. Die meisten Verkäufer fordern zu viel. Hingegen kommt es selten vor, dass ein Verkäufer einen Preis fordert, der unter dem tatsächlichen Wert der Sache liegt.

Die Moral von der Geschichte: Machen Sie Angebote. Leute, die keine Kapitalanleger sind, haben keine Vorstellung davon, wie es ist, zu versuchen, etwas zu verkaufen. Ich hatte ein Grundstück, das ich monatelang zu verkaufen versuchte. Ich hätte alles akzeptiert, wie niedrig auch der Preis gewesen wäre. Wenn man mir zehn Schweine angeboten hätte, wäre ich glücklich gewesen, nicht wegen des Angebots, sondern weil jemand Interesse gezeigt hätte. Ich hätte ein Gegenangebot gemacht und sie vielleicht an eine Schweinefarm weitergegeben. Aber so läuft das Spiel. Das Spiel von Kaufen und Verkaufen macht Freude. Denken Sie daran: Es macht Spaß und ist nur ein Spiel. Machen Sie Angebote. Jemand könnte „ja“ sagen.

Ich mache immer Angebote mit Rücktrittsklauseln. Bei Immobilien mache ich ein Angebot mit den Worten „vorbehaltlich der Zustimmung des Geschäftspartners.“ Ich lege nie fest, wer der Geschäftspartner ist. Die meisten Leute wissen nicht, dass der Partner meine Katze ist. Wenn sie das Angebot annehmen, ich das Geschäft aber nicht mehr machen möchte, rufe ich zu Hause an und spreche mit meiner Katze. Ich gebe Ihnen hier dieses groteske Beispiel, um zu zeigen, wie lächerlich leicht und einfach das Spiel ist. So viele Leute machen die Dinge zu schwierig und nehmen sie zu ernst.

Einen guten Handel, das richtige Geschäft, die richtigen Leute, die richtigen Anleger oder was auch immer zu finden, ist gerade so wie eine Verabredung. Man muss auf den Markt gehen und mit einer Menge Leute reden, viele Angebote machen, Gegenangebote hören, verhandeln, ablehnen und akzeptieren. Ich kenne Alleinlebende, die zu Hause sitzen und warten, dass das Telefon läutet und der Trampartner dran ist, aber wenn man nicht Cindy Crawford oder Tom Cruise ist, glaube ich, dass es das Beste ist, auf den Markt zu gehen, auch wenn es nur der Supermarkt ist. Suchen, anbieten, ablehnen, verhandeln und akzeptieren sind bei fast allen Dingen des Lebens wichtige Bestandteile des Prozesses.

- ♦ Joggen, wandern oder fahren Sie einmal monatlich zehn Minuten lang durch ein bestimmtes Gebiet. Ich habe einige meiner besten Immobilieninvestitionen beim Joggen gefunden. Was mich dabei interessiert, sind Veränderungen. Um in einem Geschäft Profit zu machen, sind zwei Elemente erforderlich: eine Gelegenheit und eine Veränderung. Es gibt viele Gelegenheiten, aber es ist die Veränderung, die aus einer Gelegenheit eine gewinnbringende Chance macht. Wenn ich also jogge, bewege ich mich in einer Gegend, in der ich eventuell investieren würde. Es ist die Wiederholung, die mich dazu bringt, geringfügige Unterschiede zu bemerken. Ich merke mir Verkaufsschilder, die lange stehen. Das bedeutet, dass der Verkäufer eher geneigt sein könnte, mit sich handeln zu lassen. Ich schaue nach Möbelwagen, die ankommen oder wegfahren. Ich bleibe stehen und spreche mit den Fahrern. Ich spreche mit den Briefträgern. Es ist erstaunlich, wie viele Informationen sie über ein Gebiet sammeln.

Ich finde z. B. ein schlechtes Gebiet, vielleicht eines mit einem schlechten Ruf. Ich durchfahre es manchmal ein Jahr lang und warte auf Anzeichen, die auf eine Wendung zum Besseren hindeuten. Ich spreche mit den Einzelhändlern, besonders den neuen, und finde heraus, warum sie hergezogen sind. Es sind nur wenige Minuten monatlich, und ich mache es, während ich etwas anderes tue, etwa körperliche Bewegung oder Einkaufen.
Aktien: Ich mag Peter Lynchs Buch *Beating the Street* („Der Börse einen Schritt voraus“) wegen seines Rezepts, wie man Aktien mit Wertsteigerung heraussucht. Ich habe entdeckt, dass die Prinzipien, nach denen man Werte findet, immer dieselben sind, ganz gleich, ob es sich um Immobilien, Aktien, Investmentfonds, neue Unternehmen, ein neues Haustier, ein neues Haus, einen neuen Partner oder den Kauf von Waschpulver handelt. Der Prozess ist immer derselbe. Sie müssen wissen, was Sie haben wollen, und dann müssen Sie suchen gehen!

- Warum Verbraucher immer arm werden. Wenn der Supermarkt einen Ausverkauf von – sagen wir – Toilettenpapier veranstaltet, rennt der Verbraucher hin und legt einen Vorrat an. Wenn es an der Börse einen Ausverkauf gibt – meist als Crash oder Korrektur bezeichnet –, rennen die Verbraucher weg. Wenn der Supermarkt seine Preise erhöht, kauft der Verbraucher woanders. Wenn die Börse ihre Preise erhöht, beginnt der kleine Kunde zu kaufen.
- Schauen Sie an den richtigen Orten. Ein Nachbar hat ein Reihenhaus für 100.000 Dollar gekauft. Ich habe das identische Reihenhaus neben seinem für 50.000 Dollar gekauft. Er hat mir erzählt, er warte darauf, dass der Preis steigt. Ich habe ihm gesagt, dass man seinen Profit beim Kaufen und nicht beim Verkaufen macht. Er hat bei einer Immobilienmaklerin gekauft, die selber keine eigene Immobilie hat. Ich habe bei der Zwangsvollstreckungsabteilung einer Bank gekauft. Ich habe 500 Dollar für einen Kurs bezahlt, wo dies gelehrt wurde. Mein Nachbar glaubte, dass 500 Dollar für einen Kurs über Investitionen in Immobilien zu viel wäre. Er sagte, dass er sich das und die Zeit dafür nicht leisten könne. So wartet er, dass der Preis steigt.
- Ich schaue erst nach Leuten, die kaufen wollen, dann nach jemanden, der verkaufen möchte. Ein Freund suchte nach einem bestimmten Grundstück. Er hatte das Geld, aber nicht die Zeit. Ich fand ein großes Grundstück, größer als das, was mein Freund kaufen wollte, sicherte es mir mit einer Option und rief meinen Freund an, der ein Stück davon wollte. So verkaufte ich einen Teil davon an ihn und kaufte dann erst das ganze Land. Ich behielt den Rest für mich, ohne dass es mich zusätzlich etwas gekostet hat. Die Moral der Geschichte: Kaufen Sie den Kuchen und schneiden Sie ihn in Stücke. Die meis-

ten Leute suchen etwas, das sie sich leisten können, und deshalb suchen sie zu klein. Sie kaufen nur ein Stück vom Kuchen, und deshalb zahlen sie mehr für weniger. Kleine Denker bekommen nicht die großen Chancen. Wenn Sie reicher werden wollen, denken Sie erst größer.

Einzelhändler geben einfach deshalb gerne Mengenrabatte, weil die meisten Geschäftsleute große Verschwender mögen. Auch wenn Sie klein sind, können Sie immer großzügig denken. Als meine Firma auf dem Computermarkt tätig war, rief ich einige Freunde an und fragte sie, ob sie auch bereit wären, PCs zu kaufen. Dann gingen wir zu verschiedenen Händlern und brachten ein großes Geschäft zustande, weil wir zusammen so viele PCS kaufen wollten. Ich habe dasselbe mit Aktien gemacht. Kleine Leute bleiben klein, weil sie klein denken. Handeln Sie einfach, oder handeln Sie überhaupt nicht.

- Lernen Sie aus der Geschichte. Alle großen Unternehmen an der Börse haben als kleine Firmen angefangen. Colonel Sanders wurde nicht reich, bevor er nicht als über 60-jähriger alles verloren hatte. Bill Gates war einer der reichsten Männer der Welt, bevor er 30 war.
- Handeln ist immer besser als Nicht-Handeln.

Dies sind nur einige Dinge, die ich getan habe und weiter tue, um Gelegenheiten zu erkennen. Die wichtigen Worte sind „getan“ und „tun“. Wie ich hier oft dargestellt habe, müssen Sie handeln, bevor Sie die finanziellen Belohnungen bekommen. Handeln Sie jetzt!

Epilog
Eine College-Ausbildung für 7.000 Dollar

Jetzt, nachdem Sie dieses Buch zu Ende gelesen und hoffentlich viel daraus gelernt haben, möchte ich Ihnen noch einen letzten Gedanken nahebringen.

Warum habe ich dieses Buch geschrieben? Der Hauptgrund war, Sie an Einsichten teilhaben zu lassen, wie nützlich eine besser entwickelte finanzielle Intelligenz zur Lösung vieler allgemeiner Lebensprobleme sein kann. Ohne finanzielle Ausbildung verwenden wir alle nur zu häufig die Standardrezepte, um durchs Leben zu kommen, etwa viel arbeiten, sparen, leihen und viel Steuern zahlen. Heutzutage benötigen wir bessere Informationen.

Ich erzähle die folgende Geschichte als letztes Beispiel für ein finanzielles Problem, dem sich heute viele junge Familien ausgesetzt sehen. Wie können sie sich eine gute Ausbildung für ihre Kinder leisten und zugleich für ihren eigenen Ruhestand vorsorgen? Es ist ein Beispiel für die Anwendung finanzieller Intelligenz statt vieler Arbeit, um dasselbe Ziel zu erreichen.

Einer meiner Freunde beklagte sich eines Tages darüber, wie schwer es sei, für die College-Ausbildung seiner Kinder Geld zu sparen. Er zahlte jeden Monat 300 Dollar in einen offenen Investmentfond ein und hatte auf diese Weise etwa 12.000 Dollar angesammelt. Er schätzte, dass er 400.000 Dollar brauchen würde, um vier Kinder durchs College zu bringen. Dafür hatte er 12 Jahre lang zu sparen, da sein ältestes Kind damals sechs Jahre alt war.

Es war im Jahre 1991, und der Immobilienmarkt in Phoenix war schrecklich. Die Leute verkauften ihre Häuser. Ich schlug meinem Klassenkameraden vor, dass er mit einem Teil des Geldes aus seinem Investmentfond ein Haus kaufen sollte. Die Idee interessierte ihn, und wir begannen, die Möglichkeit zu diskutieren. Seine vordringliche Sorge war, dass er von der Bank den Kredit nicht bekommen würde, um ein weiteres Haus zu kaufen, da er ihn stark überzogen hatte. Ich versicherte ihm, dass es andere Möglichkeiten als über die Bank gäbe, ein Eigentum zu finanzieren.

Wir suchten zwei Wochen lang nach einem Haus, das alle erforderlichen Kriterien erfüllte. Es gab eine große Auswahl, sodass die Suche Spaß machte. Endlich fanden wir ein Haus mit drei Schlafzimmern und zwei Bädern in einer vorzüglichen Umgebung. Dem Eigentümer war gekündigt worden, und er musste dringend verkaufen, weil er und seine Familie nach Kalifornien gingen, wo eine neue Arbeit auf ihn wartete.

Er wollte 102.000 Dollar, aber wir boten nur 79.000 Dollar. Er nahm sofort an. Das Haus war mit einem Darlehen ohne Bedingungen belastet, d. h., dass es sogar ein arbeitsloser Vagabund ohne Zustimmung der Bank kaufen konnte. Der Eigentümer schuldete 72.000 Dollar, sodass mein Freund nur 7.000 Dollar, die Differenz zwischen der Schuld und dem Verkaufspreis, herbeischaffen musste. Sowie der Eigentümer weg war, gab mein Freund das Haus zum Vermieten frei. Nach Bezahlung aller Kosten einschließlich der Hypothekenrate steckte er monatlich 125 Dollar in seine Tasche.

Sein Plan war, das Haus zwölf Jahre lang zu behalten und die Hypothek schneller abzuzahlen, indem er monatlich die überschüssigen 125 Dollar für die Grundschuld verwendete. Wir stellten uns vor, dass in den zwölf Jahren ein Großteil der Hypothek abbezahlt sein würde und er möglicherweise monatlich 800 Dollar zahlen könnte, wenn sein erstes Kind aufs College ging. Er könnte das Haus auch verkaufen, wenn es einmal im Wert gestiegen wäre.

1994 geriet der Immobilienmarkt in Phönix plötzlich in Bewegung, und ihm wurden für dasselbe Haus vom Mieter, der darin lebte und der es liebte, 156.000 Dollar geboten. Wieder fragte er mich, was ich darüber dachte, und natürlich sagte ich ihm, dass er es in Form eines Tausches auf Grund Artikel 1031 über verzögerte Steuern verkaufen sollte.

Plötzlich hatte er fast 80.000 Dollar, mit denen er arbeiten konnte. Ich rief eine Freundin in Austin, Texas, an, die dieses steuerfreie Geld in eine Mini-Warenlager-GmbH, die sie gerade zusammenstellte, transferierte. Innerhalb von drei Monaten begann mein Freund, Schecks von etwas weniger als 1.000 Dollar monatlich an Einkünften zu erhalten, die er dann in den College-Investmentfond zurückzahlte, der nun viel schneller wuchs. 1996 wurde das kleine Lagerhaus verkauft, und er erhielt einen Scheck über fast 330.000 Dollar aus dem Verkauf, der wieder in ein neues Vorhaben angelegt wurde, das nun über 3.000 Dollar Einkünfte monatlich abwarf, die wiederum in den College-Investmentfond flossen. Er ist nun sehr zuversichtlich, sein Ziel von 400.000 Dollar leicht zu erreichen, und er hat nur 7.000 Dollar für den Start und etwas finanzielle Intelligenz benötigt. Seine Kinder werden in der Lage sein, sich die Ausbildung zu leisten, die sie wollen, und er wird dann den in der GmbH liegenden Vermögenswert nutzen, um seinen Ruhestand zu finanzieren. Als Ergebnis dieser erfolgreichen Anlagestrategie wird er früher als geplant in den Ruhestand treten können.

Ich danke Ihnen, dass Sie dieses Buch gelesen haben. Ich hoffe, dass es Ihnen einige Einsichten vermittelt hat, sich die Macht des Geldes, für Sie zu arbeiten, nutzbar zu machen. Heute benötigen wir größere finanzielle Intelligenz nur um zu überleben. Die Vorstellung, dass man Geld benötigt, um zu Geld zu kommen, ist das Denken finanziell unwissender Leute. Das bedeutet nicht, dass sie nicht intelligent sind. Sie haben einfach die Wissenschaft des Geldmachens nicht gelernt.

Geld ist nur eine Fiktion. Wenn Sie mehr Geld wollen, müssen Sie nur ihre Denkweise ändern. Jede Person, die aus eigener Kraft etwas geworden ist, hat klein mit einer Idee angefangen, die dann zu etwas Großem gewachsen ist. Dasselbe lässt sich auf Investitionen anwenden. Man benötigt nur wenig Geld, um anzufangen und groß zu werden. Ich habe so viele Leute getroffen, die ihr Leben damit verbracht haben, dem großen Geschäft nachzujagen, oder versucht haben, eine Menge Geld anzusammeln, um in ein großes Geschäft einzusteigen, aber für mich ist das töricht. Zu oft habe ich unwissende Anleger beobachtet, die ihren nicht knappen Spargroschen in ein Geschäft gesteckt und das meiste davon schnell verloren haben. Möglicherweise waren sie gute Arbeiter, aber keine guten Anleger.

Ausbildung und Wissen über Geld sind wichtig. Beginnen Sie frühzeitig. Kaufen Sie ein Buch. Besuchen Sie ein Seminar. Wenden Sie ihr Wissen an. Beginnen Sie klein. Ich habe aus 5.000 Dollar Bargeld in weniger als sechs Jahren einen Vermögenswert von einer Million Dollar gemacht, der einen monatlichen Kapitalfluss von 5.000 Dollar hervorbringt. Aber ich habe als Kind mit dem Lernen begonnen. Ich ermutige Sie zu lernen, weil es nicht so schwer ist. Tatsächlich ist es auf gewisse Art sogar leicht, wenn man erst einmal den Dreh heraus hat.

Ich glaube, ich habe meine Botschaft deutlich gemacht. Das, was in ihrem Kopf ist, bestimmt das, was Sie in ihren Händen haben. Geld ist nur eine Vorstellung. Es gibt ein großartiges Buch mit dem Titel *Think and Grow Rich* – Denken Sie sich reich. Der Titel heißt nicht „Arbeiten Sie viel und werden Sie reich." Lernen Sie, ihr Geld schwer für Sie arbeiten zu lassen, und ihr Leben wird leichter und glücklicher. Heutzutage kommt es nicht darauf an, sicher, sondern klug zu spielen.

Werden Sie aktiv!

Sie alle haben zwei große Gaben mitbekommen: ihren Verstand und ihre Zeit. Es liegt an Ihnen, mit beiden zu tun, was Sie wollen. Mit jedem Geldschein, den Sie in ihre Hand bekommen, haben Sie und nur Sie die Macht, ihr Schicksal zu bestimmen. Wenn Sie ihn töricht verwenden, entscheiden Sie sich dafür, arm zu sein. Wenn Sie ihn für Verbindlichkeiten ausgeben, entscheiden Sie sich für die Mittelschicht. Wenn Sie ihn in ihren Verstand investieren und lernen, wie man Vermögenswerte erwirbt, nehmen Sie sich Reichtum als ihr Ziel und ihre Zukunft vor. Es ist ihre und nur ihre Entscheidung. Tag für Tag und mit jedem Pfennig entscheiden Sie sich, reich oder arm zu sein oder der Mittelschicht anzugehören.

Teilen Sie dieses Wissen mit ihren Kindern, und Sie bereiten sie für die Welt, die sie erwartet, vor. Niemand sonst wird es tun.

Ihre Zukunft und die ihrer Kinder wird von Entscheidungen bestimmt, die Sie heute und nicht morgen treffen.

Wir wünschen Ihnen großen Reichtum und viel Glück mit dieser fabelhaften Gabe, genannt Leben.

Robert Kiyosaki
Sharon Lechter

Anhang

Über die Autoren

Robert T. Kiyosaki

Er bringt den Leuten bei, Millionäre zu werden. Deshalb nennen sie ihn den Millionärsschullehrer.

Robert Kiyosaki ist der Autor von: *If You Want To Be Rich And Happy ... Don´t Go To School?* – „Wenn Sie reich und glücklich sein wollen ... Nicht in die Schule gehen?“, eines internationalen Bestsellers, der von der Wirtschaft lautstarken Beifall bekommen hat und im Schulsystem auf kaltes Schweigen gestoßen ist.

„Der Hauptgrund, warum Leute in finanziellen Schwierigkeiten stecken, ist, weil sie Jahre in der Schule verbracht haben, aber nichts über Geld gelernt haben. Das Ergebnis ist, dass die Leute lernen, für Geld zu arbeiten ... aber sie lernen nie, Geld zu haben, das für sie arbeitet“, sagt Kiyosaki.

Geboren und aufgewachsen in Hawaii, ist Robert Kiyosaki ein japanischer Amerikaner der vierten Generation. Er stammt aus einer prominenten Pädagogenfamilie. Sein Vater war Leiter des Erziehungswesens im Bundesstaat Hawaii. Nach der höheren Schule wurde Kiyosaki in New York ausgebildet. Nach der Abschlussprüfung schloss er sich dem U.S. Marinecorps an und ging als Offizier und Kampfhubschrauberpilot nach Vietnam.

Aus dem Krieg zurückgekehrt, begann Kiyosakis berufliche Karriere. 1977 gründete er eine Gesellschaft, die die ersten Nylon- und Klettverschluss-„Surfer“-Brieftaschen auf den Markt brachte, die sich weltweit zu einem Viele-Millionen-Dollar-Produkt entwickelt haben. Er und seine Produkte wurden in „Runners World“, „Gentlemans Quarterly“, Success Magazine“, „Newsweek“ und auch im „Playboy“ vorgestellt.

Als er die Geschäftswelt verließ, gründete er 1985 mit anderen eine internationale Ausbildungsgesellschaft, die in sieben Ländern tätig wurde und unzähligen Weiterbildungswilligen Handel und Investieren beibringt. Seine Fernsehshow wurde ein Jahr lang über das „Nostalgia Network“ in ganz Amerika ausgestrahlt und brachte den Leuten seine Lehre näher.

Seitdem er sich mit 47 zur Ruhe setzte, tut Kiyosaki das, was ihm am liebsten ist: Investieren. Besorgt von der wachsenden Kluft zwischen Besitzenden und Nichtbesitzenden, schuf Robert das Brettspiel CASHFLOW (Kapitalfluss), das das Spiel vom Geld lehrt, das vorher nur den Reichen bekannt war.

Obgleich Kiyosakis Geschäft Immobilien und die Entwicklung kleiner Options-Firmen ist, gilt seine wahre Liebe und Leidenschaft dem Lehren. Er teilte das Podium mit Größen wie Og Mandino, Zig Ziglar und Anthony Robbins. Robert Kiyosakis Botschaft ist klar: „Übernehmen Sie die Verantwortung für ihre Finanzen oder empfangen Sie ihr ganzes Leben lang Anweisungen. Sie sind entweder Herr des Geldes oder sein Sklave." Robert Kiyosaki hält einstündige Kurse und bis zu drei Tage dauernde Seminare ab, in welchen er den Leuten die Geheimnisse der Reichen lehrt. Obgleich sich seine Themen über Gebiete wie „Investitionen mit hohen Erträgen und geringen Risiken", „Bringen Sie ihren Kindern bei, reich zu werden" und „Firmen gründen und verkaufen" erstrecken, hat er eine massive, weltbewegende Botschaft. Und diese Botschaft lautet: Erwecken Sie den finanziellen Genius, der in Ihnen steckt. Ihr Genius wartet darauf, in Erscheinung zu treten. Die meisten Teilnehmer gehen angeregt heraus, einige ärgerlich, aber jeder ist tief bewegt.

Der weltberühmte Redner und Autor Anthony Robbins sagt über Kiyosakis Arbeit: „Robert Kiyosakis Ausbildungsarbeit ist mächtig, tiefgründig und lebensverändernd. Ich begrüße seine Leistungen und empfehle ihn sehr."

In dieser Zeit großer ökonomischer Umwälzungen ist Robert Kiyosakis Botschaft unbezahlbar.

Sharon L. Lechter

Sie ist Ehefrau und Mutter von drei Kindern, Wirtschaftsprüferin, Managerin sowie Beraterin in der Spielwarenindustrie und im Verlagswesen. Sharon Lechter hat ihre fachlichen Bemühungen dem Ausbildungsbereich gewidmet.

Sie hat mit Magna cum laude in Buchführung an der Florida State University abgeschlossen. Sie wurde eine der ersten Frauen, die von einer der damaligen acht großen Wirtschaftsprüfungsfirmen eingestellt wurde, sie arbeitete für den Turnaround einer Firma in der Computerindustrie Finanzstrategien aus, sie war Finanzdirektorin einer nationalen Versicherungsgesellschaft und Gründerin und Mitherausgeberin der ersten regionalen Frauenzeitschrift in Wisconsin, wobei sie die ganze Zeit ihre Qualifikation als unabhängige Wirtschaftsprüferin unter Beweis stellte.

Ihr Augenmerk wandte sich rasch der Ausbildung zu, als sie ihre eigenen drei Kinder heranwachsen sah. Es war ein Kampf, sie zum Lesen zu bewegen. Sie wollten lieber fernsehen. Die Kinderprogramme im Fernsehen behinderten ihr Interesse am Lesen. Sie erkannte, dass die Schulen einfach den Anforderungen nicht genügten.

Daher tat sie sich mit dem Erfinder des ersten elektronischen „sprechenden Buches“ zusammen und trug dazu bei, dass der Markt der elektronischen Buchindustrie entstand und sich zum heutigen Multi-Millionen-Dollar-Geschäft entwickelte. Sie bleibt eine Pionierin in der Entwicklung neuer Technologien, um das Buch in das Leben der Kinder zurückzubringen.

Als ihre eigenen Kinder heranwuchsen, nahm sie an deren Ausbildung eifrig Anteil. Sie wurde zu einer beachteten Stimme auf den Gebieten Mathematik, Computer und dem Unterricht von Lesen und Schreiben. Sie ist weiterhin dabei, für eine Verbesserung des Ausbildungssystems zu kämpfen.

„Unser gegenwärtiges Ausbildungssystem ist nicht fähig, mit den globalen und technologischen Veränderungen in der heutigen Welt Schritt zu halten. Wir müssen unseren jungen Leuten sowohl die schulischen als auch die finanziellen Fähigkeiten beibringen, die sie brauchen werden, um in der gegenwärtigen Welt nicht nur zu überleben, sondern auch um zu gedeihen.“

Als Co-Autorin dieses Buches wandte sie ihre Aufmerksamkeit einem weiteren Versagen des Ausbildungssystems zu, der totalen Vernachlässigung gerade der Grundlagen des Finanzwesens. Das vorliegende Buch ist ein hervorragendes Bildungsinstrument für jeden, der daran interessiert ist, die eigene Ausbildung und finanzielle Lage zu verbessern.

Literaturverzeichnis

Motivation, Erfolgsstrategien:

Lejeune, E. J.: 365 x Motivation. Ihr Erfolgsmanager für jeden Tag. Landsberg: mvg 1999

St. John, N.: Erfolg ist erlaubt. So räumen Sie alle Blockaden aus dem Weg und erreichen ihre Ziele. Landsberg: mvg 2000

Vorbilder:

Kilpatrick, A.: Warren Buffet. Von bleibenden Wert. Die Biographie des erfolgreichen Investors. München: Finanzbuch 1998

Slater, R.: Die 24 Geheimnisse des George Soros. Anlegen wie eine lebende Legende. Wien, Frankfurt: Ueberreuter 1998

Vermögensbildung, Altersvorsorge:

Bolanz, M./Friess, T.: Geldanlage für den Ruhestand. Der persönliche Vermögensberater für Leute ab 50. Wien, Frankfurt: Ueberreuter 1999

Hammer, T.: Altersvorsorge ab 40. Düsseldorf: Econ 2000

Myers, Jonathan: Geld verdienen ohne Panik. Die Psychologie der Börse verstehen und nutzen, fundierte Anlageentscheidungen treffen, die Performance verbessern, Landsberg: verlag moderne industrie AG 2000

Börse:

Arndt, H.-P.: Cash ohne Crash. Das clevere Börsenhandbuch für Singles. Landsberg: mvg 2000

Berger, Frank/Beer, Robert: Geld verdienen in Hausse und Baisse. Die Psychologie der Börse verstehen, die wichtigsten Anlagestrategien beherrschen, in jeder Börsensituation gewinnen, Landsberg: verlag moderne industrie AG 2000

Jünemann, B./Schellenberger, D. (Hrsg.): Psychologie für Börsenprofis. Die Macht der Gefühle bei der Geldanlage. Stuttgart: Schäffer-Poeschel 2000

Kostolany, A.: Geld und Börse. Die Kunst, ein Vermögen zu machen. Düsseldorf: Econ 2000

Kreft, Michael: Börsengewinne trotz Steuern.Alles über Kapitalertragssteuer, Spekulationsgewinne und Zinsabschlag, Landsberg: verlag moderne industrie AG 2001

Lynch, P.: Der Börse einen Schritt voraus. Wie auch Sie mit Aktien verdienen können. Rosenheim: Börsenverlag 2000

O'Shaughnessy, James P.: Die besten Anlagestrategien aller Zeiten. Deutsche Erstausgabe des US-Bestsellers "What's working on Wall Street", Landsberg: verlag moderne industrie AG 2000

Rauschenberger, R.: Fondsführer. Aktienfonds, Immobilienfonds, Mischfonds, Indexfonds. Mit Lexikon und Glossar. Wien, Frankfurt: Ueberreuter 2000

Röhle, A. S.: Schicken Sie ihr Geld zur Arbeit. Wege zur Börse. Neue Märkte, neue Medien. Niedernhausen: Falken 1999

Röhle, A. S.: Erfolg mit Aktien. Börsen-Know-how für Einsteiger.. Topaktuell: Die besten Aktienlinks im Internet. Die Börse und der Euro. Niedernhausen: Falken 2000

Schwanfelder, W.: Aktien für Einsteiger. Schritt für Schritt zum Anlage-Erfolg. Frankfurt, New York: Campus 1999

Unternehmensgründung:

Arnold, J.: Existenzgründung. Von der Idee zum Erfolg! 3., aktualisierte Auflage. Würzburg: Schimmel 1999

Hammer, T./Kiefl, W.: Selbständigkeit und freie Mitarbeit. Mit aktueller Rechtslage: Scheinselbständigkeit. Vollkommen überarbeitete Neuauflage. Niedernhausen: Falken 2000

Investieren allgemein:

Eschen, H.-J.: Schnellkurs Investition und Finanzierung. Würzburg: Krick 1999

Hagstrom, R. G.: Investieren mit Warren Buffett. Sichere Gewinne mit der Fokus-Strategie. München: Finanzbuch 2000

Olfert, K./Reichel, C.: Kompakt-Training Investieren. Ludwigshafen: Kiehl 1999

Neuer Markt:

Brückner, M.: Erfolgreich anlegen auf dem Neuen Markt. Gewinne maximieren. Risiken minimieren. Optimal Aktien auswählen. München: Econ Ullstein List 2000

Gaulke, J./Kühn, U.: Der Neue Markt. Chancen und Risiken für Anlieger. München: Heyne 1999

Futures, Options, Derivate:

Glassman, James K./Hassett, Kevin A.: Dow Jones 36000 – warum die Kurse weiter steigen. So profitieren Sie vom Börsen-Boom der nächsten Jahre, Landsberg: verlag moderne industrie AG 2000

Jungblut, M. (Hrsg.): Aktien, Fonds, Futures. Eine Einführung in die Börse. Wien, Frankfurt: Ueberreuter 2000

Merten, H. L.: Derivate. Riskant, aber profitabel. Richtig einsetzen – Risiken minimieren. 2. Aufl., Regensburg: Walhalla 2000

Natter, A.: Futures & Options. Die Essentials des erfolgreichen Traders. München: Langen-Müller/Herbig 1998

Investmentfonds:

Baye, B.: Investmentsparen. Wie Sie in kleinen Schritten ein Vermögen aufbauen. Reinbek: rororo 1999

Seeger, Matthias/Thielking, Bernd-Friedrich: Geld verdienen mit Investmentfonds. Bewertungskriterien, Depotzusammenstellung, Versteuerung, Landsberg: verlag moderne industrie AG 2001

Immobilien:

Formatschek, W./Nagel, U.: So führen Sie erfolgreich Immobilien-Verkaufsgespräche. Strategie und Praxis für Immobilienverkäufer. Bonn: Rentrop 1997

Tanous, Peter J.: Die Vermögensformel. So finden Sie mit dem MoneyQ ihre persönliche Anlagestrategie, Landsberg: verlag moderne industrie AG 2000

Stichwortverzeichnis

Cashflow Technologies, Inc.

Robert Kiyosaki, Kim Kiyosaki und Sharon Lechter haben sich als die Direktoren von Cashflow Technologies, Inc. zusammen geschlossen, um innovative Produkte für Ihre finanzielle Bildung anzubieten.
Die Zielsetzung des Unternehmens ist:

„Das finanzielle Wohlergehen der Menschheit zu fördern".

Cashflow Technologies, Inc. präsentiert Robert Kiyosaki's Lehren durch Produkte wie die Bücher „Reichtum kann man lernen", „The Cashflow Quadrant" und „Rich Dad's Guide to Investing" und die Brettspiele „Cashflow" (Patent Nr. 5.826.878) und „Cashflow for Kids" (zum Patent angemeldet). Weitere Produkte, die Menschen, die nach finanzieller Bildung suchen, auf ihrem Weg zu finanzieller Freiheit helfen, werden laufend entwickelt.
Besuchen Sie uns auch auf unserer Website:

www.richdad.com

für:

- Informationen über unsere Produkte zur finanziellen Bildung
- Antworten auf die häufigsten Fragen (FAQs) zu unseren Produkten
- Veranstaltungen von Cashflow Technologies, Inc. sowie Vorträge und Interviews von Robert Kiyosaki

Kontaktadresse:

Für Nord- und Südamerika, Europa und Afrika:

Cashflow Technologies, Inc.
4330 N. Civic Center
Scottsdale, Arizona 85251, USA

Tel.: (480) 998 6971 oder (800) 317 3905
Fax: 001 / 480 348 1349
E-mail: moreinfo@richdad.com

Für Australien und Neuseeland:

Cashflow Education Australia
Reply Paid AAA 401 (keine Briefmarke nötig)
PO Box 1126, Crows Nest, NSW 1585
Australia
Tel.: (61) 2 9923 1699 oder 1 (800) 676 991
Fax: (61) 2 9923 1799 oder 1 (800) 676 992
E-mail: info@cashfloweducation.com.au